汲古叢書73

鈴木智夫著

近代中国と西洋国際社会

汲古書院

はしがき

一九九四年以降、私は愛知学院大学人間文化研究所の紀要などに、近代中国と西洋諸国・西洋国際社会との関係について考察した論文を毎年発表してきた。当時私は、将来七〇歳となって退職する際に、これらの論文を基にして自分の研究活動に終止符を打つ最後の学術書を刊行しよう、と考えていた。しかし私は六五歳を過ぎた頃から体調を崩し、二〇〇五年三月には定年を二年くり上げて退職しなければならなくなった。これにより勤務先の大学にも、また私のゼミで研究していた大学院生と学生諸君にも、大変ご迷惑をおかけすることとなった。今でも心中深く申し訳なく思っている。以来、二年有余の歳月が経過したが、退職により大学での激務から解放されたおかげで私の体力と気力は徐々に回復、一昨年の秋からは自宅で細々と専門の研究を行うことができるようになった。

本書はこうして完成が遅れていた私の晩年における研究の成果を集約したものである。これまでの私の最も重要な学問上の成果は一九九二年に汲古書院より刊行した『洋務運動の研究――一九世紀後半の中国における工業化と外交の革新についての考察――』に結実しているが、これを引き継いで前著では果たし得なかった「一九世紀後半と二〇世紀初頭の中国と西洋諸国・西洋国際社会との関係」という課題に自分なりに取り組んだ研究の成果が本書である。本書では国際関係史、国際交流史の研究や地域研究などに用いられる新たな視点と方法を取り入れるとともに、近年になって初めて効果的に使用することが可能となった清朝末期の官員の「出使日記」を基本史料として使用した。本書には大小あわせて七篇の論文を収めているが、各論文は内容においても、扱う地域、取り上げる人物においても、相互に密接な関連を有するものである。私が本書において解明し得たことの核心は、一九世紀の七〇年代以降、中国の最先進地帯東南沿海部地域に「西洋の衝撃」と「東洋（日本）の衝撃」に対抗しようとする開明的知識人の集団がいち早く形成されていたということと、彼らの主張が欧米諸国や日本に対する「対抗的近代化」論に他ならなかったということ、東南沿海地区出身の開明派の主要な人物が、相互に濃密な関係を構築・維持しつつ、危機に陥っていた国家と地域社会の再生・再建の事業に立ち向かい、自国の独立の確保と近代化への道を切り開いていた、ということである。

本書の刊行に際しては、㈱汲古書院の代表取締役社長石坂叡志氏と同社相談役（元社長）坂本健彦氏より格別のご配慮をいただくことができた。汲古書院での私の学術書の出版は三〇年も前に始まって今回で三度目になる。私はこうした汲古書院によるご支援がなければ、中国近代史研究者としての四〇余年におよぶ自分の存在はありえなかったと、いつも感謝している。㈱あるむには愛知学院大学在職中に紀要に論文を掲載する度にいつもお手数をおかけしてきたが、今回は編集担当の吉田玲子氏に本書原稿の組版作成という重要なお仕事をお願いして大変お世話になった。また愛知学院大学大学院博士課程在籍の同学南谷真氏にも本書原稿の組み替えや修正などの厄介な作業をお願いして多大のご迷惑をおかけした。本書は上記各位のご厚意とご尽力のおかげでようやく出版することができるようになったのである。ここに記して各位に心より感謝申し上げる。最後に、私の健康への不安から反対の意向を示しながらもあくまでも本書を刊行したいという私の希望を最後には受け容れてくれた妻秀子に感謝の意を表したい。

二〇〇七年五月一日

鈴木智夫

目次

はしがき …… i
第一章　万国博覧会と中国 …… 3
はじめに　3
一　中国駐在外交使節による中国産品の出品　4
二　一八六七年のパリ万国博覧会　7
三　海関への万国博参加業務の委託　11
四　海関による中国産品の収集と出展　13
むすび　17
第二章　清朝政府による官費アメリカ留学生派遣事業の研究 …… 23
はじめに　23
一　祁兆熙の略歴　25
二　上海から長崎へ　28
三　神戸と横浜　31

四　太平洋横断　37
五　サンフランシスコ　47
六　鉄道による大陸横断の旅　56
七　スプリングフィールドとハートフォード　68
むすび　86
第三章　祁兆熙の『出洋見聞瑣述』――官費アメリカ留学生引率官復命書の研究――　107
はじめに　107
一　留学生派遣事業――問題点についての考察――　108
二　留学生派遣事業――改革の構想の提起――　114
三　製造、海運、鉄道、通信　122
四　借款、貿易、国際関係　130
五　国際法とアヘン　140
むすび　147
第四章　李圭の訪米と在米華人　159
はじめに　159
一　李圭の経歴と出国直前の行動　160
二　長崎、神戸と横浜　163
三　太平洋横断の船の旅　166

四　サンフランシスコ 171
むすび 173
第五章　醇親王載澧の訪独 185
はじめに 185
一　出国までの準備 186
二　北京から塘沽・大沽へ 188
三　上海 191
四　福州 196
五　香港 198
六　シンガポールとペナン 200
七　インド洋横断 205
八　アデンから紅海、スエズ、ポートサイドへ 208
九　難問の出来と駐独公使呂海寰の対応 211
十　交渉の難航と醇親王の苦悩 217
十一　ドイツ皇帝による接見の中止 223
十二　中国政府首脳による最終的対応策の模索 228
十三　ドイツ当局の譲歩と醇親王使節団の使命達成 237
むすび 248

第六章　日露戦争と中国駐露公使胡惟徳 …… 267
はじめに …… 267
一　胡惟徳の「日俄戦局遅速必出於和、中国宜亟籌応付摺」の執筆時期をめぐる問題 …… 268
二　光緒三〇年七月一日付の胡惟徳の外務部宛書簡 …… 270
三　胡惟徳の「万全の策」「持久の計」 …… 274
四　胡惟徳の光緒三〇年七月一日付上奏文の全体像 …… 277
むすび …… 284
第七章　日露戦争後半期におけるロシア駐在中国公使胡惟徳の和平構想 …… 291
はじめに …… 291
一　旅順ロシア軍降伏直後の胡惟徳の外務部宛密電と南北洋両大臣宛密電 …… 293
二　袁世凱、周馥と外務部首脳の返電 …… 299
むすび …… 305
初出一覧 …… 313
人名索引 …… 1

凡　例

一　本文の年月日は原則として西暦により、必要に応じて清朝中国の暦を補った。

二　漢文史料を引用する場合には、原文の雰囲気と趣、味わいなどを残すために可能な限り書き下し文（漢文を訓読してかな交じり文に直した文）に改めた。訓読体の文章に接することは、漢文特有の文体や表現法に慣れ親しむ上で有効と考えたためでもある。

三　本文中や引用史料中の（　）は、筆者による説明、註記もしくは原用語の提示などである。

四　漢字は特に必要と見なした場合を除き、常用漢字によった。

五　文語文の日本語史料を引用する場合には、句読点、濁点等を補った。

近代中国と西洋国際社会

第一章　万国博覧会と中国

はじめに

一八五一年、ロンドンで史上最初の万国博覧会が開催された。この万国博覧会は「万国の産業の成果の大博覧会」(The Great Exhibition of the Work of Industry of All Nations) というその正式な名称が示すように、産業革命が生み出した欧米の工業文明の成果を全世界に示すとともに、工業化の先頭に立ってきたイギリスの工業力の絶対的な優位を誇示するものとなった。以来、欧米の列強は大規模な万国博覧会を自国の国際的威信の誇示と富国の目標達成のための国家的事業として競って開催するようになった。一八五五年のパリ万国博、一八六二年のロンドン万国博、一八六七年のパリ万国博、一八七三年のウィーン万国博、一八七六年のフィラデルフィア万国博、一八七八年のパリ万国博、一八八九年のパリ万国博、一八九三年のシカゴ万国博などがその主なものである。これらの万国博覧会[1]には西ヨーロッパ諸国やアメリカ合衆国だけでなく、東ヨーロッパやラテンアメリカ、アジア、アフリカなどからも多くの国家が参加し、世界のさまざまな国の元首がそろって見学に訪れた。万国博覧会は当時欧米諸国の最も重要な国際的な祭典となっていたのである。この万国博覧会が開催された一九世紀後半の世界はイギリス・フランス・ロシア・オーストリア・プロイセン（のちのドイツ）などの列強が激しく競合するパワーポリテックスの世界であり、ヨーロッパの列強が最新のテクノロジーを駆使して非ヨーロッパ世界をその支配下に編入しようと互いに激しく対立しあう競争の世界であった。万国博覧会にもこの権力政治の世界の現実が明確に反映されていた。万国博覧会は欧米列強にとって「国威発揚の場」、「平時の戦場」でしかなかったが、参加各国の強烈な競争的なナショナリズムを抑制するために、万国博覧会の主催者はその基本理念を「科学と技術、進歩」に設定し、各国がこの新しい神々、新しい普遍的な原理に対する奉仕者として一致して行動することを要求していた。

本章ではこうした一九世紀後半の万国博覧会に対して当時の中国（清朝）がいかなる態度をとり、それにいかに関与していたかを、考察し解明する。当時の中国はそれまでの独自の世界像と文明観を手直しして欧米近代文明を部分的に受容する方向を歩み始めていたが[2]、その中国が欧米近代文明を集中的に体現していた万国博覧会に対していかなる態度をとり、欧米諸国の参加要請にいかに対処していたかを具体的に明らかにすることが本章の課題となる。万国博覧会への清朝統治下の中国の関与についてはこれまでこれといったまとまった研究成果がないので[3]、本章での考察が中国は一九世紀後半のどの万国博覧会から、どのような形態、どのような特異な形をとって参加するようになったかという基礎的事実の解明に重点を置くものとなることをあらかじめおことわりしておきたい。

一　中国駐在外交使節による中国産品の出品

欧米諸国で開催された万国博覧会や各種の国際博覧会に中国の製品や美術工芸品がはじめて出品されたのはいつのことであろうか。それは、史上最初の万国博覧会がはじめてロンドンで開催された一八五一年のことであった。一八五一年のロンドン万国博では、その会場となったクリスタル・パレス（水晶宮）の中央よりやや東側の部分に、中国（清朝）の展示場がインドやオスマントルコ帝国と並んで設けられていた。[4] 一八五一年に万国博覧会をはじめて開催したイギリスは、中国とオスマントルコ帝国・インドを最も重要視し、万国博覧会の会場の中央部に近い所に中国の特産品や美術工芸品を展示するコーナーを設定していたのである。中国産品の展示場はその後つづいて開催された一八五五年のパリ万国博と一八六二年のロンドン万国博、一八六七年のパリ万国博のいずれの会場にも設けられていた。[5] また一八五五年と一八六七年との二つのパリ万国博では、会場内の庭園に中国情緒を濃厚にただよわせた中国パヴィリオンも開設されていた。[6] 中国の産品はこのように万国博覧会において、一八五一年の第一回ロンドン万国博以来、つねに出品・展示されてきていたのである。しかし、このことは当時の清朝政府が一八五一年以来、ヨーロッパ諸国が開催する万国博覧会に早くから関心を示し、それに深く関与してきていたことを示すものではなかった。人間の本質を「道徳性」に求め（欧米の近代はそれを「欲望」に求めた）、有限の「物」（生産物や資源）と人間の無限な「欲望」との間の均衡を安定的に保とうとしたり、宇宙を一つの生命体と見なし、そこでは人間や生物、自然などのあらゆる要素が調和の中に存在するものであると見なしたりする中国の伝統的な価値観や人間観・自然観は、[7] 万国博覧会の基本理念（科学・技術・進歩・変化・競争）と相いれなかった。中国の伝統文明を正当視していた当時の清朝政府の首脳や高官、中国社会の指導層（士大夫・読書人）は欧米近代の世界観や価値観・人間観・自然観などを体現していた万国博覧会を白眼視しつづけ、それに対して何らの興味も関心も示そうとしなかった。[8] 政府の首脳の中にも、民間の有力者のなかにも、当初は欧米諸国で開催される万国博覧会に参加しようと考える者は全くいなかったのである。

　では一八五一年と一八六二年のロンドン万国博や一八五五年と一八六七年のパリ万国博に展示されていたあの中国の特産品と美術工芸品は、いかなる人々によって収集され、いかにしてそこに出品・陳列されていたのであろうか。

一九世紀の五〇年代や六〇年代において万国博覧会に中国の産品が出品できるように尽力したのは、当時中国に公使や領事などとして派遣されていたイギリスやフランスの外交官であった。彼らは世界各国の最新の機械や工業製品、特産品などを一堂に集めた万国博覧会に自分たちの駐在する東方の大国中国の産品を出品することに情熱をもって取り組んだ。なかでもこの仕事に精力的に打ち込んだことでよく知られている人物はラザフォード・オールコック(Alcock, R.)である。彼は一八五一年にロンドンで最初の万国博覧会が開催された時には上海領事の地位にあった。中国の美術工芸品や特産品に中国文化の性格を知る上での資料的価値を見いだした彼は、自分の配下の翻訳官ハーリー・パークス(Parkes, H. S.)らとともに景泰藍(七宝焼)などの中国産品を熱心に収集しそれらをロンドンに送って好評を得た[9]。一八六二年のロンドン万国博覧会に際しては、一八五九年にオールコックが日本公使に転出したあとをうけて上海代理領事となっていたパークスが前任者の意志をついでこの任務に取り組んだ。この時にオールコックは新任地の日本においてロンドン万国博に日本の代表的な特産品や美術工芸品を出品しようと精力的に活動し、ロンドンの万国博覧会の会場に最初の日本コーナーを開設させたことはよく知られている[10]。

一八六七年のパリ万国博覧会に際しては、中国駐在のフランス公使ベロネー(Bellonnet, C. M.)が本国政府の指示に従い、中国の産品の収集・収買に全力を挙げて取り組んだ。

彼は中国の通商港に進出していた欧米諸国の商社やカトリックの伝道団体、中国の富商・買辦・紳士などに対し、それぞれが所蔵する「瑰奇珍異之物」をパリの万国博覧会へ出品するよう強く働きかけ、博覧会場にそれらを陳列・販売するコーナーを自ら率先して開設していたと言われている[11]。

万国博覧会に中国の物産や美術工芸品が出品・展示されるようになるのに最も中心的な役割を果たしたのは、オールコックやパークス、ベロネーなどの、博覧会主催国が中国に派遣していた外交官であった。当時中国の通商港に進出していた欧米諸国の商人やカトリック・プロテスタントなどの伝道団体なども博覧会の主催国の外交官から中国産品収集への協力を要請されたが、彼らはこの仕事に対してはほとんど関心を示さなかった。中国（清朝）の政府が欧米諸国で行われる万国博覧会の意義を全くといってよいほど認めず、また本国政府がその威信を高めるために自国の首都で開催する万国博覧会に東方の大国中国が参加することを特に強く希望するという事情に促迫されて、中国駐在の欧米諸国の外交使節が本国の万国博覧会場に出品する中国の産品を自ら各地を巡り歩いて収集するという変則的な事態が一九世紀の六〇年代まで続いていたのであった。

二　一八六七年のパリ万国博覧会

万国博覧会に対する清朝政府の態度は当初の完全に拒否的・敵対的なものから、次第に宥和的・協調的なものへと変化していった。万国博覧会に対し清朝政府が拒否的・敵対的な態度をとっていたのは、「観念的な伝統主義者[12]」（いわゆる排外守旧派）が中央・地方のいずれでも圧倒的に優勢であった咸豊年間（一八五一～一八六一年）のことであった。しかし、アロー戦争（一八五六～一八六〇年）と太平天国の乱（一八五一～一八六四年）を経過して一九世紀の六〇年代中葉以降七〇年代中葉に至るいわゆる「同治中興」の時期になると、「実事求是」、「経世致用」の立場から欧米近代文明の有用性に注目するようになった恭親王奕訢（当時清朝中央において首席軍機大臣と首席総理各国事務衙門大臣を兼任して欧米諸国に対する協調外交を行うようになっていた）や曾国藩・李鴻章などの開明派の地方長官（当時任地において中国の「自強」、「富強」を大義名分として欧米式軍事工業の導入を中心とした「洋務」に取り組むようになっていた）の考えが清朝の外交政策にもある程度反映されるようになり、清朝当局も万国博覧会への参加問題に対して以前よりは柔軟な態度を取るようになった。

清朝当局の姿勢の変化は一八六七年に開催が予定されていたパリ万国博覧会への参加要請を処理する上でかなり明白に示された。この万国博覧会においては、主催国のフランスはそれを第二帝政下の自国の繁栄を強く全世界に誇示するものにしようと、早くから世界のすべての国家に参加を要請する書簡を送った。この博覧会においてフランスが特に力を入れたことは、それを「万有」と「万国」との二つの要素を兼ね備えた未曾有の大規模な国際的な祭典にすることであった。[13]そのためフランスは、それまでいかなる万国博覧会への参加をも拒んできた極東の大国中国（清朝）をなんとしてでも説得してそこに参加させようとした。これに対し清朝政府は当初はフランスの説得を受け入れようとはしなかった。しかし、清朝政府は最終的には極めて控え目な形でそれに参加するという方針を決定した。清朝政府は一八六七年、「商工業者に対してパリで行われる万国博覧会に自由に出品させて他国の出品物と優劣を競わせよ」と命じた文書を各地（各省）の地方長官に送付した。[14]清朝政府は中国の商工業者が欧米で行われる万国博覧会に出品することを認める方針をはじめて明確に打ち出すに至ったのである。

しかし、フランス政府によるパリ万国博への参加要請に対して清朝政府がこの時に行った措置は以上の一点に尽きていた。清朝政府はフランスで行われる万国博覧会に「参加」することを決定しながら、「参加」を具体化させる現実的な措置はなんら行おうとしなかった。この時に清朝政府が行ったことは、やはりこの時点で万国博覧会にはじめて公式に参加することを決定していた日本の徳川幕府が行ったこととは大きく異なっていた。[15]清朝政府は日本の徳川幕府のように代表団（使節団）を編成してパリに派遣することもしなかったし、政府が自ら自国の特産品や美術工芸品を収買・収集してそれらをパリの万国博覧会に出品するということも行わなかった。西方の国家フランスの首都で行われる未知の事業に対し政府が自ら率先して精力的に取り組まない以上、中国で民間からそれに積極的に参加しようとする人物が多数現れることなど起こりようもなかった。

その結果、一八六七年のパリ万国博覧会においては、「惜しむらくは、事、中国の創聞を為せば、送物（出品物）は多きに非ず。会に赴き遊覧する者は更に鮮（すくな）し」[16]と評されているように、中国から出品された品物は依然として少量であったし、中国からの参観者に至っては全く寥々たるものとなった。一八六七年のパリ万国博覧会において中国がその参加国の一つとなりながらその出品物が量的にも質的にも極めて貧弱なものとなっていたことについては、この万国博覧会に徳川幕府の使節団の一員として参加した渋沢栄一らの報告書や日記からも確認することができる。渋沢栄一によれば、主催者側は中国と日本、タイ（シャム）の三国に対して全会場の一二八分の一を展示場として割り当てていたが（中国、日本、タイのそれぞれに三等分すれば、これら三国の各々に割り当てられていた展示場は全体の三八四分の一となる）、日本の出品が多く中国のそれが少なかったため、日本がこれら三国に割り当てられていた展示場の半分以上を使用するに至ったとのべているが[17]、これは先に引用した中国側の史料の内容と一致する。また渋沢栄一など、この万国博覧会を参観した徳川幕府の使節団のメンバーがその日記や報告書のなかにパリの万国博覧会場の中国パヴィリオンで参観者に緑茶の試飲を行わせていた三名の中国人女性の姓名と年齢までをも明記しておきながら、清朝政府の代表団については全く言及していないことも[18]、この万国博覧会への中国（清朝）の参加の仕方と態様が以上のようなものであったことがわかれば、十分に納得のいくこととなる。事実、一八六七年のパリ万国博覧会には中国からは正規の官員や多少とも名の通った人物は一人も訪れていなかった。そこに赴いた中国人は全くの見世物として送られた人々がその大部分を占めていた。「旗幟の新鮮さと冠や服の華麗さ」で人目をひいていた広東の劇団の一行や中国パヴィリオンで中国の伝統的な衣装を身にまとい客に中国特産の茶を供していた数名の妙齢の女性、それに珍奇さ・異様さをいっそう際立たせ、客寄せに一役買っていた中国の「巨人」と「小人」などがそれである[19]。

香港に英華書院を創設し久しくその院長を勤めつつ『四書』『五経』など中国の古典の英訳などに従事していたイギリスの著名なシノロジスト、ジェームス・レッグ（Legg, J.）も一八六七年に一時母国に戻った折にパリを訪れてこの万国博覧会を参観している。中国の古典を愛読し中国文化の精髄を深く理解していたレッグにとって、パリ万国博覧会における中国の存在、中国の在り様は心を痛めさせるものでしかなかった。レッグは中国パヴィリオンで中国の広東の劇団が連日俗悪な演劇を上演して観客の喝采を博しているのをにがにがしい思いで見ていたが、その劇団をひきつれてパリに来、相当の利益を得ている人物が、かつて中国において自分に師事したこともある「粤人」（広東人）であることを知ると、怒りの気持を抑えられず、その人物に対して激しい非難をあびせた。「読書人・知識人たる者が大切な学問を捨て、はるばる中国から劇団をひきつれてこのパリにまで来、金目当ての演劇を上演させるとはなんたることか。恥を知れ！　恥を！」というのがその時にレッグが発した怒りの言葉であった。これは当時香港の英華書院においてレッグのもとで中国の古典の英訳に従事していた中国の学者、のちの香港の著名なジャーナリスト、初期変法論者王韜が一八六七年に先に一時帰国していた師レッグに招かれてはじめてヨーロッパ諸国を訪問した時にその旅行記に書き記していたことである。[20] 王韜はそのなかで、彼がパリを訪れた時に万国博覧会がすでに閉幕していてそれを見物できなかったことを記すとともに、彼を万博の会場跡（当時会場の建築物はまだそのまま残っていた）に案内してくれたフランス人の通訳などから伝え聞いたことをよりどころにして一八六七年のパリ万国博覧会について簡潔に紹介している。[21] 中国の伝統的な学問を修得していた読書人のなかで最も早い時期に欧米の近代文明に接していた王韜は、それを集中的に体現していた万国博覧会についてもいち早く関心を示し、一八六七年のパリ万国博覧会についての中国の数少ない紹介者となっていたのであった。

三　海関への万国博参加業務の委託

一八七〇年五月、オーストリア＝ハンガリー帝国（以下、オーストリアと略称）政府は、一八七三年にオーストリアの首都ウィーンにおいて皇帝フランツ・ヨーゼフ（Franz Joseph）の在位二五周年を記念する万国博覧会[22]を開催することを決定した。この万国博覧会は一八六七年のパリ万国博につづく五度目のものであり、オーストリアが一八六六年のサドワ（ケーニッヒグレーツ）の戦いで失った中欧における軍事的覇権と国際的威信を回復することを企図して全力をあげて成功させようとした壮大な政治的・経済的なイベントであった。一八七三年のウィーン万国博覧会を第二帝政最盛期のパリ万国博をも凌駕するものにしようとしていたオーストリア政府は、一八七〇年に世界各国に招請状を送り、首都ウィーンで行われる史上最大の国際的な祭典に各国がそろって参加するよう要請した。オーストリアは極東の小国日本にもウィーン万国博への参加を要請する使節を派遣した。一八七二年一月、日本とオーストリアとの和親通商航海条約の批准書交換のために来日したオーストリアの特使（批准書交換により初代駐日公使となる）カリーツェ（Calice, H. F. von）はウィーン万国博への日本の参加を要請する皇帝フランツ・ヨーゼフの親書を明治天皇に捧呈した[23]。日本の明治政府はただちにこれに応え、非常な熱意をもってこれに取り組んだ。明治政府はみずから大量の出品物を収集し、七〇人をこえる大規模な代表団をウィーンに派遣してオーストリア政府を喜ばせた[24]。

オーストリア政府は中国（清朝）に対してもウィーン万国博に参加するようにねばり強く働きかけた。清朝当局に対するオーストリア政府の要請は一八七三年にウィーンで万国博を開催することを決定した一八七〇年からすでになされていた。これに対し清朝政府は日本の明治政府とはかなり異なった対応をした。清朝政府は欧米諸国で行われる万国博覧会に自ら出品したり官憲を出品委員として派遣したりすることを求める要請には応じなかったが、中国の民間人が万国博覧会に出品することに対してはそれを「随意」として認め、出品物には出国時に免税とするという方針を打ち立てていた。[25]これは一八六七年のパリ万国博覧会に際して清朝当局が打ち立てていた方針であった。

清朝当局はこの方針に従ってオーストリアの要請に対処すれば、オーストリアの要求をある程度は満たし得るものと判断していた。しかし、清朝当局の見通しは大きく外れた。フランスとはちがってオーストリアが中国の商工業者にはあまりなじみがない国であったこともあって、一八七一年の年末が近づいても民間の商工業者の間にはウィーンの万国博覧会に出品しようとする動きは全くといってよいほどおこらなかったからである。[26]ウィーン万国博に出品しようとする動きは在華外国商社においてもほとんど見られていなかった。中国では民間人による自主的な出品が期待できそうにないことを察知したオーストリア政府は、このような状況下で、清朝政府に対して外交的圧力を加えることによって局面を打開しようとした。一八七一年一一月、オーストリアの中国駐在総領事カリーツェは本国政府の指令に従い、一八六九年に締結した通商条約の批准書交換の機会をとらえてウィーン万国博覧会への中国の参加をあらためて強く要請した。[27]この時にカリーツェは清朝当局に対し「中国政府がその権威ある機構もしくは組織に命じてウィーン万国博への出品物の収集・選定・整理とウィーンの会場での展示などの業務を責任をもって担当させないかぎり、ウィーン万国博における中国の展示は大国中国の体面を維持することのできない惨憺たるものとなろう」と警告し、清朝当局がそれまでの方針を修正して早急にあらたな効果的な方策を打ち立てるよう要請した。総理衙門はここに至って万国博覧会に対する対応の仕方をあらためて検討し直すことを余儀なくされる。その後総理衙門は半年余の逡巡ののち、一八七二年八月、ウィーン万国博への出品業務を政府の権威ある機構に担当させるように求めたオーストリアの在華外交使節の要望を受け入れることを決断し、その業務を中国海関（以下、海関と略記）の統轄者たる総税務司ハート（Hart, R.）に委任した。[28] 総理衙門はその下部機構でもあり、欧米出身の多数の外国人職員を擁して欧米事情に精通し、しかも欧米諸国との通商に不可欠な通関と関税徴収の業務を果たしていた海関の長官総税務司ハートにウィーン万国博への参加業務をゆだねるのが最善の効果をあげられる最も合理的な方法であると判断したのである。通関業務と関税徴収の業務をその本来の任務としていたはずの海関の長官総税務司ハートが万国博覧会や各種の国際博覧会への参加業務の一切を担当するように政府から委任されるという中国に特有な慣行[29]は、このように一八七二年の夏にウィーン万国博覧会に清朝政府が大国にふさわしい充実した出品を限られた期限内にすることを強く迫られていた状況のもとではじめて成立したのであった。

四　海関による中国産品の収集と出展

一八七二年八月、総税務司ハートは総理衙門からあらたに託された任務を果たすべく行動を開始した。同年八月三日、ハートは中国の各通商港の税務司（いずれも欧米諸国の出身で海関に雇用されていた外国人）に対し回状（circular）を送り、ウィーン万国博覧会への出品業務を推進するための具体的行動を起こした。彼はこの回状のなかでまず万国博覧会の主要な目的の一つは、世界の主な通商港における貿易の実相を過去一〇年遡りすべての貿易品の見本とそれらの生産地、仕向地、価格、輸（移）出量、輸（移）入量を提示することによって示すことにあると説明していた。[30] ハートはまたこの回状において万国博覧会に対する以上のような認識に立ってウィーン万国博への中国の出品物を組織的、系統的に収集しそれらを万国博の会場に出展させようと、各通商港の税務司に対し以下の三つの具体的な指示を発した。

第一は管轄下の通商港で行われている貿易についての完全な情報（ただし中国の民船による貿易についての情報は除く）を収集することであった。

第二は管轄下の通商港に輸（移）入されたりそこから輸（移）出されたりしているすべての商品の見本を収集し、それらを海関の関税表の定めている順番に従って整然と分類・整理することであった。

第三はそれらのすべての商品の見本に通し番号と商品の名称をつけ、さらにそれらの生産地と仕向地、価格、輸（移）出入量を明示することであった。[31]

各通商港の海関の検査官が自分の命じたこれら三つの業務に熱意をもって取り組むようにさせるために、ハートは一カ月分から三カ月分の給料に相当する特別な報酬を収集品の内容に応じて与えることをも約束していた。[32]

一八七二年一〇月、ハートは広東（広州）の税務司ボウラ（Bowra, E.C.）をウィーン万国博の中国の出品委員（Commissioner）に任命し、彼に各通商港で収集された出品物の整理と梱包・発送を統一的に遂行するよう命令した。ハートがこの時点でこのような措置をとったのはなによりも海関がウィーン万国博覧会の開催日（一八七三年五月一日）に間に合うように出品の準備を完了させるにはウィーン万国博への出品の業務を全体的に統括する専任の委員が不可欠になっていると考えたからであった。ハートはこのほかに出品物に無用な重複が生じないようにしたり、出品物の梱包を安全なものにしたりするためにも、出品業務を統一的に指揮・監督する権限をもった専任の委員が必要であると考え、あらたに専任の出品委員をおき、それに腹心のボウラを起用したのであった。こうしたハートの期待にボウラも懸命に応えようとした。ボウラは有能であったしエネルギッシュな人物であった。[33] 彼は一八七二年一一月から翌一八七八年一月まで華中と華南のすべての通商港と浙江省の中心都市杭州を何度も訪れて自ら出品物の収集に従事するとともに、各通商港で収集されていた出品物の整理と梱包を指揮・監督し、また出品物と出品者についての完全な記録（出品全目録）を作成した[34]。

総税務司ハートと出品委員ボウラの強力な指導のもとで、海関はウィーン万国博覧会への出品・出展の準備を極めて能率的・効果的に完成させ、一八七三年一月末には出品物をオーストリアに向けて発送した。ハートが各通商港の税務司を総動員して編集させた過去一〇年の中国の通商港の貿易統計 *“Trade Statistics of the Treaty Ports for the Period 1863–1872 compiled for the Austro-Hungarian Universal Exhibition, Viena, 1873, to illustrate the International exchange of Products”* も中国の他の出品物とともにこの時に上海からオーストリアに向けて発送された[35]。

海関が収集・整理してウィーンに送った中国の出品物は、海関の組織力の大きさと当時の中国の産業・経済の水準をよく反映していた。出品物は数量、品目ともかなり多く、そのなかには欧米諸国からの輸入品もまざっていた。出品物の大多数を占めていたのは、絹織物や生糸、綿糸、綿布などの手工業品と綿花・桑などの農産品であった。通商港別では上海がもっとも多く（二〇二九品目）、商品別では絹織物と生糸が群を抜いていた[36]。これらの出品物のなかには海関が往復の送料と保険料を負担するという条件で民間人から委託された民有物（官僚や読書人・富商の家宝となっていた古銅器などの骨董品や絹織物・陶磁器などの商品）も相当数含まれていた[37]。海関当局の示した有利な条件（出品物は免税、送料と保険料は海関の負担、出品目録に記された価格での販売）に促されて海関にウィーン万国博への出品を委託していた人物が、上海、漢口、福州、厦門、広東などの通商港の紳士・富商などの中に現れていたことが、このことからも確認することができる。杭州の富商で寧波・福州・厦門・漢口などの海関銀号を経営し、洋務派の有力官僚左宗棠の腹心として福州船政局の提調、上海採辦転運局委員など洋務関係の要職をも兼務していた胡光墉[38]（号は雪巌。捐納により布政使銜福建候補道の官位を取得していた。当時「千万富翁」「活財神」と呼ばれていた）に至っては、公金を扱う銀号の経営者として海関と深い関係を有していたこともあって、「数万金」にも及ぶ多額の出品物を海関に託しウィーン万国博の成功に寄与していたと『申報』は伝えている。[39]

ウィーン万国博覧会の開会の日が近づくと、ハートはその配下の税務司のなかから五名を選んでウィーンに派遣し、会場内での中国コーナーの設定と出品物の展示などを指揮・監督させた。この時にウィーンに特派された五人の税務司とは、ボウラ、デトリング（Detring, G. von）、カートライト（Cartwright, W.）、ハンネン（Hannen, C.）、ドルー（Drew, E. B.）をいう。[40] 彼らは清朝政府から派遣された中国の出品委員（彼ら五名で委員会を構成した）としてウィーンに駐在した。清朝政府がその雇用している欧米人の税務司にせよ、ともかくも万国博覧会にその出品委員を派遣したのは、また海関が万国博覧会にその税務司を出品委員として派遣するようになったのは、この時が最初のことであった。[41]

ボウラはウィーンにおいても出品委員の代表として行動し、すぐれた組織力と指導力を発揮した。中国の出品物はヨーロッパ諸国の人々の強い異国趣味にも支えられてかなりの好評を博した（日本の出品物の人気には及ばなかった）。ウィーン万国博覧会における中国の展示と出品はすべての面で著しい成功であると認められたという。[42] ウィーン万国博覧会の審査委員会も博覧会の終結に当たって「今回のウィーン万国博覧会への中国の出品は、それまでのロンドン万国博やパリ万国博への同じ中国の出品とくらべると、その数量・種類とも何倍にもなっている。欧米諸国の人々で今回の万国博覧会を見学した者は皆が万国博への中国の参加の仕方の変化に驚くとともに、そのことから欧米諸国と中国との友好の進展を目のあたりにすることができている」[43] と好意的に評価していた。万国博への参加業務を海関に委託した総理衙門の狙いは的中した。総税務司ハートの指揮下に海関はウィーン万国博覧会への参加業務をあざやかに成し遂げ、主催国オーストリアと中国の双方の政府の期待に応えたのであった。

むすび

欧米諸国が開催する万国博覧会への中国の出品は、一八七三年のウィーン万国博に際して総理衙門がそれへの参加のための業務を海関に委託することによってはじめて主催国の要求を充足させうる水準のものとなることができた。総理衙門はこの事実を重要視し、ハートとその配下の海関に対する信頼をいっそう深めるとともに、万国博への出品を海関に兼務させることが万国博への中国の参加をめぐるトラブルをもっとも少なくする道であると考えるようになった。その後、ウィーン万国博につづいて、一八七六年にはアメリカで建国一〇〇周年記念のフィラデルフィア万国博が開催され、一八七八年にはフランスで三度目のパリ万国博が開催された。これらの万国博が開かれる際には、開催国の政府はいずれの場合にも、一八七三年のウィーン万国博を例に引いて清朝政府が東方の大国にふさわしい出品・出展を行うよう要請した。総理衙門は各国の要請に応えるには実績のある海関に引き続き出品業務を担当させる以外に方法はないと考え、もっぱらそれを総税務司ハートに委ねた[44]。これに対しハートとその配下の海関のスタッフはその準備に当てられる日数がつねに限られたものであることに苦慮しつつも、委託された任務を確実に遂行して総理衙門を安堵させた[45]。

こうして総理衙門が欧米諸国で万国博覧会や国際博覧会が開催されるごとに主催国の招請に応じるようになると、これに反対する動きも目立つようになってくる。万国博や国際博覧会への参加要請に応じることが次第に成例化していくことに対して激しく反対する態度をとったのは、清朝内部の守旧派であった。彼らは博覧会を「奇を尊び珍を競う」全く無益の催しであると見なし、調和と安定を重んじてモラルをすべてに優先させる観念的伝統主義者の立場から、総理衙門の政策を鋭く批判した[46]。これに対し、李鴻章などの開明官僚（洋務派）・開明的伝統主義者は博覧会にはその根底に朱子学の「格物致知」の精神に通じるものがあると考え、「経世致用」と実学重視の立場から中国は積極的に欧米諸国で行われる万国博覧会や国際博覧会に参加すべきであると主張していた[47]。守旧派は博覧会を「賽奇会」、「賽珍会」、「衒奇会」、「聚珍会」と見なし、開明派はそれを「格物大会」、「博物大会」、「格物院」、「博物院」などと見なす傾向が強かった。

しかし、七〇年代末から八〇年代初頭になると、万国博や国際博への参加の必要性を認めていた開明官僚・開明的伝統主義者の中からも総理衙門に批判的な人物が登場するようになってくる。彼らは万国博覧会や国際博覧会に中国が参加することの意義を十分に理解しつつも、総理衙門が中国の出品・出展をいつまでも欧米人税務司管理下の海関に委ねていることに反発し、総理衙門に対して批判的な態度をとるようになった。彼らは中国の文物に精通していない海関の外国人税務司では真に中国を代表するような出品物を収集・出展することはできないと主張し、万国博や国際博への出品を清朝の正規の機構と正規の官員の手で行わせようとするようになった[48]。彼らが一九世紀の八〇年代初頭という時期に欧米諸国で行われる万国博や国際博への出品を具体的にいかに行おうとしていたか、彼らがその時期に示していた構想・計画はいかなるものであり、当時ハートとその配下の海関が行っていたものと対比した場合にいかなる利点とデメリットとをもつものとなっていたかなどが次に解明しなければならない課題となるが、それらについては他日あらためて論じることとしたい。

註

（1）万国博の歴史を概観した著書は多いが、以下、本稿執筆に際して参照した代表的なものを列記する。

a　吉田光邦『改訂版万国博覧会——技術文明史的に——』日本放送出版協会、一九八五年。

b　吉田光邦編『図説万国博覧会——一八五一～一九四二——』思文閣出版、一九八五年。

c　吉田光邦編『万国博覧会の研究』思文閣出版、一九八六年。

d　吉見俊哉『博覧会の政治学——まなざしの近代——』中央公論社、一九九二年。

(2)　拙著『洋務運動の研究——一九世紀後半の中国における工業化と外交の革新についての考察——』汲古書院、一九九二年。

(3)　万国博への清朝統治下の中国の関与の在り方を直接的なテーマにした専論は日本はもとより中国にもない。万国博への中国の参加については、中国の海関ならびにその総税務司ハートについて考察した論文や著書で若干言及されるか、一九一〇年に中国ではじめて開催された国内博である南洋勧業会についての研究論文で関連事項としてわずかに言及されているのみである。以下、万国博への清朝末期の中国の参加に多少なりとも言及している論文や著書を列記しておく。

a　S. F. Wright, *Hart and the Chinese Customs*, Belfast, Mullan, 1950, pp. 399–401.

b　葉鳳美「赫得在中国」夏良才主編『近代中国対外関係』四川人民出版社、一九八五年。

c　吉田光邦「一九一〇年南洋勧業会始末」『万国博覧会の研究』ならびに吉田光邦『日本と中国——技術と近代化——』三省堂、一九八九年、所収。

d　盧漢超『赫得伝』上海人民出版社、一九八六年、一四三～一四六頁。

e　汪敬虞『赫得与近代中西関係』人民出版社、一九八七年、七九頁。

f　馬敏「中国走向世界的新歩幅——清末商品賽会活動述評——」『近代史研究』一九八八年一期。

g　濱下武志『中国近代経済史研究』汲古書院、一九八九年、三一～三三頁。

h　濱下武志『近代中国の国際的契機——朝貢貿易システムと近代アジア——』東京大学出版会、一九九〇年、二四八～二五〇頁。

(4)　吉田光邦編『図説万国博覧会』三三～三五頁。

（5）（6）同上書三六～三七頁、鹿島茂『絶景パリ万国博覧会』河出書房新社、一九九二年、二六二頁及び二七六～二七九頁。

（7）Lloyd E. Eastman, *Family, Field, and Ancestors: Constancy and Change in China's Social and Economic History 1550–1949*, Oxford University Press, 1988, pp. 149–157, ロイド・E・イーストマン著、上田信・深尾葉子訳『中国の社会』平凡社、一九九四年、二〇二～二一二頁。

（8）（9）吉田光邦『改訂版万国博覧会』二頁。

（10）R. Alcock, *The Capital of the Tycoon*, 山口光朔訳『大君の都』岩波文庫、上 二七三頁、中 四二頁、下 一八四頁、吉見俊哉前掲書、一一〇頁。

（11）王韜『漫游随録』巻二「游観新院」、鍾叔河編『走向世界叢書』湖南人民出版社、一九八二年、所収。

（12）三石善吉「派閥と政党」『中国――社会と文化――』一、一九八六年。

（13）鹿島茂前掲書、一四〇頁、一六六頁、二六二頁。

（14）『申報』同治一三年一二月二五日（一八七五年二月一日）「奉勧士商百工宜赴美国賽奇公会遊覧俾広識見論」。

（15）芳賀徹『大君の使節』中央公論社、一九六八年、高橋邦太郎『花のパリへ少年使節団』三修社、一九七九年、鹿島茂前掲書。

（16）註(14)と同じ。

（17）（18）渋沢栄一「航西日記」『渋沢栄一伝記資料』第一巻、五〇八頁。

（19）王韜前掲書、巻二「游観新院」、及び鹿島茂前掲書、二七四～二七八頁。

（20）（21）王韜前掲書、巻二「游観新院」。

（22）ウィーン万国博についてはJutta Pemsel, *Die Wiener Weltausstellung von 1873*, Bohlau Verlag, 1989を参照。

（23）（24）Petter Pantzer, Julia Krejsa, *Japanisches Wien*, Herord, Wien, 1989, 佐久間穆訳『ウィーンの日本』サイマル出版社、一九九〇年、二〇頁。明治政府がウィーン万国博に参加するまでの詳しい経緯や明治政府によるウィーン万国博参加事業についての詳細は田中芳男・平山成信『墺国博覧会参同紀要』一八九七年からうかがい知ることができる。

(25)(26)(27)(28)　S. F. Wright, *op. cit.*, p. 399.

(29)　この慣行は一九〇五年のリエージュ万国博まで一部の修正を加えながらも三〇年余り維持された。なお海関が総理衙門から出品・出展を依頼された万国博や国際博については、S. F. Wright は一八六七年のパリ万国博から一九〇五年のリエージュ万国博までの二八回としているがその中には海関が総理衙門から出品・出展を依頼されずに単に通関事務を行っただけのものもかなり含まれている（一八八三年のアムステルダム国際博はその一例である）ので、二八回とするのは正しくない。海関が実際に出品・出展を委託された万国博や国際博は一八七三年のウィーン万国博、一八七六年のフィラデルフィア万国博、一八七八年のパリ万国博、一八八〇年のベルリン漁業博、一八八三年のロンドン漁業博、一八八四年のロンドン万国衛生博、一八八四〜一八八五年のニューオルリンズ国際博、一九〇〇年のパリ万国博、一九〇二年のハノイ国際博、一九〇四年のセントルイス万国博、一九〇五年のリエージュ万国博の一一回のみである。また、一八六七年のパリ万国博に際しては、本文で論証したように海関は総理衙門から出品・出展を委託されてはおらず、また、出品委員を派遣していなかった。S. F. Wright の前掲書を根拠として万国博への海関による出展・出品が一八六七年のパリ万国博に始まるとする研究者がいるが、そのような見解も誤りである。

(30)(31)(32)(33)(34)(35)　S. F. Wright, *op. cit.*, pp. 399–400.

(36)　『西国近事彙編』巻二、癸酉、二頁。

(37)　『申報』同治一一年一〇月二六日（一八七二年一一月二六日）「論墺国設博物院事」。海関がウィーン万国博に出品した中国の名品や美術工芸品はその大部分が民間人から委託された「民有物」であった。このことは当時の『申報』の論説において海関が民間人の出品を促すために提示していた条件が極めて出品者に有利なものであることを詳しく解説していたことなどから確認することができる。このように海関を通じた中国の出品が当初から「民有物」中心であったのに対して日本の明治政府による出品は、その初期においては政府が国費によって収買した「官物」のみからなっていた。

(38)　胡光墉については C. J. Stanley, *Late Ch'ing Finance: Hu Kuang-Yung as an Innovator*, Mass, Harvard University Press, 1970, 黄萍蓀等「紅頂商人胡光墉（雪岩）興衰史」『浙江籍資本家的興起』浙江人民出版社、一九八六年。

(39) 註(14)と同じ。

(40) S. F. Wright, *op. cit.*, p. 400.

(41) 註(14)ならびに黄序鵷『海関通史』下巻、一九一七年、五〇頁。

(42) 註(40)と同じ。

(43) 『西国近事彙編』巻三、酉、九頁。

(44)(45) 吉田光邦註(3)引用論文を参照。一八七六年のフィラデルフィア万国博と一八七八年のパリ万国博の双方にハートが深く関与していたことについては註(3)引用のすべての著書及び論文が言及している。そのほかに陳霞飛主編『中国海関密档』一・二、中華書局、一九九〇年所収のハートとキャンベルとの往復書簡や徐宗亮等編『通商約章類纂』巻三五、各国賽会章程などからもその詳細を知ることができる。

(46) 註(14)と同じ。この『申報』の論説の末尾に登場する「衆議」なるものが守旧派の主張を示すものである。

(47) 万国博に対する李鴻章の見解は李圭の『環游地球新録』の刊行時に執筆した同書の序によく示されている。なお李圭は一八七六年のフィラデルフィア万国博に際して海関から中国文による記録執筆の任務を課せられて現地に派遣された人物（当時、寧波関の文牘となっていた）である。彼は一八七六年四月に出国し、太平洋を横断、アメリカでフィラデルフィア万国博を視察したのち、ヨーロッパに赴いた。その後、地中海、紅海、インド洋を経由して一八七七年一月に帰国した。中国人ではじめて万国博覧会についての詳しい視察報告書を書き記した人物として知られている。

(48) 一八七八年のパリ万国博当時、パリ駐在の中国公使の随員となっていた馬建忠などがその代表的な人物である。万国博の中国の出品委員となっていた海関の欧米人税務司もパリの中国公使館員の批判を受けないよう、かなり神経を使っていた。これらのことは『中国海関密档』二・三に収められたハートとキャンベルの往復書簡から確認することができる。

第二章　清朝政府による官費アメリカ留学生派遣事業の研究

はじめに

清朝政府は一九世紀の七〇年代に、四度に分けて合わせて一二〇名の「官学生」（官費留学生）をアメリカ合衆国（以下「アメリカ」と略記）に留学させた。[1]「官学生」は満年齢で一二歳から一六歳までの少年の中から選ばれ、その留学期間は一五年と定められていた。彼らは一八七二年から毎年三〇名ずつ、主に広東出身の「官員」から選任された「委員」（「出洋委員」や「護送委員」）に引率されて太平洋を渡り、さらにアメリカ大陸を横断してアメリカ北東部（ニューイングランド）の都市スプリングフィールド（Springfield）に赴いた。各留学生団の出発（上海出発）の年月日は、第一陣（「第一批」）が一八七二年八月九日（同治一一年七月八日）、第二陣が一八七三年六月一二日（同治一二年五月一八日）、第三陣が一八七四年九月一九日（同治一三年八月九日）、第四陣が一八七五年一〇月一四日（光緒元年九月一六日）であった。[2]また各留学生団を「帯領」した「委員」は、第一陣がこの留学事業の立案者で初代の「出洋委員」（留学生監督）に任じられていた広東出身の容閎（アメリカのイェール大学の卒業生）と「翰林院庶吉士」で容閎とともに初代の「出洋委員」に任じられていた広東出身の「進士」陳蘭彬、渡米後に「中文教授」に起用された葉源濬（字は緒東、樹東）などであった（ただし容閎は現地での受け入れ態勢を整えるために一行よりも一カ月先に渡米した）。第二陣は一八四七年に容閎とともにアメリカに留学した経験を持つ香港在住の広東人黄勝（字は平甫、当時香港の英華書院の董事となっていた）と、渡米後に葉源濬と同様に「中文教授」に任ぜられる容増祥（字は元圃）であった。

第三陣は「同知」（司馬）の資格をもつ上海の読書人祁兆熙（号は翰生）と、広東出身で「参軍」の資格を持ち、のちに両広総督衙門の翻訳官に起用された鄺其照（号は容階）であった。第四陣は前年に祁兆熙に従って第三次留学生団をアメリカに導いた広東人鄺其照と、一八七五年に陳蘭彬に代わって第二代の「出洋委員」に任ぜられた広東出身の「進士」区諤良（字は海峯）であった。(3)

こうした留学生派遣事業を円滑に行うために、一八七一年に留学生派遣に関する一切の事務を行う臨時の官局が上海に開設される。「総理幼童出洋滬局」（略称「出洋総局」）(4)がそれである。「出洋総局」は上海道台（蘇松太道）の監督下に置かれ、そこには有力な洋務官僚の幕下にあった広東出身や江浙地方出身の人材が集められていた。この「出洋総局」の「総辦」に起用されたのは、多年曾国藩の下で「洋務」に従事してきた江蘇省武進県出身の読書人劉翰清（字は開生、当時道台の資格を取得していた）であった。ついで一八七二年にはスプリングフィールドに近いコネチカット州の都市ハートフォード（Hartford）に留学事業推進のための清朝政府の出先機関が開設される。「選帯幼童肄業局」（略称「出洋局」）(5)がそれである。このハートフォードの「出洋局」には、当初、正副の「出洋委員」陳蘭彬と容閎、「中文教授」の葉源濬、翻訳官曾恒忠（号は蘭生）が常駐し、上海の「出洋総局」との連絡や「官学生」の管理、「官学生」への中文（古典）の教育などを行っていた。(6)「官学生」ははじめそのすべてが二人もしくは四人一組でスプリングフィールドやその周辺に住むアメリカ人教師に預けられ、その家庭で英語の教育を受け、そこから最寄りの小学校もしくは中学校に通うことになっていた。それ故、一八七三年以降には中国から後続の留学生団がやって来るたびに、ハートフォードの「出洋局」のスタッフはスプリングフィールドに赴いて各「官学生」をアメリカ人教師に引き合わせ、「官学生」がおのおののアメリカ人教師に引き取られるのを見届けることとなっていた。(7)

ところでこうして行われていた清朝政府による最初の留学生派遣事業の具体像をより明確に描くには、「出洋委員」や「護送委員」に任ぜられて渡米した清朝の「官員」の日記を発掘することが不可欠となる。一九八三年に上海図書館の任光亮氏は同館所蔵の旧南洋中学の蔵書の中より第三次留学生団の「護送委員」祁兆熙の日記『游美洲日記』を発掘したがこれは留学事業（「幼童留美」）の研究史に特筆されるべきことであろう。(8) 祁兆熙の日記には一八七四年九月一日に上海を出発してからその任務を無事に果たして翌一八七五年一月八日に上海に帰着するまでの一一日間の彼の行動と見聞が詳しく書かれているからである。本章ではこの祁兆熙の『游美洲日記』を読み解くことによって、一九世紀の七〇年代にアメリカにわたった中国の「官学生」とその引率者、随行員がアメリカへの旅の途上で見聞きしていたこと、体験していたことをあとづけるとともに、一行のアメリカへの旅が、彼らがその途上で立ち寄った長崎や神戸、横浜、サンフランシスコの「華人」（主に広東人）の物心両面での援助にも支えられて行われていた事実を明らかにする。祁兆熙の『游美洲日記』は全文が約二万五〇〇〇華字からなり、その内容も多岐にわたるため、ここではその主要な部分にしか論及できないことをあらかじめおことわりしておきたい。

一　祁兆熙の略歴

『游美洲日記』の著者祁兆熙とは、どのような人物であったのであろうか。第一次から第四次までの各留学生団を引率して渡米したあわせて四名の「護送委員」の中で三名までが広東人であったのに反し、祁兆熙のみが江浙人（上単に見ておこう。

海人）であったことはすでに指摘した。本節では第三次留学生団を「帯領」してアメリカに向かった彼の行動と見聞をたどる前に、彼が上海のいかなる家に生まれ、アメリカに向けて出発するまでにどのような道を歩んでいたかを簡単に見ておこう。

祁兆熙の生い立ちと経歴を知る上で役立つ史料は民国一六年（一九二七年）に刊行された『上海県続志』[9]と、彼が第四次留学生団の出発直後に著した『出洋見聞瑣述』[10]である。そのほかに祁兆熙に言及した史料には劉翰清に宛てた一八七三年の陳蘭彬の二通の書簡[11]があるが、これは祁兆熙が第三次留学生団の「護送委員」に起用される経緯を知る上で特に有益である。これらの史料を総合して判断すると、祁兆熙は一九世紀の四〇年代（道光年間）に上海近郊のさほど有力ではない読書人の家に生まれたと推定することができる。祁兆熙の号は翰生、没年は一八九一年であるが、父の名と彼の字（あざな）及び正確な生年はわからない。彼の少年期と青年期の双方にまたがっていた咸豊年間（一八五一～一八六一年）は彼にとって苦難のあいつぐ試練の時期であった。秘密結社小刀会が上海県城を一七カ月にわたって占拠する事件（一八五三年九月～一八五五年二月）と太平軍が忠王李秀成の指揮の下に三年にわたって上海に激しい攻撃を加えた事件（一八六〇～一八六二年）が連続して起こり、彼がその度に「祖父母や父母を奉じ」て安全な場所に逃れなければならなかったからである。[12]その間、彼は一五歳（冠）の時に「佾生」（文廟で楽舞を行う舞生）となり、ついで「第一を以て入泮して増生に補せられ、例に由り同知に仕（つ）い[13]」ていた。科挙の予備試験（童試）に合格して「生員」（府州県学の学生、科挙への応募資格の保持者）の身分を取得していたのである。また祁兆熙は『出洋見聞瑣述』の末尾に「法兵（フランス兵）駐滬（上海）の時、団練（郷村の武装自衛集団）の董事に充つ[14]」とも記しているから、フランス軍がイギリス軍とともに太平軍の攻撃を阻止するために上海防衛に加わっていた一八六〇～一八六二年には、彼がすでに上海の地域社会の指導層の一員に加わるようになっていたことが確認できる。こうして一八六

○年代初頭に祁兆熙が若年の身でありながら上海防衛の任務の一端を担うようになったことは、彼が「洋務」への道を歩むようになる重要な契機となった。「団練」を率いて郷里の防衛に従事する祁兆熙には近隣の町や村に駐屯するフランス軍との接触が不可避となったからである。当時、主として広東人から起用されていた「通事」（通訳）の質は極めて悪く、彼らを介しては中国（清朝）の将兵がフランス軍と意志を通じ合うことはほとんどできない状況にあった。祁兆熙はこのような困難を自力で克服しようとしてこの時期にフランス語を学び始めるが、彼のフランス語学習は「一年に及ばずして兵頭（フランス軍の将）と往還するに、事、能く順手す」[15]というほどの成果を収めることができた。その後、祁兆熙はフランス語が「ただ一国（フランス）のみに通行するに止まる」ことを知り、英語の学習にも取り組むようになる。[16]その間、一八六二年には太平軍が上海の周辺から撤退し、一八六四年には太平天国の首都天京も陥落して、祁兆熙の故郷上海にはようやく平和な日々が戻る。「団練」の董事として郷土の防衛に当たる任務から解放された祁兆熙は、翌一八六五年にはイギリス人総税務司ロバート・ハート管理下の江海北関（上海の税関、洋関ともいう）に勤務するようになるが、そこでも悪辣な広東人の「通事」が跳梁するのを見て、英語を修得することの必要性を改めてつよく感じる。[17]その後、彼は江海北関での公務のあいまに英語の学習をつづけ、三年後には「通事」の助けを借りずに税関の英文の印刷物や表の文字の意味を理解することができるようになる。[18]「生員」となって「同知」の資格をも得ておきながら、フランス語ついで英語を修得し江海北関に勤務するようになった祁兆熙が、太平天国の乱鎮圧後、「洋務」に取り組むようになった江南の清朝当局にとって得難い人材としてみられるようになるのは自然のことであった。

一八七一年以降清朝政府がアメリカへの留学生派遣事業を始めると、祁兆熙は外国語学習の経験者としての立場から、この事業に強い関心を寄せた。[19]他方、はじめほとんど広東出身者のみで固められていた「官学生」の構成がわずか一～二年で様変わりして「官学生」の中に占める江浙地方出身者の比重が広東人のそれにほぼ比肩できるようになってくると上海の「出洋総局」の総辨劉翰清は第三次留学生団を引率する「委員」にはじめて江浙出身者を起用しようとするようになる。[20] このような劉翰清がその任に耐え得る唯一の江浙出身の人材として選定した人物が、『博学多才にして尤も洋務に長ず』[21] とされていた上海人祁兆熙であったのである。

祁兆熙を第三次留学生団の「護送委員」、「管帯」に起用しようとする劉翰清の意向は一八七三年春にはハートフォードの「出洋局」の二人の委員陳蘭彬と容閎に伝えられていた。[22] その後、劉翰清は祁兆熙一人では三〇名の「官学生」を「兼顧」することは困難であると考え、当時上海の「出洋総局」で「官学生」への英語の教育を担当していた広東人鄺其照を祁兆熙の補佐役として同行させようとする。[23] この劉翰清の最終的な意向は一八七三年の夏には陳蘭彬・容閎の両「出洋委員」の賛同と上海道台沈秉成（字は仲復）、北洋通商大臣李鴻章、南洋通商大臣李宗羲の同意を得、上海人祁兆熙が広東人鄺其照とともに第三次留学生団を「帯領」して翌一八七四年に渡米することが本決まりとなる。[24] しかし、清朝当局は第三次留学生団の引率責任者が祁兆熙であることをすぐには公表しなかった。上海の新聞『申報』がそのことに言及した記事をその紙面に掲載したのは、第三次留学生団の出発が約一カ月後に迫っていた一八七四年八月六日（同治一三年六月二四日）のことであった。

二　上海から長崎へ

一八七四年八月二二日（同治一三年七月一一日）、祁兆熙は劉翰清、鄺其照とともに第三次留学生三〇名を伴って上海道台沈秉成とアメリカ総領事シュワード（Seward. G. F.）を訪問、出発の挨拶を行った。[25]「官学生」とその引率者が出発前に道台とアメリカ総領事を訪問することは、一八七二年の第一陣以来必ず行われてきたことであった[26]。それからほぼ一カ月後の九月一九日（八月九日）の夕刻、祁兆熙は横浜に向かう太平洋郵船（Pacific Mail Steamship Co.）[27]の外輪船オレゴニアン号（Oregonian, 一九一四トン）に乗船するため、正装した「官学生」を馬車に乗せて「出洋総局」を出発、黄浦江岸にある太平洋郵船の乗船場に向かった。彼と同行した「官員」や随行員は、広東人鄺其照と、容閎の幕僚孫雲江（号は茂才）、彼の弟（三弟）祁兆熊の三名のみであった。

この日は午後から天気はくずれ、夜にはひどい大雨となった。祁兆熙はその日朝早くから夕刻近くまで忙しくたち働いた。彼は太平洋郵船の営業所や江海北関にみずから出向き、オレゴニアン号への乗船と出国のための手続きを行い、「出洋総局」で劉翰清から出発に当たっての最終的な指示を受け、さらにハートフォードの「出洋局」に持参する多くの荷物が「出洋総局」から運び出されて誤りなくオレゴニアン号に積み込まれるのを見届けなければならなかった。これらの一切の仕事を処理し終えた彼が、太平洋郵船の乗船場で見送りの人々に別れを告げ「諸生」[28]とともにオレゴニアン号に乗り込むことができたのは、夜の七時すぎのことであった。その後、船内の食堂で鄺其照と遅い夕食をすませた彼は甲板に出て「諸生」とともに上海の夜景を眺めた。「洋涇濱一帯、自来火灯（ガス灯）簇々と匀排し、波心に蕩漾す。諸生、倶に楽しむ」[29]とは彼が当日の日記の末尾に記していた言葉である。

九月二〇日（八月一〇日）午前六時、オレゴニアン号は突然、横浜をめざして航行を始めた。その時、「諸生」は皆とび起きて甲板に出、遠ざかる上海の町を眺めていた。祁兆熙は彼らが早朝の冷気を受けて体に変調を来すことを恐れ、彼らに対して厚地の衣服を身にまとうように指示した。船の食堂で供される西洋料理は「諸生」の口に合わず、そのうえ、その日の午後一時すぎから風雨が強まったため、「諸生」のなかには船酔いに苦しむ者が続出した。その間、祁兆熙はたえず船内を見回り、特に苦しむ学生にはやさしい言葉をかけて慰めなければならなかった[30]。翌二一日

（八月一一日）も終日風雨がつづいて絶えず、夜中になると「顛波」が再び激しくなった。そのため、船酔いの苦しみと遠い異国への外国船による長い旅への不安から「諸生」の中にはひそかに忍び泣きする者が多くなった。祁兆熙はその夜、「諸生の啼哭する声」に悩まされ続け、ほとんど眠ることができなくなる。[31]

九月二二日（八月一二日）午後四時、オレゴニアン号は長崎に到着した。船室に臥していた「諸生」も皆起き上がり、長崎の「山景」を見て顔に喜びの表情を現した。祁兆熙もその地の美しい風景に見とれるとともに、港内を往き来する小船の船頭がズボンをはかず、下半身の一物を布で遮るにすぎないのを見て驚嘆する。[32] オレゴニアン号は翌二三日（八月一三日）の午後一時半まで長崎に停泊することとなっていたが、連日の睡眠不足で疲れきっていた祁兆熙はその間に随行員と「諸生」が上陸することを認めず、自身も終始船室内に留まって休養し、自分と「諸生」の体力を早期に回復させようとした。[33] しかし長崎に何人かの広東人の知人を持つ鄺其照は船が長崎港に到着すると、ただちに上陸した。祁兆熙は鄺其照がそこから（上海に）書信を出すと言うのを聞いて、「出洋総局」の劉翰清に一行の長崎到着を知らせた書簡を託し、その発送を依頼した。その日鄺其照は長崎の「華人」の店を訪れてそこに一泊し、翌二三日（八月一三日）の正午すぎに日本についての情報と長崎の「五色の茶菓」を携えて船に戻る（鄺其照が訪れたのは広東人の梁鑑川と周昭亭の両人の経営する雑貨舗〝泗合盛〟であったと思われる）。[34] 祁兆熙は「諸生」とともに鄺其照のもたらした長崎の名菓を賞味しつつ、当地の風俗（「席は地坐し、戸に入るに履を脱ぐ」など）についての鄺其照の説明に聞き入っていた。[35]

二三日の午後一時半、オレゴニアン号は長崎を出航した。長崎からは神戸に赴く日本人が何人かオレゴニアン号に乗船した。その日本人の乗客の一人が翌二四日（八月一四日）の午前、「諸生」と筆談を始めた。祁兆熙は「諸生」の傍らに座して彼らと日本人との問答をじっと見つめていた。日本人の乗客が長崎から携えてきたカステラを「諸生」

に贈ると、彼は「諸生」に代わって日本人の乗客に対して感謝の言葉を述べている。長崎をたってから天気にも恵まれて一行の船の旅は平穏なものとなった。「諸生」はすっかり元気となり、その表情は数日前とは見違えるほど明るくなっていた。二四日の夜、オレゴニア号は第二の寄港地神戸に到着する。(36)

三　神戸と横浜

九月二五日（八月一五日）、この日、オレゴニアン号は終日神戸港に停泊していた。この船が神戸を発つのは翌二六日（八月一六日）の明け方であったので、乗客は皆船を降りてゆっくりと神戸の居留地一帯を散策することができた。この日は天気が極めてよく、折よく旧暦の「中秋節」にも当たっていた。この日も鄺其照は長崎の場合と同様に、乗客が船から降りるのを許されるようになると、いち早く下船して一行の前から姿を消した。早朝七時頃のことである。「諸生」はこれを見て自分たちも船から降りて神戸の町を見物したいと祁兆熙に願い出た。祁兆熙は停泊中のオレゴニアン号と埠頭とをつなぐ「渡船」（はしけ舟）が年少の「諸生」には少し危険であると考えて、「諸生」の中でも年齢が比較的大きな者一二名のみに上陸を許すことにした。しかし、万事に慎重な祁兆熙は、その際にも「諸生」に対する安全策を用意していた。すなわち、オレゴニアン号に同乗していた日本語の上手な寧波人郁五に「諸生」への案内を依頼するとともに、他方で配下の二人の随行員孫雲江と祁兆熊をも同行させて「諸生」の保護と監督に当たらせた。その日の午後二時頃、一二名の「諸生」は晴れ晴れした表情をして船に戻ってきた。彼らは終日そこに留められていた年少の「諸生」に自分たちが購入してきた「茶壺」と「茶食」、「水果」（果物）などを分かち与えた。年少の「諸生」がひどく喜んだことは言うまでもない。一二名の「諸生」は「已に火輪車（蒸気機関車）を見たり。其の行くは飛ぶが如し」などと祁兆熙に対して自分たちが神戸で見てきたことを報告した。

その日船から「諸生」を神戸に案内した寧波人郁五は、「諸生」をつれて船に戻る際に曹という姓の友人（寧波人）を伴ってきた。郁五は祁兆熙に対して今からこの人物の案内で神戸の町を一巡りして来るように勧めた。祁兆熙はこれに応じ、遅ればせながら曹某につき従って下船する。途中、持参した「洋銀」を日本の紙幣に両替するために立ち寄った銭舗で祁兆熙は神戸の「銭荘」には浙江人が多いことを知るが、その時にわかに自分の同郷人戴補愚がこの神戸にいることを思い出す。果たせるかな、戴補愚は神戸の十五番街の「徳盛銭荘」にいた。その後、鄺其照が「広店」（広東人経営の店舗）にいるとの報を得た祁兆熙がそこを訪れると、鄺其照は祁兆熙に対してこの「広店」での「晩膳に留まる」ようにしきりに勧めた。しかし祁兆熙は「（自分は）戴補愚兄に晤（あ）えり。真に他郷に在りて故知に遇する也。兄（鄺其照）は此に在れ。各、郷情を叙し、両（両人とも）其の宜しきを得ん」と答えて「広店」を出る。この晩、戴補愚は祁兆熙のために特別の酒宴を設定して彼を手厚くもてなした。しかし「諸生」の引率者としての責任を強く自覚する祁兆熙は「酔うを恐れて多飲せず」、食事をすますと戴補愚に送られて船に戻った。この夜久しぶりに満ち足りた気分となった祁兆熙は中秋の名月を船上で「諸生」とともに鑑賞する。(37)

九月二六日（八月一六日）、オレゴニアン号は横浜をめざして順調な航海をつづけた。この日、祁兆熙ははじめて上海の家族に近況を知らせる手紙を書く。同時に祁兆熙は「出洋総局」の総辧劉翰清に旅に出てから二度目の書簡をしたためる。これはこの年五月（一八七四年五月）に台湾出兵を強行し、中国に対して全く敵対的な行動に出ていた日本を、いかに牽制すべきかを論じたものであった。(38) 現地での見聞と調査を踏まえてまとめた彼の提言がいかなる内容のものであったかは、ここでは論じない。

九月二七日（八月一七日）正午すぎにオレゴニアン号は横浜に到着する。その時、港には香港から横浜経由でサンフランシスコに向かう太平洋郵船の大型外輪船が先に到着していた。横浜到着後まもなく祁兆熙は自分たちが乗り換えることになっていた太平洋郵船の船が日本号（Japan，四九〇〇トン、木造外輪船）であることと、あいにくの雨天のため、オレゴニアン号から日本号への乗り継ぎの作業がその日には行われないことを確認していたが、日本号の横浜出航の日時についてははっきりした情報を得ることができなかった。荷物の搬出・搬入と船の乗り換えという大変な作業がその日にはないことを知った鄺其照は、祁兆熙と「諸生」の手になる多くの書状を携えて一人で船を降り、居留地の広東人の中に姿を消す。鄺其照はその夜も船に戻らず、横浜の広東人有力貿易商梁縉堂[39]の家に宿泊する。その後、オレゴニアン号には三人の横浜在住の広東人が訪れ、祁兆熙に対してそれぞれの一族の「官学生」を白宅に案内したいと申し出る。祁兆熙はこれらの三人の広東人に対して、彼らが翌朝一族の「官学生」を必ず船に連れ帰ることを約束させて、その申し出を受け入れた[40]。

九月二八日（八月一八日）、前夜、居留地の広東人貿易商梁縉堂の家に泊まった鄺其照は朝八時にオレゴニア号に戻ってきた。鄺其照の帰るのを待ち受けていた祁兆熙は、ただちに彼を伴って太平洋郵船の事務所に行き、日本号への乗船の手続きを行った。これにより一行が翌二九日（八月一九日）の午前八時にオレゴニアン号から日本号に乗り継ぐことがはじめて確定する。乗船の手続きを終えた祁兆熙と鄺其照はただちにオレゴニアン号に戻り、「諸生」に各自の荷物や所持品の整理を行わせるとともに、彼ら一人ひとりに上海から用意してきた真新しい緞子の帽子を配布した。「諸生」が荷物の整理を終えると、祁兆熙は孫雲江と祁兆熊の両名に対し「諸生」全員をつれてただちに下船するよう指示する。祁兆熙としては相当思い切った措置をとったものと思われるが、彼がこのようなことをしたのは彼が神戸での経験から、「諸生」が長い航海に入る前に頭髪を整え、欧米人が多数住む日本の居留地一帯を「游観」してその気分を一新しておくことが、彼らが航海をつづける上でいかに有効であるかを、思い知らされていたからであろう。

「諸生」が横浜の居留地に向かう際には、祁兆熙は孫雲江、祁兆熊の両名の他に、鄺其照に対しても同行するように求めた。しかし、鄺其照は途中でその役目を横浜の広東商人李時錦に肩代わりさせ、一人で梁縉堂の家に赴く。その日、鄺其照は梁縉堂とともに横浜から汽車に乗り日本の首都東京を訪れる。

午後三時、孫雲江、祁兆熊の両名は「諸生」を伴ってオレゴニアン号に戻ってきた。鄺其照に代わって「諸生」の案内役を途中から引き受けていた「広友」の李時錦がこの時、祁兆熙の前にはじめて挨拶に現れる。李時錦は横浜の「華人」が「同善堂」に集まって祁兆熙の訪れるのを心待ちしていると述べ、今からすぐに祁兆熙を彼らのもとに案内したいと申し出た。その日、朝から鄺其照の勧めを退けてただ一人船内に留まっていた祁兆熙はこの李時錦の誘いに応じる。彼は「諸生」の監督を孫雲江と祁兆熊に託して李時錦とともに船を降りる。上陸後、祁兆熙と李時錦は税関から北に向かって歩き、居留地の七一番地にあった広東人貿易商梁縉堂の家を訪れた[41]（梁は不在であった）。ついで両人は居留地の一五番地にある「同善堂」に向かう[42]。「同善堂」は横浜の広東会館であり、そこの董事となっていたのはいずれも広東出身の有力商人（「広の大商」）であった（「同善堂」は横浜の中華会館と関帝廟が建てられる居留地の一四〇番地の借地権保持者でもあった[43]）。「同善堂」の「大庁には武聖（関羽）を供え」、その「両壁には『陰隲文』と『覚世経』（いずれも善書の代表的なもの）が楷書体で書かれていた」。祁兆熙はマリア・ルス号事件で保護された「華人」を引き取るために上海租界の会審委員、補用同知の陳福勳（陳司馬）が二年前にそこを訪れていたことを知り、「吾が道、其れ東なる乎」という後漢の馬融の名言を思い出す。

祁兆熙がこの「同善堂」に到達した時、そこには清朝政府の「官員」の来訪を知らされた横浜在住の「華人」が多数集まっていた。祁兆熙はそこで董事の張熙堂と会見する[44]。この時、祁兆熙は張熙堂に対し、その年の五月以来の日本による台湾出兵に言及し、横浜の「華人」が中国のために何をしてくれているかと問いただした。祁兆熙がこの時にこのような質問を横浜の「華人」を代表する人物に対して行ったのは、台湾事件の勃発後、神戸の「華人」が中国政府（清朝）を支持するためひそかに資金を集めているという事実を神戸で旧友（戴補愚）から告げられていたからであろう。(45)

「同善堂」では張熙堂の他に多数の広東人が祁兆熙と挨拶の言葉を交わした。しかし、祁兆熙は彼らの名前をほとんど記憶していなかった。彼はこのことを「館人満座なれば、未だ遍くは名を通ぜず」とその日の日記に記している。

「同善堂」訪問を終えた祁兆熙は、さきに来た道を戻り、再び七一番地の梁縉堂の家を訪れた。しかし、梁はこの時もなお不在であった。祁兆熙は梁縉堂が鄺其照と汽車で東京に出かけていることをこの時になってはじめて知らされる。船に戻った祁兆熙は「諸生」に対して翌日には「過船の役」（船の乗り換えの仕事）があるので早めに床に就くように指示し、オレゴニアン号での最後の夜を過ごす。(46)

九月二九日（八月一九日）鄺其照は朝早くオレゴニアン号に戻ってきた。前日、祁兆熙を「同善堂」に案内した李時錦も一行の乗り継ぎ、乗り換えの作業を手伝うために、朝早くからオレゴニアン号に駆けつけた。こうした前日来の李時錦の献身的な行動が横浜の広東人社会指導層の意を受けたものであることは明らかであろう。この事実からも我々は第三次留学生団の渡米が横浜在住広東人の物心両面の援助を得て行われていたことを確認することができるのである。

オレゴニアン号から日本号への乗り換えは祁兆熙と鄺其照の息の合った指揮により極めてスムーズに行われた。自分が事前に思い描いていた通りに手際よく厄介な仕事を処理することのできた祁兆熙は、はなはだ満足であった。彼はその日の「過船の役」をいかにうまく処理したかをその日の日記に以下のように記している。

船（ここではオレゴニアン号の担当者の意）、物を運ぶ日本の夫役をして接して駁船（渡船、はしけ舟）に至らしむ。先に零物を下ろし後に衣箱等の物を下ろす。約半点鐘（三〇分）にして人と物、尽く駁船に在り。行くこと里許（一里ばかり）にして輪盤（汽船の荷物の積み上げ口）の傍らに抵（いた）る。容階（鄺其照）先に登り、余の写（しる）す所の諸生の名に按じて艙位（船室）を派す（割り当てる）。余は物件を看視し、水夫をして諸生を牽抱せしむ。幼き者は先に上（あが）り魚貫して入る。先に零物を発して艙に帰せしめ、後に大箱を登らす。発し畢（おわ）れば船に上り容階と検点するに錯落無し。辛苦を極むると雖も、亦甚だ意を得る也。(47)

「過船の役」は正午すぎには終了した。「諸生」と一行が携帯する荷物とを日本号の一等船室に落ち着かせることができた祁兆熙は、その時になって翌三〇日（八月二〇日）の早朝に日本号がサンフランシスコに向かって出航することを知らされる。その後、祁兆熙は鄺其照、李時錦と一緒に船を降り、理髪店で「剃頭」したのち居留地の繁華街を「游観」した。居留地の「外街」にはイギリスやフランス、アメリカの「洋行」が立ち並んでいた。その後、祁兆熙と鄺其照は李時錦の家に行き、そこで「晩飯」をごちそうになる。この横浜の地で両日にわたって一行のために尽力してくれた広東人の李時錦に対して、この夜、祁兆熙がどのような感謝の言葉を述べていたかは明らかでない。その夜、一〇時前に祁兆熙は鄺其照とともに日本号に戻った。その夜も月は美しく、海も穏やかであったと祁兆熙は記している。(48)

四　太平洋横断

九月三〇日（八月二〇日）　早朝七時、日本号はサンフランシスコに向けて横浜を出航した。はじめは順風に恵まれて船はおだやかに航行をつづけた。上海の太平洋郵船の支配人バーモン（罷們、英語表記不明）が甲板でにこやかに話しかけたので乗客は皆が喜んだ。午後四時頃風波が強くなる。夕食後、祁兆熙は一等食堂につづく大広間（「大菜間」）に一行全員を集合させ、太平洋横断の船旅を無事に行えるよう「諸生」にきびしく訓戒する。(49)

一〇月一日（八月二一日）　風浪とも強くひどい船酔いに苦しんでいたため、「諸生」のほとんどは終日それぞれの船室で臥していた。祁兆熙も気分がすぐれず午前九時にようやく起床、遅い朝食をとりながらしばらく同船の乗客と座談する。乗客のほとんどが船室でじっと横になっているだけであったため、この日は祁兆熙の耳に聞こえてくるのは「ギー、ギー」という船のきしむ音のみであり、彼の目に見えるのは「滔々たる」海面ばかりであった。(50)

一〇月二日（八月二二日）　一行の中にはこの日になってもまだ船酔いに苦しむ者がいた。祁兆熙はあまり船酔いはしなかったが、特にしなければならないこともなかったので、大きく揺れる船室内で横浜を発ってからこの日までの三日間の日記をまとめて記す。海水は真っ黒で海面はとてつもなく広いため、祁兆熙の目に入るものは「千万の黒山が次々と走り過ぎて行く」ような光景ばかりであった。夜、風雨が強まり雨水と海水が船室にしみこんでくる。祁兆熙は自分の船室に置かせていた衣装箱が海水や雨水に濡れるのを恐れて、急いでその置き場所を変更する。(51)

一〇月三日（八月二三日）　午前中、祁兆熙と鄺其照は甲板で一等船室の二人のフランス人と歓談する。この日昼食時に一等食堂に食事をしに来ることのできた者は一行三四人中わずか一九人であった。随行人の一人孫雲江は船酔いが特にひどく、前日から船室で臥したままであったので、祁兆熙は息子の祁祖彝とその同室の者に孫雲江の部屋まで食事を届けさせる。「江浙生」一二名の中で船酔いで最も苦しんでいたのは曹茂祥、朱宝奎、孫広明の三名であった。「広生」(広東籍の「諸生」)もその過半が一等食堂にきて皆とともに食事をすることができなかった。このような状況を目にして祁兆熙は「人として世に在りながら彼(はるか彼方にある異国アメリカ)に命有るを求めて(果たさなければならない使命を課せられて)此の涯(かぎり)無き(大海)を渉ら」なければならない「諸生」の前途に深い思いを致すこととなる。午後、祁兆熙は自分の船室で鄺其照と雑談していたが、突然巨浪が〝どかん〟と大きな音をたてて船室の窓(舷窓)に突き当たり海水が窓をくぐりぬけてどっと室内に押し入ってきた。この時、祁兆熙は驚きのあまり話しかけていた言葉を忘れてしまう。夕食後、祁兆熙は二つの大きな急須(「茶壺」)に上海から携えてきた茶葉と熱湯を入れ、熱い茶を「諸生」一人ひとりに飲ませて歩いた。自分たちを元気づけようとしてくれる、師の温かい心にふれた彼らが、皆ひどく喜んだことは言うまでもない。「諸生」は祁兆熙の差し出した茶をおいしそうにすすりながら、皆が〝意に適えり〟(とてもおいしい)〝意に適えり〟と感謝の言葉を繰り返していた。(52)

一〇月四日(八月二四日)この日も四方が茫漠たる海面ばかりで、時折鷹のような海鳥が四～五羽、波の間を飛翔するのが見えるのみであった。日本号はそれを購入するには銀一〇〇万両をも要するとされる船であるだけに、船内の設備や乗客に提供する飲食物はみな「華堂列鼎」を思わせるほど豪華なものであった。しかし高価な料理もそのほとんどが西洋料理であったので、祁兆熙らにはなかなか口に合わなかった。祁兆熙は食事の度に少量(杯一つほど)の広東酒(もち米でつくった醸造酒)を料理にふりかけ肉や魚の生臭い臭いを消して食していたが、祁兆熙の弟祁兆熊と子祁祖彝は、食事の際にはいつも祁兆熙が上海から携えてきた野菜の漬物(「鹹小菜」)をもち込み、専らそれをおかずにしつつ、熱湯をそそいで米飯をお粥のようにして食べるのみであった。祁兆熙は喉の痛みを和らげる薬にしようとして塩づけにしたスイカの皮をも持参していたが、それも祁兆熊や祁祖彝に漬物代わりに食されてこの日にはすでに余すところ半ば以下となる。祁兆熙はこの船の旅がまだずっと何日も続くことを思い、中国から持参した漬物類を極少量ずつ食するように自分が弟たちに注意して来なかったことを後悔する。(53)

一〇月五日（八月二五日）この日は順風に恵まれる。祁兆熙は朝食後甲板でフランス人の乗客サトー（薩図、フランス語表記不明）と語り合い、日本政府も中国と同様に少年（幼童）をイギリスやフランス、アメリカに留学させていることを知る。このサトーという人物は騎兵隊の教官として日本に招かれていた者であり、この時はその任務を果たし終えてサンフランシスコ経由で故国フランスに帰国する途上にあった。祁兆熙は日本が訓練された騎兵の精鋭二千を擁しているとの情報をこのフランス人から手に入れる。この日は波も静かであったので、「諸生」は皆元気を回復し、船の中を自在に往来できるようになった。船酔いが特にひどく久しくベットに臥していた孫雲江も、この日にはようやく祁兆熙らと行動を共にすることができるようになる。一行は皆頭を剃り、頭髪を整えて気分も久しぶりに爽快となる。(54)

一〇月六日（八月二六日）逆風ではあったが波は高くなかったので、午後、祁兆熙は上海から携えてきた『三訓合刊』(55)を取り出して「諸生」に各々一冊ずつ手渡し、船上での講義（宣講）を開始した。『三訓合刊』は雍正帝が父康熙帝の聖諭一六カ条を敷延して頒布した『聖諭広訓』など、清朝の三代の皇帝の教育についての勅語を合わせて編纂したものと思われる。夕食後、祁兆熙はアメリカ人ホワサミー（花薩密、英語表記不明）と談笑する。このアメリカ人は官話（北京官話）をうまく話すことができた。西洋人は船中でも毎晩九時になると茶を飲む。その時刻には船の一等食堂は欧米人の男女で満席となり、各自が自分の知り合いの人と同席して楽しそうに談笑していた。祁兆熙は「諸生」がこの茶の席に加わることを許可したが、彼らがそこで羽目を外すことを恐れて自分もいつもそこに同坐し、静かに彼らの言動を見守っていた。祁兆熙は毎日こうした行動を取り続ける自分を「余、朝より夜に至るまで、彼（「諸生」）が起きれば起き、彼が臥すれば臥す。さながら西人の巡捕（巡査）が察査するが如し」とこの日の日記に記している。

この夜、船室に戻った祁兆熙は、船長が「この船の乗務員やボーイの勤務状況はいかがですか」と尋ねたこと、またその時船長が「今回の「諸生」は乗船者に求められている船の規則を本当によく守っている」と称賛したことを鄺其照から告げられる。祁兆熙はこれを聞いてひどく喜ぶが、同時に中国の体面を損ねないようにと心を鬼にして「諸生」に厳しく接しなければならない自分の立場のつらさを、あらためて思い知らされる。(56)

一〇月七日（八月二七日）雨天で波も高かった。この日は午前九時過ぎから、祁兆熙は大広間において「諸生」に『感応篇』(57)の講義を行った。一一時には船長が医師を伴って各船室を巡回し、室内の清掃が正しく行われているか否かを点検した。これは毎日確実に行われることであった。その間、乗客は甲板に出ているか、大広間に移って船長と船医による巡回が終わるのを待っていた。祁兆熙は「西人の勤慎、類（おおむね）此の如し」と船内の日課となっていたこの作業を肯定的に評価している。夕食後、祁兆熙は大広間に鄺其照とならんで着席し、「諸生」が各々英語のテキストを正しく暗唱しているか否かをテストした。祁兆熙は誤った「諸生」にはその手のひらを強くたたいてきびしく叱責した。祁兆熙は「諸生」はやることがなくなれば必ず退屈して諍いを起こすと考え、海が穏やかな日にはいつも午後に「諸生」に対し古典（『感応篇』、『三訓合刊』など）や英語を教え、夕食後には彼らにそれを暗唱するように命じていた。祁兆熙が船長から「今回の「諸生」は本当によく船の規則を守る」と称賛されたのも、このような彼の指導法が当を得て彼らが夜には静かに学習に励むようになっていたからであろう。(58)

一〇月八日（八月二八日）祁兆熙は朝食後には『三訓合刊』を宣講し、夕食後には「西書」を「諸生」に解説、説明した。この日には連日激しい波浪に耐えてきた外輪を補修するために、日本号は海上で約四〇分停船した。祁兆熙はこの船のエンジンを操作する技師たちが風波の激しい日には昼夜を問わずその部署から離れずにいることを聞き、この巨船に同乗しているすべての人々の生命が彼らの高度な技能と技術によってはじめて維持されていることを強く認識する。祁兆熙は彼らのような外輪船の技師について「童にして之を習うに非ざれば、以て此の任に当たるべからず。蓋し一船が命を寄する所也」とその日の日記の末尾に記している。[59]

一〇月九日（八月二九日）船は逆風をついて東進をつづけた。祁兆熙はこの日も午前中は『三訓合刊』の講義を行う。しかし午後になると風雨が強まり、一行のうち七～八人が再び船酔いで苦しむようになった。船酔いは随行員の孫雲江が最も重く、彼はこの日も起き上がることさえできなくなる。祁兆熙は弟祁兆熊と子祁祖彝らに熱湯ですすいだ米飯を孫雲江の船室に届けさせ、それを彼に食べさせた。夕食後、船の揺れがいっそう激しくなったため、祁兆熙は「諸生」に英語のテキストを復唱させる夜間の学習活動を中止する。この夜、船の第一層にある二等船室に海水が入ってきたため、そこの乗客は皆第二層の船腹に臥所を移すこととなる。[60]

一〇月一〇日（九月一日）この日ははじめ順風で、日本号は帆をすべて十分にふくらませて快調に東進をつづけた。祁兆熙は午前一一時より甲板で「諸生」に『感応篇』などの講義を行う。午後四時、乗客は船長から「今夜より大風が吹き荒れるのでこれより乗務員に命じて各船室の窓（舷窓）を固く閉じさせ、さらにその上に鉄製の覆いをも掛けさせる」と告げられる。まもなくどの船室も「黒夜」のように暗くなり、乗客は皆不安になる。夜八時には、船長の語った通り、風波が激烈となった。この夜、祁兆熙らは不安な思いを押さえつつ、身を固くして眠りに就く。[61]

一〇月一一日（九月二日）祁兆熙が渡米の旅の途上で過ごした日々のなかで最も不安に駆られた日であった。風波は終日激烈を極め、海面は一日中荒れに荒れていた。山のような巨大な波浪が門をおしあけて飛び込んでくるように、次々と船に激しく突き当たり、そのたびに日本号はすさまじい大音響を発していた。室内は真っ暗闇で、絶え間無く箱や籠が波に揺られて移動、立ち上がったかと思うとまた倒れるということを繰り返していた。「西人」の乗務員も「この船に乗り込んで二年になるが、これまでこのようなひどい風波に襲われたことはない」と祁兆熙に語る。祁兆熙はこの船の一等食堂に掛けられていた海図により日本号が横浜から二〇〇〇マイルも離れたところを航行中で、文字どおり太平洋のただ中にあることを知る。船酔いはほとんどしないはずであった祁兆熙も、船の揺れ方があまりにもすさまじかったため、終日頭は朦朧とし、坐しても立っても心は落ち着かず、また船中を移動しようとしても、両脚は泥酔した人のように、東に傾くかと思えば西に擲げ出されて全く思うようには進めなかった。ただ彼にとって救いとなったのは、「諸生」がこの海と船内の異常な状況にも恐れをなしていないことであった。彼らは大きく揺れ動く船内にあってもそのほとんどが乗船当初のように船酔いに苦しめられることはなくなり、この日も夕食後の「課読」が荒天のため中止になったのを知ると、嬉しそうにはしゃいでいた。祁兆熙はこのような「諸生」の姿を見て「不識不知」とは彼らのような者をいうのだと思ったが、激浪に揺れる船の中で脅えた表情すら見せなくなった「諸生」を見て嬉しさを隠すことができなくなる。この夜、祁兆熙は一晩中眠ることができなかった。翌日、祁兆熙は同船の「西友」（アメリカ人）から、彼らも不安と恐怖におののき、一晩中一睡もできなかったと告げられる。(62)

一〇月一二日（九月三日）この日も強い風は吹きやまず、時折雨が激しく降る。船室の窓には鉄製の覆いがしてあるので、室内は昼間でも灯火をつけないと物の所在を確認することができなかった。昼食時に巨浪が船を襲い、その衝撃で船全体が裂かれるようなすさまじい音を発した。その時、食堂のテーブルの上の鉢や皿はすべて倒れたがどれも割れなかった。それは波が高い日にはテーブルの上に特製の棚のようなものを置き、鉢や皿をそこに固定して、棚のなかで倒れても割れないように、巧みに工夫されていたからである。

四五〇〇トンの大型外輪船日本号も荒れ狂う太平洋の真っ只中にあっては「一芥」のようなものであり、祁兆熙にとって「洪波」のなかでは安心していられるものではなかった。祁兆熙はこの日も自分たちの乗る船が転覆、沈没するのではないかという不安に終日さいなまされつづける。この日、祁兆熙はその日記のなかに、この船の船首に座席を与えられている自国（広東）の商人（出稼ぎ人）にはじめて言及する。彼がそこに記していたことは、広東の商人がこの船で香港からサンフランシスコに赴くには四五円（ドル）もの大金を必要とすること、彼らがこの船にあっては「臥所」のほかにはなんらの「坐位」をも与えられていないこと、彼らが受けている待遇は、一等船室を与えられた上に一等船客専用の大広間で歓談したり読書や書き物をすることが許されている、自分たち一行のそれと比べると天地の差があること、の三点のみであったが[64]、祁兆熙はこの船の三等船室（「下等船位」）に乗り込んでいる広東人の数が五〇〇～六〇〇にも達すること、この船により中国（香港）からサンフランシスコに搬送される商品の数量もかなりのものであることなどをも正しく察知していた[65]。帰国後、祁兆熙は日本号で見聞したこれらのことを根拠として、中国資本による最初の海運企業輪船招商局が香港—サンフランシスコ間の国際航路に進出するよう、洋務派の大官李鴻章に建言する[66]。

一〇月一三日（九月四日）この日は漸く風もおさまり、午前一一時には船室の窓を開けることができるようになる。このようななかで、祁兆熙は甲板に「諸生」に集め、四方を眺めさせたり散歩させたりして、彼らに憂さを晴らさせた。鄺其照は西洋料理を十分に賞味できる人であったが、海面が大荒れとなった数日前からそれを全然食べられなくなり、わずかに熱湯ですすいだ米飯を飲み下せるのみになった。祁兆熙も睡眠不足と過労から全身がだるくて痛み、夜には早く床に就きたかった。しかし、「諸生」は元気そのもので、絶えず大広間をうろつき、祁兆熙が監視を怠るとやかましく騒ぎ立てそうだったので、この夜もずっと「諸生」から目を離すことはできなかった。結局、祁兆

熙は一一時過ぎに「諸生」が寝静まるのを待って、ようやくその疲れた身を床に横たえることとなる。(67)

一〇月一四日（九月五日）　祁兆熙はこの日、朝遅くまで休んで連日の困苦を癒したいとベットの中で考えていた。しかし、船の中では毎朝七時にボーイが各船室に洗面や茶を飲むのに使用する熱湯を給しに来ることになっていたし（この時以外には熱湯の給与は受けられなかった）、自分が「諸生」よりも遅く起きたのでは示しがつかず、後にとりかえしのつかないことになると思いなおして、無理して七時に起床する。

船上で「諸生」がゲームをして遊ぶ時には、祁兆熙は鄺其照と交替で彼らに付き添うことにしていた。この日、「西人の男女」が甲板で枕のような形をした七〜八個の砂袋（嚢沙）を投げあっていた。祁兆熙はそれが気分を晴らし身体のこりをほぐすために行うものであるとわかると、「諸生」にもそれをして楽しむことを許可する。甲板には特別に広い客席があり、その中には長方形のピアノ（洋琴）が置かれていてそれを弾ける者は自由に利用することができた。祁兆熙はピアノが気にいっていた。彼はその音は「宏大」で穏やかであり、それを聞くと心が和むと述べている。

海が大荒れになって以来久しく気分がすぐれず船室に臥していた孫雲江が、この日ようやく生気を取り戻し、皆と一緒に食堂で食事をすることができるようになる。海面は穏やかで船の航行も順調となったので、祁兆熙はこの夜、しばらく中止していた「課読」を再開する。(68)

一〇月一五日（九月六日）　向かい風ではあったが波は静かであった。気候は暖かなので祁兆熙は綿の薄い襖と馬褂を着用するだけであった。朝食後、彼は甲板に出、そこで「諸生」がサンドバックを投げて楽しむのを見守る。昼食後には祁兆熙はサンフランシスコでカリフォルニア州知事（「西総督」）を訪問する時に差し出す「諸生」の名簿を心をこめて書き記す。その間に「諸生」は「西書」を復習し、夜の試験に備えて暗唱していた。(69)

一〇月一六日（九月七日）祁兆熙はこの日も午前中は「諸生」が甲板でサンドバッグや縄を投げて遊ぶのを見守る。午後、彼は篋（竹で編んだ籠）から藍色のちぢみ（縐）の衫や醤色のちぢみの長褂、緞子の靴等を取り出して「諸生」に分配し、それらを各自が保管するように指示した。祁兆熙は、サンフランシスコに到着した時に一行全員に正装させることによりその風采を「光輝」あるものにしようとして、この日の午後に上海から持参した士人用の衣服を「諸生」一人ひとりに授けたのである。(70)

一〇月一七日（九月八日）風が強かったので「諸生」は甲板から第二層にある大広間に移って講義を受ける。日本号には一等船室が四六あった。その他に上等の船室がいくつかあったがそれらはこの船の上級の乗務員が使用していた。上海の万昌公司（太平洋郵船の中国名）の支配人バーモン（罷們）もこの上等船室に乗り込んでいた。彼は妻と三歳になる娘、ならびに蔡という姓の老婦（上海の洪口の人）を伴ってアメリカに帰国しようとしていたのである。

鄺其照は毎日船の食堂で供される西洋料理にすっかり飽きて米飯で広東料理を食することを認めるよう祁兆熙に懇願した。鄺其照は船の旅が始まった当初、「諸生」全員に西洋料理を食べさせるべきだと主張していた。しかし祁兆熙は「諸生」がパンではなく米飯を食することを許し、さらに船の食堂の関係者に「諸生」のために米飯をできるだけ多く用意してくれるように依頼していた。このような祁兆熙の方針に対して鄺其照は当時〝外国（アメリカの意）には米飯はない、このようなことをしていたら、「諸生」はアメリカではどうなるのか〟と祁兆熙の方針に異議を唱えていたが、祁兆熙は「飲食が宜（よろしき）に乖れば必ず病む。姑く（しばらく）は飯を以て主と為させよ。饅頭（パン）、牛、羊は能う者は之を嘗させよ。比（そのうちには）皆が慣れるに至る矣。漸は驟に勝れり」と応えてその方針を変えなかった。太平洋横断の船旅が間もなく終わろうとしているこの時期には「諸生」の半ばは饅頭（パン）、牛肉、羊肉を食べることができるようになっていたのに西洋式食事に親しんでいたはずの鄺其照が逆にしきりに米飯を食べたがるようになったのを見て、祁兆熙は酈其照に〝自分が前に言ってきたことの正しさがわかっただろう〟とたしなめる。これに対して酈其照は大笑いして自分の非を素直に承認する。(71)

一〇月一八日（九月九日） 重陽節である。朝食の副食は野菜の漬物（「小菜」）に塩辛い鶏卵のみであった。祁兆熙は、この日は重陽節だから上海では例年通り家族が皆で小高い山に登っているだろうと、懐かしく故郷のことを思い出す。(72)

一〇月一九日（九月一〇日） 海面はこの日で三日つづけて穏やかであった。午後、祁兆熙は上海の家族と「出洋総局」にそれぞれ一通ずつ書簡を書く。その後、彼は同船の「西人」に求められていた名刺（「名片」）を作成するため、何枚もの紙面に毛筆で美しく自分の名前を記して彼らに一部ずつ手渡す。午後三時、海上に西洋式帆船（「夾板船」）が姿を現した。船上の人々は皆大喜びで甲板に出てこの帆船を眺めた。祁兆熙は日本号がサンフランシスコにいよいよ近づいていることを実感する。(73)

一〇月二〇日（九月一一日） この日、祁兆熙は上海の「出洋総局」と家族に差し出す書状に封をしたのち、日本語の学習書を二頁筆写する。ついで、孫雲江と長いこと話し込んだのち、「諸生」に各々の荷物を整えるよう指示する。サンフランシスコへの到着が近づいているので、祁兆熙はこの日の「課読」（学習活動）を中止する。その後二人の「官学生」が「人を罵る」のを見た祁兆熙は、その両名をきびしく叱責、以後両名が二度と「士子」にあるまじきことをしないよう戒める。(74)

一〇月二一日（九月一二日） 祁兆熙はいつも通り七時に起床する。この日、祁兆熙は「諸生」の一人が「西人」の置き忘れた「地景図」を拾うのを目撃する。祁兆熙はただちにこの「官学生」を厳しく叱責してそれをもとあった場所（「故所」）に戻させるとともに、「諸生」全員を呼び集め、船上に捨て去られている物は一物たりとも拾得してはならないと全員に戒める。祁兆熙は「諸生」に対し「知れば必ず責む」「匿せば必ず閲（しらべ）る」と彼らの非違は以後も絶対に許さないと断言するとともに、「凡そ物は既に用いれば、當に其の所に復すべし。忘れる勿れ。精細にして損い易き者は損なう勿れ。人、則ち曰く、爾（なんじ）敏ならば爾を厭はず。小子、之を識（し）れ！」と諄々と諭した。「諸生」に対し置き引きや盗み、他人の物を粗略に扱うことなどを退ける心をしっかりと身につけさせようとしたこの祁兆其の真剣な姿勢は、一二〇余年もの歳月を経た今日においても、彼について学ぶ者の心をうつ。この夜、祁兆熙は翌日自分たちがサンフランシスコの港で下船し、つづいて一行が宿泊することとなっていた市内のホテルに赴くまでに自分たちが自ら処理しなければならないことを確認し、それらを誤りなく執り行える手順と段取りを細部まで定めたのち、眠りにつく。[75]

五　サンフランシスコ

一〇月二二日（九月一三日）日本号はこの日の午前八時にサンフランシスコの桟橋に到着した。祁兆熙らの一行の太平洋横断の船旅は二三日目にしてようやく終止符を打つ。祁兆熙はこの日午前五時に目覚めるが、その時彼はカリフォルニアの山々がすでに自分の目の前に聳えているのを見る。これによって彼は自分がついにサンフランシスコに到着したことを実感し、喜びで胸がいっぱいになる。

サンフランシスコの税関では入国審査と携帯品への課税が厳重に行われていた。祁兆熙は、そこには女性の入国者に対しても尋問と検査を徹底して行うため特別に女性の職員が配置されているのを見て驚嘆する。祁兆熙らの一行は中国（清朝）政府の特派した「官長」と「官学生」であり、かつ事前に当局に連絡をすませていたので、入国審査はごく簡単にすむ。税関から携帯品への免税証明書を交付された祁兆熙は、ただちに荷物を船から降ろす作業に取りかかる。祁兆熙は鄺其照とともに船に戻って荷物を見張りつつ、四人のアメリカ人のポーターに荷物を船から運び出させる。この時には船から運び出される荷物を桟橋で受け取りそれらが紛失しないように見張る人物が必要となったが、祁兆熙はその任務を孫雲江と弟の祁兆熊に担当させる。こうして多数の携帯品を船から運び出す作業を無事にすませた祁兆熙は、「藍縐の長衫」と「綫縐の馬褂」を着、「緞子の靴」を履いて正装した「諸生」を、港の馬車乗り場へと誘導する。そこにはサンフランシスコ在住の「華人」が多数迎えに来ていた。中国の伝統的な衣装を身にまとった「官学生」の集団が列を組んで港内を進んで行くと、出迎えの「華人」を含む多くの人々が一斉に彼らに注目する。

その後祁兆熙は、港の馬車乗り場で「諸生」らを四台の馬車に分乗させて、一行が宿泊することになっていた市内のホテルへと向かう。その途中、街路には一行の姿を見ようと、人々が雲のように群がり集まっていた。ホテルに到着した後、祁兆熙は直ちに荷物の点検を行う。すべての荷物が「巨細秩然」、途中でなくなっているものは一つもなかった。サンフランシスコ港に到着後、「諸生」と荷物を船から降ろし、馬車に乗せ、ホテルまで正しく導いていくのは、極めて神経の疲れることではあったが、いまそれらを全く誤りなく処理し終えたことを確認して、祁兆熙は大きな満足感を味わう。

一行が宿泊したホテルはオクシデンタル・ホテルであった。そこは「国の顕官」が絶えず出入りする最高級のホテルであった。祁兆熙はこのホテルについて、それは五層の高楼で、階段が一〇三段あり、装飾も表現できないほど華やかで、館内の各室はいつも欧米人の客で満員であったと述べている。一行はこの日、このホテルで昼食を取るが、その時に供された料理を食して、祁兆熙はそれが日本号の一等食堂で食べたものよりも一〇倍も美味であると感じる。牛肉や羊肉の料理も船の食堂のもののように生臭くなく、供されるものはすべて清潔に調理・配膳されていた。午後一時、天気が変わって大雨となる。外出することは難しくなったと判断した祁兆熙は、各人に部屋を割り当て、この日の午後には各々が自分の部屋で長い船旅の疲れを癒すように指示する。その後、鄺其照をたずねてサンフランシスコ在住の彼の三人の「族弟」がいち早くホテルに来る。鄺其照は彼らと長いこと話しこんでいた。彼らは夜中の一二時にレストランで茶を飲んだ後、ようやく鄺其照と別れてホテルを出る。この夜、「諸生」は久しぶりで安全な陸地で過ごせる上にこのような豪奢なホテルに宿泊できたため、誰もが心がなごみ、「枕を高くして」眠りにつく。[76]

この夜遅く、祁兆熙はサンフランシスコ到着までの苦難に満ちた日々をふり返り、また以後も続くニューイングランドまでの旅の困難に思いを馳せてその心境を次のように記す。

此の埠に到れば、足迹は始めて美国の境を履む矣。家を離れて三旬有五日、国を去ること二万三千里。渉履の艱難と波濤の危険は曠古より未だ聞かざる所なり。況や渇飢に瘁（くるし）むこと乃ち其の常事なるにおいておや。此を過ぎて以て往くは、尚一二万里有り。知らざりき、危険はいかがなるや、艱難はいかがなるやを。冀（ねが）う所の者は、士子と偕々、天より之を佑け、他時、足を扶桑に濯がせ、国の為に才を儲えるの意を失わざるを。[77]

一〇月二三日（九月一四日）鄺其照は彼を訪ねてきた「族兄」とともに朝早く外出し午前一〇時にホテルに戻る。その後、祁兆熙は鄺其照に導かれて市内の写真館に行き、記念写真を撮ってもらうにはどのくらいの費用がかかるかを館主に問いただす。その値段が二人撮りで一五〇ドルであることがわかるが、祁兆熙はそれを高すぎると考え、丁重に断ってホテルに戻る。午後、祁兆熙は衣冠を整えて鄺其照とともに馬車に乗り、サンフランシスコの「華人」の有力者を訪問する。この日、祁兆熙が鄺其照に案内されて訪れた人々はそのすべてが広東人であり、自分と同郷（江浙地方）の者は一人もいなかった。祁兆熙はサンフランシスコの「華人」社会が横浜と同様に全くの広東人の社会であることを思い知らされて四時すぎにホテルに戻る。そののち、今度はサンフランシスコ在住の「華人」が答礼のために次々と一行の宿泊しているホテルを訪れる。祁兆熙は彼らへの応接に忙しく立ち回らなければならなくなる。「門庭は市の如く、迎送は梭の如し。酬応は甚だ栗陸（繁忙の意）なり」と、祁兆熙はその時の状況をその日の日記に記している。客の来訪がようやく途絶えた時、祁兆熙は自分たち一行が一〇月二九日（九月二〇日）の列車でスプリングフィールドめざして東行することになったことを知らされる。[78]

一〇月二四日（九月一五日）　サンフランシスコに滞在するようになって三日目。この日も祁兆熙はサンフランシスコの「華人」との交際・酬応に終日追われることとなる。それは彼らとの接触・往来が、祁兆熙らの一行が行わなければならなかったカリフォルニア州知事などサンフランシスコのアメリカ当局への訪問を円滑に行うためにも、また一行が引き続いてアメリカ東部への旅を行うためにも、不可欠であったからである。このサンフランシスコでの祁兆熙の「華人」との交際は広東人鄺其照を同行させたことにより、極めてスムーズに行われた。

この日、祁兆熙の子祁祖彝は他の二人の「官学生」とともに黄曉初という「華人」に案内されて市内参観に出掛ける。黄曉初はサンフランシスコに住む広東人であるが、以前にハートフォードの「出洋局」に勤務したことがある人物であった。祁祖彝らは午後四時すぎにホテルに戻る。その間、祁兆熙はまず方明才という人物とホテルで会った。方明才はかつてサンフランシスコの写真館で通訳をしていたことのある人であった。彼はかつて自分が勤務していた写真館は利用者が極めて多く、当地の官憲（「官長」）も専らそこを利用していると祁兆熙に語った。方明才から一八六八年にバーリンゲーム（Burlingame, A.）[79]に導かれて満人の志剛とともに清朝の官憲としてはじめて訪米した孫家穀もそこで写真を撮ったことを聞いた祁兆熙は、方明才に対し翌日一〇時にその写真館に赴いて訪米記念の写真を撮影することを約束する。その後、祁兆熙は鄺其照に案内されてサンフランシスコの唐人街を訪れる。唐人街には広東人の六つの会館があり、それらはカリフォルニアの「華人」社会の中核的組織として大きな役割を果たしていた[80]。祁兆熙は年賀の挨拶に行く人のように、鄺其照に先導されて六大会館を訪れ、それらの董事たちにアメリカ訪問の挨拶をしたのである。この時祁兆熙は六大会館の一つ人和会館において彼が江海北関に奉職していた時期の広東人同僚廖竹濱と偶然に出会う。廖竹濱は江海北関での通事の職を辞したのちにアメリカに渡りサンフランシスコの人和会館の役員となっていたのであった。祁兆熙は廖竹濱との思いもしなかった再会にひどく喜ぶ。会館の董事たちも二人の偶然の再会を祝福し、祁兆熙と鄺其照に広東から取り寄せてあった茶菓や果物を供して彼ら両人を温かくもてなす。

午後五時、祁兆熙と鄺其照は鄺永豊という人物に招かれて中国式の料亭杏花楼に赴く。鄺永豊はサンフランシスコの「華人」の有力者の一人であり、祁兆熙が引率していた三〇名の「官学生」の中にも彼の同族の者が二人含まれていた。鄺賢儔と鄺景揚がそれである。鄺永豊は自分の同族の少年が一行に加わっていることもあって、この夜、祁兆熙と鄺其照のためにわざわざ酒宴を設けてくれたのである。二人は杏花楼でひさしぶりに故国の酒と料理（そのいずれもが広東産であった）を賞味する。その後、祁兆熙と鄺其照は唐人街の「戯園」（劇場）に案内され「広戯」（粤劇）を観る。その際には鄺永豊の同族の二名の「官学生」が祁兆熙と鄺其照に同行した。しかし、その劇場にはやはりサンフランシスコ在住の「華人」の親族に連れられて楊兆南ら四名の「官学生」が来ていた。この夜祁兆熙は一二時すぎに合わせて六名の「官学生」を引き連れてホテルに戻る。彼が疲れた身体をホテルの客室に横たえたのは深夜一時すぎのことであった[81]。

一〇月二五日（九月一六日）　この日はカリフォルニア州知事を表敬訪問するため、祁兆熙は朝から礼帽（「大帽」）

を着用し身なりを念入りに整える。九時、李沾泉と方明才がホテルに来る。李沾泉はサンフランシスコの有力銀行に勤務する広東人であった。彼は州知事ら当地の政財界の有力者とも交際のある人物であるが、この時は午後の州知事訪問についての打ち合わせを行うために方明才とともに祁兆熙をたずねたのであった。その後、祁兆熙らは方明才に先導されて前日に約束しておいた市内の写真館に行き、写真を五セット撮影する。[82] 一行の写真の撮影をまとめて依頼されたので、写真館の主人は愛想がよかった。

二時、サンフランシスコの「華人」の各会館の董事が、前日の祁兆熙らの訪問に対する答礼のためにホテルを訪れる。彼らは、祁兆熙と鄺其照のために自分たちが翌二六日（九月一七日）に嘉楽軒に酒宴を設定したので両名に是非とも出席して欲しい、と懇請する。祁兆熙がその要請に応じて宴席への出席を約束したことはいうまでもない。

午後三時、祁兆熙は鄺其照とともに馬車六台に「諸生」を分乗させて、カリフォルニア州知事ニュートン・ブース（Booth, N.）[83]を訪問する。これは第三陣の「官学生」全員にアメリカへの入国に際しての挨拶を行わせるだけの全くの儀礼的な訪問であった。この時、祁兆熙らの一行のために案内役をつとめたのが、この日の九時にホテルを訪れていた李沾泉であった。中国から「官学生」を率いてやって来る清朝政府の官憲がサンフランシスコで州知事を表敬訪問する時には、この李沾泉がいつも案内役をつとめていたのであろう。祁兆熙らが州知事に会う時の形式と礼法は、彼らが出発前に上海でアメリカ総領事シュワード[84]を訪れた時に総領事に対して行ったものと同一であった。州知事はその席で「自分には四人の子がいる。そのうちの一人は中国に行ってすでに何年にもなるが、残念なことに、まだ中国語をマスターしていない」と語り、「これから何か困ることがあったなら、相談に来て下さい」とも述べて、祁兆熙に対してかなり友好的な態度をとっていた。

州知事訪問を無事にすませた祁兆熙らは、州知事配下の要人に案内されてサンフランシスコの沿海の名所クリッフ・ハウス（cliff house 巌亭）を訪れる。それは海浜にある岩礁の上に設けられた亭で、「遠近高下」のいずれもがよく眺望できた。祁兆熙はそこで自分がさながら「西洋鏡」（望遠鏡）の中に入っているような錯覚に陥る。ついで祁兆熙らは建築中のある官庁の庁舎に案内される。彼はアメリカの物価は異常に高いと思っていたが、その庁舎の建設には四〇〇万両もの巨金を要すると聞いて驚嘆する。ついで一行は一〇〇〇人の学生を擁する大学（「大学堂」）と二三の小学校（「小学堂」）に案内される。祁兆熙はサンフランシスコの学校を見学したりこの国の教育制度についての説明を聞いて、それらが極めてすぐれたものであると痛感し、それと対比した場合に、中国の教育のシステムには「真実の工夫」がなされていないのではないかと考える。

夕刻、祁兆熙がホテルに戻ると、日本号に同乗していたアメリカ人ホワサミー（花薩密）が面会に来ていた。彼の家はサンフランシスコにはなく、彼は祁兆熙らと同様にそこから列車でさらに東に進まなければならなかった。ホワサミーはこの日から四日後の一〇月二九日（九月二〇日）に、祁兆熙らと同じ列車の客となる。

この夜、鄺其照は鄺永豊の店に行ったきりホテルに戻って来なかった。夜九時、祁兆熙は「諸生」の部屋を巡視した。一一時には自分の代わりに弟の祁兆熊にこの夜二度目の巡視を行わせ、まだ起きていた「諸生」には灯火を消してやすむよう指示させた。これはオレゴニアン号に乗船して以来、祁兆熙が日課として確実に行ってきたことであった(85)。

一〇月二六日（九月一七日）前夜鄺永豊のもとに行ったまま戻らなかった鄺其照は朝八時にホテルに帰ってくる。この日の午前はサンフランシスコの「華人」李根が一行をウードワルト・パーク（「花園」）に案内してくれることになっていたが、雨天のためそれを取りやめる。午後、祁兆熙は上海の「出洋総局」の総辦劉翰清に一行の近況を報告した書状をしたためる。午後四時、祁兆熙は六大会館の董事たちが設けてくれた宴会に出席するために嘉楽軒に赴く。そこでは李沾泉、廖竹濱らが祁兆熙をもてなす。祁兆熙は嘉楽軒とそこでの宴席について「室は既に美麗にして楼は青山に到る。山、屋宇を多くするも、綽やかにして観るべき有り。二席八碟の大菜、六碗の点心。後に席を翻（か）え、又大菜六碗、粥飯にして止む。是の筵をなすや、白金廿塊（二〇ドル）。器皿は亦精良。酒は則ち広醸（広東産の醸造酒）なり」と日記に記している。この宴席で祁兆熙は、カリフォルニアの気候が温和なこと、そこの最も優れた産物が果物類（「水果」）であること、豆と麦がそれぞれ一年に一度ずつ収穫できること（豆と麦の二毛作の意味）、土地が肥沃で野菜類を栽培する者は、水を十分に給せば、収穫後も特別に肥料を施さなくても、そこから再度収穫を確保することができること、この地で商業、貿易に従事する「華人」が一〇万余もいること、等をそこに列席していた会館の董事たちから告げられる。盛大な酒宴が終わると、祁兆熙と鄺其照は廖竹濱に送られて「諸生」の待つホテルに帰還する。(86)

一〇月二七日（九月一八日）この日は祁兆熙が当地の財界の要人を表敬訪問する日であった。このような日に祁兆熙の案内役をつとめるのは、この地の上層人士と親交のあった広東人李沾泉であった。この日、祁兆熙は鄺其照とともに、李沾泉に先導されて李が勤務するカリフォルニア州立銀行に赴き、その頭取（「東主」）(87)に面会する。頭取の態度は「甚だ和雅」であった。ついで祁兆熙は頭取の隣室で仕事をしていたこの銀行の要人のもとに案内される。この人物は前中国駐在のアメリカ公使ロウ（Low, F. F.）であり、公使在任中に清朝政府のアメリカ留学生派遣事業を実行できるように尽力した人物であった。(88)彼はこの時には、外交官生活から退いてこの銀行の役員となっていたのである。

祁兆熙がサンフランシスコにおいてロウを訪問したのは、清朝政府のアメリカ留学生派遣事業の実現に功績のあったアメリカ側の人物に礼を尽くそうとする総理衙門や北洋大臣の指示に従ったものであろう。この日、ロウと会見した祁兆熙は、ロウについて「人、亦た甚だ謙恭なり。中華に在りて諸大臣に見（まみ）えたりと自ら言う」と、その日記に簡潔に記すにとどめている。

ロウの勤務する銀行は通貨（金貨と銀貨）を鋳造する施設（「機器房」）をも備え、また極めて堅牢な金庫（「帳房」）を保有していた。金庫は分厚い鉄板でおおわれ、その中には「重貨」を収め、たとえ火災にあっても焼けたり損傷したりしないようになっていた。また祁兆熙らはそこで通貨に鋳つぶされる前の巨大な金塊や銀塊を見たり、精巧な計算機が使用されているのを見て驚嘆する。

銀行見学の後、祁兆熙らはある製鉄所（「鉄廠」）に案内される。祁兆熙はそこで使用されていた機械を見たが、彼にはそれらが上海の製造局のものと変わりのないもののように思われた。その後、彼らは馬車で坂道を上がってある山の頂上に行き、そこから遠く太平洋の海面を眺望する。そこは中国でいえば呉淞口のようなところで、展望が誠によく、そこからは山の下に林立する「屋宇」が魚の鱗のようにはっきりと見えた。名所の参観を終えてホテルに戻る途中で、祁兆熙らは鄺永豊の店に立ち寄り、そこで夕食を振る舞われる。鄺其照はこの夜もそのまま鄺永豊の店に泊まり、祁兆熙は鄺其照と別れてホテルに戻る(89)。

一〇月二八日（九月一九日）一行のサンフランシスコ滞在の最後の日である。この日、祁兆熙はニューイングランド方面に向けて出立する準備を整えるため、終日ホテルで過ごす。アメリカの奥地の気候がすでに相当寒くなってきていると聞き、祁兆熙はいそいで「諸生」に冬用の衣服を着用できるよう準備させる。その後、祁兆熙は上海の「出洋総局」宛にしたためた自分の書状と「諸生」がそれぞれの家族宛てに書いた手紙の点検をすませ、それらを投函し終えると、一通の電報が彼の下に届けられる。それは、ハートフォードの「出洋局」の総辦（留学生の正監督）陳蘭彬がこの日の午後九時にサンフランシスコに到着することを知らせたものであった。この日、ホテルは祁兆熙らに別れの挨拶をしに来る「華人」などで終日ごったがえしていた。祁兆熙が前日に表敬訪問した前中国駐在公使ロウもわざわざホテルにやって来て別れを告げた。夕食後、「出洋局」の総辨陳蘭彬がこのホテルに来る。同行者はリュビリー（盧必里、欧文表記不明）と福建人林英齊の両名のみであった。この時、陳蘭彬は請假帰国の途上にあった。彼は太平洋郵船の大型船で帰国しようと、ハートフォードから列車でサンフランシスコに戻ってきたのである。[90] 祁兆熙は直ちに陳蘭彬に挨拶し、自分たちがサンフランシスコの写真館で撮った写真を上海の「出洋総局」と天津の李鴻章に届けてくれるよう依頼する。同夜、「諸生」もそろって陳蘭彬に拝謁した。しかし、祁兆熙らの一行が乗る列車がサンフランシスコの対岸にあるオークランドの駅から翌朝六時に発車することとなっていたため、祁兆熙らは陳蘭彬と十分に語り合うこともできぬまま別れなければならなかった。翌二九日早朝、一行はホテルの従業員に別れを告げ、ニューイングランドのスプリングフィールドをめざして七泊八日の列車の旅を開始する。[91]

六　鉄道による大陸横断の旅

一〇月二九日（九月二〇日）一行がサンフランシスコよりニューイングランドのスプリングフィールドをめざして出発する日である。この日、祁兆熙は朝早く起床し、「諸生」を馬車にのせてサンフランシスコ港の乗船場へと向かった。一行はそこで小型の汽船（連絡船）に乗り換えてサンフランシスコの対岸にあるオークランドの長桟橋に赴いた。このオークランドの桟橋の近くには、セントラル・パシフィック社（Central Pacific R. R. Co.）の駅があった。一行はこの駅で特急列車に乗り込み、スプリングフィールドに到着するまでつづく、大陸横断の列車による旅を開始する。

オークランドの駅で一行はアメリカ人ホワサミーと出会う。ホワサミーは横浜から一行と同じく太平洋郵船の日本号に乗り込み、太平洋横断の船旅を共に行ってきた人物であった。ホワサミーがすでに祁兆熙と親交を有していることと、彼が北京官話を解することとを知ったオークランドの「火車頭」（駅長）スフラン（四禿郎、英語表記不明）は、ホワサミーが一行と同じ車輛の客となれるように特別の配慮をしてくれる。スフランのはからいにより寝台車の一つが一行とホワサミーとのみで使えることとなると、車中での盗難を恐れていた祁兆熙は、これにより一行が乗り込む車輛には見ず知らずの者が紛れ込めなくなったと思って安堵する。

ホワサミーは一行のためによく働いてくれた。彼は一行の列車での旅での案内役をつとめてくれたばかりでなく、車中において「諸生」にアメリカ社会の規則や規範を教えてくれる。

この日の朝に一行が乗り込んだ列車は、オグデン行きの特急であった。列車はカリフォルニアの平野部を疾走したのち、速度を落とし、シエラ・ネバダ山脈を越えてネバダ州の山間部へと進んで行った。この列車の時速は「平地」で七五華里（三七〜三八キロ）であり、「山路」ではせいぜい五〇〜六〇華里（二五〜三〇キロ）にすぎなかった。しかし祁兆熙は「余、試みに筆を握れば、筆は飛白（かすり書き）となる。山川、田地、樹木は恍（さながら）、電光の目を過ぐるが如し」と、自分の乗った列車がまるで目の回るようなスピードで疾駆したように記している。

この日、祁兆熙は、目まぐるしく変わる車窓風景に戸惑いながらも、ぬかりなく鉄道についての調査と研究を行っていた。彼は鉄道のレールとその連結の仕方、枕木の使用法、車輛の高さと幅、車輛の連結部分のしくみ、列車の最前部と最後尾に繋がれていた蒸気機関車の複雑な構造（二つの「火炉」と二つの「水櫃」をもつ）などを調べ、寝台車の内部の設備をも詳しく点検していた。彼は列車の停車時に鉄道会社の「火車巡捕公司人」（保安要員）が「鉄錘」（ハンマー）を使って列車の車輪の損傷の有無と程度を点検するのを目をこらして見ていたし、列車が山間部に入った際には、突然車内が暗闇になることに不安を覚えつつも、自分が通過する「山洞」（トンネル）や、長さが二〇華里（一〇キロ）もある巨大な「木柵」（大風雪から列車と線路を守るスノー・セット）に強い興味を示していた。こうした旅を続けて行くうちに、この日、祁兆熙は、北米大陸での列車の旅には、太平洋横断の汽船による旅では直面したことのない問題点があることを確認する。

その一つは、「諸生」が疾走する列車から身を乗り出した場合に、彼らが線路わきに設置されている器具や物体と激突してその生命をも失いかねないということであった。彼がこのことを強く意識したのは、列車がネバダ州の山間部を通過していた、この日の夕刻のことであった。この時、祁兆熙は雪に覆われた採金地ドッチェフラット村やネバダの山地の美しい風景に心を奪われていた。ところがその時に彼が予期していなかった恐ろしいことが起こる。自分がネバダの山地の見事な眺めに見とれていたその時に、「諸生」がこの地の絶景を見ようと、車窓から身を乗り出しそうになったのである。これに気づいた祁兆熙がとっさに「探りて頭を出す勿れ！」と一喝したために危うく大事が発生するのを防げたが、これによって祁兆熙が受けた衝撃は大きかった。祁兆熙はこれを機に列車の旅にも汽船による旅では考えられないような危険があることを痛感し、以後「諸生」の指導にはさらに細心の注意を払わなければならないと思うようになる。

第二は、一行が列車の旅の途上でどうしても取らなければならない食事の問題である。当時、北米大陸を横断する列車には食堂車はまだほとんど配置されておらず、乗客は駅周辺の食堂で三度の食事をすまさなければならなかった。乗客の必要を満たすために、列車は毎日、朝と昼と夜の三度、それぞれ二五分間ずつ停車していたが、その際には多数の乗客がわれ先に食事をすまそうとしていたため、駅近辺の食堂はどこもひどく混雑していた。停車時間の二五分が経過すれば、列車は食事をすませていない客がいたとしても容赦なく発車していたので、列車の出発する時刻が迫っていた際の乗客のあわて振りは言語を絶するものがあった。

祁兆熙は、この日、昼と夜の二度、列車の停車時に一行とともに下車してひどく混雑する食堂で慌ただしく食事をした。[92] この時、祁兆熙は列車の旅での食事には時間に追われて気ぜわしくすまさなければならないということのほかにも、なおいくつかの問題があることを発見する。その一つは「人、食店に至れば、食已に陳べられ」、「辨ずるに及ばずして食」さざるを得ないということ（客には食べ物を選ぶ余地が与えられていないこと）であった。他の一つは、「物悪く価浮（す）ぐ」ということであった。祁兆熙は食堂に用意されている食事が「類（みな）、牛、羊と饅頭（パン）のみ」であること、また「毎人の一餐が一圓（一ドル）」とされていることに憤慨した。彼から見れば、口にも合わない食事を法外な価格で一方的に強要されることでしかなかったのである。

かくして祁兆熙は、列車による北米大陸横断の旅には汽船による太平洋横断の旅では経験したこともない二つの大きな難問があることを確認した。この夜、祁兆熙は鄺其照や孫雲江らとこれらの問題への対処法を話し合ったが、彼らは皆「浪中の適を説かざるは莫（な）く」、太平洋上の汽船の旅にはこのような難問に出会うことはなかったと愚痴るばかりで、祁兆熙の求めに取り合おうとしなかった。結局、祁兆熙は何か妙案はないものかと一人で思案しているうちに、いつしか寝台車のベッドで寝入ってしまう。[93]

一〇月三〇日（九月二一日）祁兆熙が目を覚ますと、車内は冷えきっていた。彼は急いで「雇工」（ボーイ）を呼んで「火炉」（暖炉）に火を入れさせる。この日、列車はネバダ州の山間を走り抜けて、夕刻近くにはユタ州に入った。外はすでに真冬同然で、山野はすべて雪で覆われていた。この日の朝、車内が冷え冷えしていたのは、列車が通過している地点がすでに「満山遍野、積雪に非るは無し」という完全の冬景色になっていたからであろう。

この日、朝の七時には、列車は乗客の朝食のための停車（二五分）をした。しかし祁兆熙はこの時までに、列車が停車した際に、一行をどのように行動させるかを心に定めていた。それは、要約すると、a列車が停車したら、直ちに「諸生」を下車させ、大急ぎで駅周辺の食堂に赴かせて食事をさせる、bその時、鄺其照と二人の随員を必ず「諸生」に同行させて彼らの保護に当たらせる、cその間、自分は一人で車内に留まり、携帯する「公司銀箱」（小型金庫）と荷物を見張りつつ「諸生」の戻るのを待つ、d自分自身の食事は息子の祁祖彝に駅の売店で「麺包」（パン）を買って来させてそれを車中で食すことで間に合わせる、というものであった。祁兆熙がこのようにしないわけにはいかないと決断するまでの思考の跡をたどれば、以下のようになろう。

〝車内に食堂がないからには、どのような危険を犯しても、「諸生」には下車させて食事を取らせないわけにはいかない。食堂で出される料理が口に合わないことやその価格がひどく高いことなども問題であるが、ここで今それを変えさせることはできないので、それには不満でも耐え忍ぶしかない。問題は下車してから列車に帰ってくるまでの間に「諸生」のうちの誰かが人さらいなどに連れ去られたり、人込みに紛れて駅に置き去りにされてしまうのをいかにして防ぐかにある。とりわけ危険なのは、辺りが暗闇になる「夜膳」（夜の食事）の時である。暗闇の中では監督者の保護の目がどうしても及びにくくなるからである。この時に事故が起こるのを防ぐには、責任者である自分が下車して「諸生」を食堂に導き、そこで彼らが時間内に列車に戻れるように強く指図するのが最善と思われるが、その際には自分も金庫を携えていかざるを得なくなるため、自分の注意は「諸生」に及びにくくなり、かえって取り返しのつかない失敗をしかねない。それ故に、自分は絶対に車内から出ず、「諸生」の誘導と食堂での彼らに対する指示・指導は鄺其照らに委ね、自分は金庫と荷物を見張りつつ、「諸生」の戻るのを待った方がよい。そうすれば「諸生」が一人残らず戻ったか否かをいち早く自分の目で確かめることもできるし、万一戻らない者がいたとしても、すぐに次の手を打つことができるようになるからである。〟

祁兆熙はこのように考えぬいた末に、この日の朝から「諸生」が下車したのちも「薄氷を履む」ような思いをしつつ一人で車内に留まっていた。「諸生」がすべて戻るまでの間の祁兆熙の不安といらだちがどれほど耐え難いものであったかは、たやすく推測することができよう。この日の朝、「諸生」が全員すばやく食事をすませて時間内に列車に帰ってきたのを確認すると、祁兆熙は表情を和らげて息子の祁祖彝が買って来てくれた「冷硬」の「饅頭」（パン）と「苹果」（リンゴ）を口にする。

この夜、「諸生」を「夜膳」に就かせる「大事」を無事に終えた祁兆熙は、はじめて一行の旅の前途に一条の光明を見出したような思いをする。その後、祁兆熙はホワサミーから、翌三一日の午前六時には、一行の乗る列車がオグデンに着くことを知らされる。彼はこれを聞くと、弟の祁兆熊らを通じて、「諸生」に対し「明日の朝には列車の乗り換えという大仕事がある。今夜はそれに備えて早めに寝るように」と指示させる。夜の八時すぎ、列車は積雪のなかに「松柏」が林立する「山路」に入った。ちょうどその時、空には名月も輝いていたので、車窓からの眺めは一幅の水墨画のように美しいものとなる。この夜の祁兆熙は心の重荷を軽くして、久しぶりにゆったりとやすらいだ気分になる(94)。

一〇月三一日（九月二二日）朝六時に列車はオグデン駅に到着した。オグデンはユタ州北部の町であり、そのころの人口は約三〇〇〇であった。一行はオグデンに着くとただちに下車して駅の食堂で朝食を取る。この時も祁兆熙は前日同様に一人で車内に残り、前夜、祁祖彝が自分のために買って来てくれた「硬い饅頭」（パン）を食しつつ「諸生」の帰るのを待つ。ほどなくして、弟の祁兆熊が「茶水一瓶」を買って来てくれたので、祁兆熙は思いがけず懐かしい茶を口にすることができる。彼は自分の飲んだ茶が五〇セントもすることを知らされて、あらためてアメリカでは茶がいかに貴重なものであるかを思い知らされる。その後、一行はセントラル・パシフィック社の列車を降り、ユニオン・パシフィック社（Union Pacific R. R. Co.）の列車に乗り換える。一行がこのオグデン駅であらたに乗り込んだ列車はオマハまで直行する特急列車であった。オマハ行きの列車の発車までには時間があったので、ここでは祁兆熙もそれほど急き立てられることなく乗り換えの作業を行うことができた。一行があらたに乗る列車の座席（コンパートメント）を各人に割り振る仕事はホワサミーと鄺其照の両人がやってくれたので、祁兆熙は弟の祁兆熊や随員の孫雲江らとともに、携帯する荷物をオマハ行きの列車に乗せ換える仕事を担当した。しかし、連日の緊張と荷物の積み降ろしの労働がこたえたのか、これらの作業をやり終えて一息ついた時、彼は全身にひどい疲れを覚える。

午前八時すぎ、列車はオグデンを発ち、東進し始めた。この日、一行を乗せた列車はユタ州の北部からロッキー山脈の大高原地帯（ワイオミング州）へと入っていった。この日の車窓からの眺めは、一面の雪景色であった。祁兆熙は雪を見ることの少ない上海で育ったため、雪で覆われた山野を見るのが楽しく、「満野満山、依然として雪景。愛す可きの至りなり」と満足そうであった。しかし、その祁兆熙もその後列車がロッキーの山中に深く進み〝Devils Gate〟（天然のトンネル）や長いスノーセットをくぐって進むようになると、大自然の圧倒的なパワーに威圧されて恐ろしくなる。この日、祁兆熙は自分がロッキーの山中にあった時に抱いた不安な思いを「惟（ただ）行きて山凹及び棚下に至れば、其の黒暗、甚だ怕（おそ）る可し」と日記に記す[95]。

一一月一日（九月二三日）この朝、祁兆熙は早く目がさめる。この日もひどく寒い日であった。列車の傍らには一尺余もある長い氷条（つらら）が垂れ下がっていたし、窓には雪が積もっていた。しかし、車内は暖房が入っているためさほど寒くはなく、「諸生」は「綿衣」を重ねて着ることをせずとも身が凍るような思いをすることはなかった。

この日、正午には、列車はセルメン（「沙門」）駅に停車する。セルメンはロッキー山中の最高頂にある小駅であり、海抜は八八〇〇フィート（約二六〇〇メートル）[96]もあった。祁兆熙はそこがアメリカの西部と東部とを結ぶ大鉄道の沿線で最も高い地点であること、またそのために寒さが最も厳しく、どこよりも早くから雪に覆われることを知らされる。

この日の三時、列車は水と石炭を補充するためにシャイアンに一五分間停車した。シャイアンには砲台があり、合衆国の軍隊（兵力二〇〇〇）が常駐していた。祁兆熙はこの駅の入り口のドアにバッファローの大きな頭が一つ掛けてあるのを車窓から目撃する。シャイアンはロッキー山脈の東麓の大平原（グレート・プレイン）に建設された町であり、町の周辺には、バッファローの大群を追って勇壮な狩猟生活を営むシャイアン族の居住地が広がっていた。祁兆熙はこの町に合衆国の軍隊が駐留するのは、近くに住む「野人」が「常に物を搶（かす）め火を放つ」のを防ぐためであると聞かされる。祁兆熙がシャイアン族について知り得た知識は、このようにアメリカの白人によって歪められたものばかりであった。祁兆熙は自分が日記に記す「野人」なるものが平原インディアンの有力集団シャイアン族[97]であったことすら知らなかったし、彼らが当時自分たちの狩猟地を確保するために合衆国の軍隊とも激突せざるを得ない境遇に置かれていたことをも全く知らされていなかった。[98]それ故に、祁兆熙はアメリカの先住民インディアンを「白人の文明の恩恵に浴さない〝化外の民〟」としか見なそうとしていなかったのである。

その後、列車は北米大陸中央部の茫漠たる荒野を速度をあげて走り続けた。この夜、祁兆熙は眠れぬままに寝台車のベットのわきに座したまま一人で車窓を見つめていた。しかし、彼の目に入るのは果てしない無人の荒野ばかりであった。このようななかで、祁兆熙は「もしも自分たちが汽車を利用しなかったならば、この広大な（ネブラスカの）荒野を踏破して前進することはできなかったであろう」と思うようになる。この夜、祁兆熙は自分の心中の思いを日記に以下のように記していた。

是の晩、余、寐（まどろむ）を成す能わず、坐して臥側に起きる。玻璃の窗外を窺えば、曠野荒郊ばかりなり。儻（もしも）火車に非らざれば、未だ窒碍を免れざらん。[99]

一一月二日（九月二四日）　祁兆熙が朝、目を覚ますと、車窓からの眺めは一変していた。気候は穏やかになり、あたりにはもはや積雪は見られなくなっていた。四方にはよく耕された田園が広がり、人家や集落もあちこちに見られるようになっていた。連日険しい山地か無人の荒野ばかりを眺めてきた祁兆熙は、このような光景を見て、自分たちがようやく人里に近づいて来ていることを実感する。

この日、午後三時に列車はオマハに到着した。オマハはネブラスカ州の東端の小都市（当時の人口は約一万八〇〇〇）[100]で、ミズリー川の中流の右岸に位置している。オグデンから東進してきたユニオン・パシフィック社の列車はここを終点としていたので、一行はここで下車してミズリー川の両岸を結ぶ別の鉄道会社の列車に乗り換える。当時、ミズリー川には全長六～七華里（三～三・五キロ）の鉄橋がかけられていた。一行はこの鉄道会社の列車でミズリー川を渡り、オマハの対岸の小都市カウンシル・ブラッフス（アイオワ州の西端の都市）[101]へ移る。そこでも一行は連絡鉄道の列車からシカゴ・オマハ鉄道の列車へと乗り換えなければならなかった。結局、この日、一行は多くの荷物を抱えながら合わせて四度、列車を乗り降りしなければならなかった。[102]祁兆熙はその度に、積み残したり置き忘れてくる「諸生」や荷物が出ないように、細心の注意を払わなければならなかった。

この日、慎重かつ周到に一行の乗り継ぎの作業を指揮しおえた祁兆熙は、あらためて身を引き締め、次のような自戒の言葉を日記に記す。

人を顧み物をも顧みれば、いよいよ慎むもいよいよ危うし。敢えて稍（やや）も疏懈有る可からざる也。

カウンシル・ブラッフを出たシカゴ行きの列車は、その夜、疾風のような速さで東進をつづけた。列車があまりのハイ・スピードで走ったため、揺れも激しく、車窓に映る風景も、それがいかなる物であるかを識別できないほどであった。この夜、祁兆熙は暗闇の中を全速力でつき進む列車に耐え難い思いを抱きつつ、眠りにつく。(103)

一一月三日（九月二五日）祁兆熙はこの朝はいつもより少しおそく、七時に目を覚ました。車窓からはもはや山は見えず、畑や村里、園林の樹木ばかりが彼の目に入る。畑では麦やトウモロコシ（「小米子」）が実っており、いまや収穫を待つばかりになっていた。

この日、列車はアイオワ州からイリノイ州に進み、午後三時にはシカゴに到着した。シカゴは一行がサンフランシスコを発ってから初めて訪れた大都市であった。(104)しかし、一行はこのシカゴを見学する時間は全く与えられなかった。彼らは列車がシカゴに到着すると、直ちに下車して別のホームに停車していたバッファロー方面に向かう列車に急いで乗り換えなければならなかった。

一行が列車を乗り継ぐのは、この時がすでに三度目になっていた。しかし、シカゴは大都市で、駅も特別に大きかったので、祁兆熙は少しも気を抜くことはできなかった。このシカゴで一行が携帯する荷物を一品たりとも失うまいと決意していた祁兆熙は、ここでもその搬出、搬送、積み込みの各作業を率先して行うことによって万全を期そうとした。

列車がシカゴ駅に停車すると、祁兆熙はまず、すべての荷物をホームに下ろさせる。次いで彼はそれらの荷物を「小車」（小型車輌）に乗せさせ、自ら「小車」に付き添ってバッファローに行く列車まで荷物を移動させた。一行の携帯する荷物は極めて多かったので、この時には祁兆熙は「小車」についてホームとホームとの間を何度も往復しなければならなくなる。その間に「諸生」は鄺其照らに誘導されてバッファローに行く列車に乗り換えていた。

荷物の上げ下げと携帯、搬出、搬入を可能なかぎり自ら行おうとしたために、この日の祁兆熙の労苦は大変なものとなった。彼はこの作業で自分が嘗めた辛酸を「照顧の苦、此より甚だしきは莫（な）し」と表現している。

一車輛分もある一行の多くの荷物をすべてバッファローに向かう特急列車に無事に収めた祁兆熙は、一行に急いで夕食を取らせなければならないことに気づく。しかし、その時にはすでに列車の発車時刻が迫っていた。やむなく祁兆熙は「諸生」と随員に対し「今から構内の食堂へ行って大急ぎで食事をすませ、必ず発車時刻までに列車に戻って来るように」と悠然とした清朝中国の役人のものとは思えないような指示をする。一行が食事に行っている間には、祁兆熙はいつものように車内に一人で留まっていた。彼は荷物に目を光らせながら一行の戻るのをいらだちながら待ち続ける。

夕刻、列車はシカゴを出発した。本来ならこの時に祁兆熙は息子の祁祖彝が買って来てくれるパンを食事代わりに食するはずであった。しかし、彼はこの夜には、そのパンをも口にすることはできなくなる。シカゴ駅では夕食のための時間があまりにも少なく、祁祖彝とその友人のいずれもが駅で祁兆熙のためにパンを買うことができなかったからである。

この夜、祁兆熙はひどい空腹と筋肉の痛みに苦しめられる。後者はシカゴ駅での荷物の上げ下げを行ったためとその理由がわかっていたのでさほど気にならなかったが、空腹には耐え切れない思いをさせられる。飢えにさいなまされ続けたこの夜の祁兆熙は、ひたすら冷水を飲み込んで気を静める他になすすべがなくなる。(105)

一一月四日（九月二六日）祁兆熙はこの朝も七時に起床する。七時すぎに列車が駅に停車すると、一行はすべて下車して朝食を取る。その間、祁兆熙はいつもの通り一人で車内に留まり、荷物の見張りをしつつ、一行の戻るのを待つ。前日、夕食を取れずに空腹のまま朝を迎えた祁兆熙は、この時にはまるで親鳥が餌をもって来てくれるのを待つ雛鳥のように、パンを買って来てくれる祁祖彝の戻るのを待ち続けていた。そうしているうちに、康庚齢(106)、孫広明(107)、祁兆熊と祁祖彝の四人が「熱饅頭」（焼きたてのパン）と「臘猪腸」（サラミソーセージ）を買って戻って来る。祁兆熙はこれを待ちかねたように受け取ってむさぼるように口に入れ、ようやく前日来の空腹を満たす。

この日は寒く、雪も少し降っていた。一〇時前後には祁兆熙は紅葉した楓の樹林と青々とした「松柏」、果樹園や畑で働く農夫、牧場に放たれている家畜などを、車窓から確認した。しかし、この日も列車の速度は異様に速く、彼は目にするもののすべてが瞬く間に自分の視界をかすめて飛び去ってしまうように感じる。

この日の午後四時半に列車はバッファローに到着した[108]。一行はここで下車してスプリングフィールドに向かう特急列車に乗り換える。一行を悩ましてきた列車の乗り換えの作業もこれが最後となるのであったが、彼らに与えられていた時間はわずか一〇分しかなかった。祁兆熙はますますきびしくなる時間の制約にいらだちをつのらせながらも、ここでも厄介な荷物の積み替えの作業をぬかりなく処理する。

スプリングフィールドに向かう列車の車輛に収まって一息ついた祁兆熙は、最後の「過来の役」（乗り継ぎの苦役）を無事に終えたことを確認して満足感を味わう。この日の夕刻に一行が乗り込んだ列車は彼らがシカゴから乗ってきた列車と比べると、いっそう広々としていて快適であった。沿線には樹林や人家が多く、車窓からの眺めも穏やかなものとなっていた。この夜、祁兆熙は翌朝七時には一行が目的地スプリングフィールドに無事に到着できると知らされる。祁兆熙は心より嬉しくなり、直ちにそのことを一行に知らせて互いに喜びを分かち合う。「諸生」の留学地に間違いなく到達できることを確認して安心した祁兆熙は九時にはベッドに入った。彼は、そこでそれまでの長くつらかった旅を思い起こしているうちに、いつとはなしに眠りにつく[109]。

七　スプリングフィールドとハートフォード

（一）「諸生」との別れ

一一月五日（九月二七日）　この日の朝、一行は朝五時に起床して衣服を整え、荷物の点検と確認をする。午前六時半に列車はスプリングフィールドの駅に到着した。風は強く、冷たかった。駅にはハートフォードの「出洋局」の「翻訳」（翻訳官）曾恒忠（字は蘭生）[110]が、容滑泉[111]とともに迎えに来ていた。祁兆熙はホームに下ろした一行の荷物の見張りを孫雲江と祁兆熊に行わせて、暫時曾恒忠と言葉を交わす。ほどなくして衣類などを収めた託送手小荷物（チッキ）が駅に運ばれて来る。祁兆熙はそれらを自ら「銅牌」（銅製の荷物預かり証）の記号と照合して受け取らなければならなかったが、曾恒忠と容滑泉の両人が代わりにそれをやってくれる。その後、一行は曾恒忠に案内されて馬車に乗り、スプリングフィールドのホテルに向かう。[112]

ホテルでは、「出洋局」の「幇辦」（副監督）容閎と二名の「中文教授」葉源濬（字は緒東、樹東）、容增祥（字は元圃）が、一行の来るのを待っていた。[113]容閎ら「出洋局」の首脳はこのホテルで「諸生」を休息させたのち、彼らをホームステイさせてくれるアメリカ人教師（「外国先生」）に引き合わせようと、前日からここに来ていたのであった。祁兆熙の一行はこのホテルのロビーで容閎、葉源濬、容増祥らに、スプリングフィールドへの到着の挨拶をする。その後、祁兆熙は「諸生」に各々の託送手荷物を渡したのち、彼らを各人に割り当てられた部屋に案内させた。祁兆熙もとりあえず自分の部屋に入り（鄺其照と同室であった）、荷物の中身を点検する。四八日もの長い旅をしてきたにもかかわらず、彼が携えてきた物品はそれほど痛んでいなかった。その後しばらくして、一行はホテルの食堂で歓談しながら食事をする。そこで供された料理は、すべて「外菜」（西洋料理）であった。

食事後、祁兆熙はアメリカ人教師に引き合わせる前に「諸生」の容貌を整えておかなければ失礼になると思い、彼らをホテル内の理髪店に連れて行く。理髪店の「剃工」は「辮髪」を整えることはできなかったが、列車による旅の間に伸び放題になっていた彼らの顔面や頭部の髭をきれいに剃ってくれた。祁兆熙も、見違えるほど立派になった自分の容貌を確認して、気分がさわやかになる。

理髪店から戻ると、すでに前々年（一八七二年）と前年（一八七三年）に当地に来ていた「一批生」（留学生団の第一陣）と「二批生」（留学生団の第二陣）が次々と祁兆熙のところに挨拶に来る。この時、祁兆熙は、彼らの来訪を心から喜び、疲れを忘れてにこやかに応対する。この夜、祁兆熙は葉源濬、容増祥とホテルで語り合う。祁兆熙にも、葉、容両教授にも相手に伝えたいこと、訴えたいことが山のようにあったのであろう。三人は夜が更けるまで話し込んでいた[114]。

一一月六日（九月二八日）この日、祁兆熙は朝七時に起床した。朝食後、彼は一人で「寓中」（ホテル内）の浴房に行き、ゆったりと入浴した。久しぶりの入浴は真に心地よく、彼は積もりに積もった心身の疲れが取り除かれるような思いを味わう。浴室で使用する水と熱湯は「機関」（モーター）で送られて来るようになっていた。そこには「機頭」（蛇口）が二つあり、その一つからは冷水が、他の一つからは熱湯がでるようになっていた。「桶」（浴槽）は木の上に白銅を覆ったもので、底には「洞」（穴）があり、いつでもそこから放水できるようになっていた。

入浴後、祁兆熙は衣冠を整えて同じホテルの一室で「出洋局」の「幇辦」容閎に会い、「諸生」引率任務完了の正式の挨拶を行った。この時、祁兆熙は上海の「出洋総局」の「総辦」劉翰清から託された伝言を伝えたり、旅の途上で出会った危難などについて容閎に詳しく話したりしたと思われるが、彼の日記にはこの点についての言及は全くない。その間、祁兆熊と孫雲江は「諸生」の礼装用の衣服をつめてきた「衣箱」の整理を行っていた。

午後、「二批生」の石錦堂[115]がホテルにやって来る。石錦堂は以前上海で孫雲江に師事していた。両人はここでの再会を心より喜び合っていた。石錦堂はすでに当地で二年間留学生活を送っていただけあって、英会話はさすがに巧みになっていた。午後一時、祁兆熙は、孫雲江と石錦堂とを伴って、スプリングフィールドの市内にある曾恒忠の家を訪問する。曾の家では家族全員が礼を尽くして祁兆熙を手厚くもてなした。曾恒忠の一家は前に上海に住んでいたことがあったので、祁兆熙とは言葉もよく通じ、心のこもった話をすることができた。祁兆熙は曾恒忠の家にいる間は、故郷上海の親族や自分とごく親しい知人の家にいるような気分になる。彼の住まいは極めて清潔で美しかった。室内に配置されていた玉の「如意」（孫の手）や「外国琴」（ピアノ）、「器皿」などは、その多くが「西製」（欧米諸国の製品）であった。各室には多彩な色どりのジュータン（「五彩単」）が敷きつめられていた。祁兆熙はここで茶と菓子をご馳走になり、夕刻近くにホテルに戻る。その時、曾恒忠も祁兆熙とともに「出洋局」のスタッフの揃うホテルに戻る。

夕食後、祁兆熙はホテルの近くにある劇場に招待され、そこで行われていた「女巫」の「幻法」を見た。この劇場の構えは中国の「戯場」とよく似ており、内部の客席は満員となっていた。観客はそのほとんどがアメリカ人（「西友」）であり、中国人は容閎、曾恒忠、葉源濬、容増祥と祁兆熙の五人だけであった。「女巫」が演じた「幻法」は一種の催眠術であった。祁兆熙はこれについて日記に詳しく説明しているが、ここではその内容を紹介しない。はなはだ怪しげな「幻法」を見終えた五人は、そのまますぐにホテルに戻る。その後、五人はホテルで長らく「閑談」する。夜一一時、祁兆熙は他の四人と別れ、自室に戻って眠りにつく[116]。

一一月七日（九月二九日）　祁兆熙は朝六時に起床する。この日、彼は自分が引率してきた「三批生」のすべてを集め、「諸君は明日このホテルを出て各々のホームステイ先に行くこととなった。明朝にはアメリカ人の先生方が諸君を迎えにこのホテルに来られる。それに備えて今日は各々が自分の持ち物を十分に点検しておくように」と告げる。この時、祁兆熙は、「諸生」を二人一組でアメリカ人の教師に預けられるように、すでに手配をすませていた。この日、祁兆熙はホテルから一歩も出ず、そこで夜遅くまで忙しくたち働いた。彼は上海の「出洋総局」の劉幹清に、サンフランシスコを発ってからスプリングフィールドに至るまでの一行の大陸横断の旅の経緯や、スプリングフィールドに到着してからの「諸生」の健康状況などを知らせた書簡を執筆した。また彼は、どの「官学生」とどの「官学生」がどのアメリカ人宅に行き、どの学校に通うこととなったかを詳しく記した「清摺」(上申書)を作成し、それを劉幹清に送る書簡に同封した。書簡の執筆と「清摺」の作成に多くの時間をとられた祁兆熙は上海の家族に自分の無事を知らせる書信(「家信」)を書く時間すらなくなってしまう。やむなく祁兆熙は劉幹清への書信の末尾に「私の家族にも私の平安・無事を伝えて下さい」との一言を加えることで済ますこととする。その後、「一批生」の黄開甲[117]が挨拶に来ると、祁兆熙は「出洋総局」に送ろうとしていた書簡と書類を彼に手渡し、それらを自分の代わりに上海に発送してくれるように依頼する。

祁兆熙のこの日の用務は以上で終わったわけではなかった。翌朝アメリカ人の教師宅に赴く「諸生」のことを思うと、彼にはまだ気がかりなことが多々あった。祁兆熙はこの夜遅くまで「諸生」の部屋を巡回し、彼ら一人ひとりに不足している生活用品はないかを確かめたり、身体に異常はないかを問いただしたりしていた。これらの仕事を処理し終えて祁兆熙が自分のベッドに入ったのは、真夜中の一時すぎのことであった[118]。

一一月八日(九月二〇日)この日は日曜日である。祁兆熙は朝七時に起床する。この朝、一行が朝食を終えると、アメリカ人の教師(「外国先生」[119])が次々とホテルにやってきた。「出洋局」の容閎と曾恒忠の両名がこれらのアメリカ人教師の接待に当たる。アメリカ人の教師には男性の教師もいたが、女性の教師もいた。容閎はこれらのアメリカ人教師一人ひとりに対してホームステイを依頼する「官学生」を引き合わせ、それぞれの「官学生」への指導と訓育を丁重にお願いする。アメリカ人の教師は皆これに快く応じ、自分が引き受けた「官学生」と彼らの荷物を馬車に乗せてホテルから去っていった。その間、祁兆熙はアメリカ人教師と「官学生」との間をあちこちと飛び歩き、アメリカ人教師に挨拶したり「官学生」を励ましたりしていたが、別れを惜しむ「官学生」を激励しているうちに、感情が激してきて不覚にも目頭が熱くなる。この時、「官学生」のなかにも泣き出す者がいた。江蘇省宝山県出身の周万鵬[120]と広東省南海県出身の徐之愃[121]などである。この両人は自分たちが親しくしていた「同学」が自分より先にアメリカ人の教師に連れられてホテルから去ろうとするのを見て、ポロポロと涙を流して泣く。

アメリカ人教師のなかにも、自分が引き受けることとなっていた「官学生」に引き合わされた時、感情を全身で現す者がいた。上海出身の朱錫綬[122]と、同じく上海出身の曹茂祥[123]の両人をホームステイさせることとなっていた、アメリカ人女性教師がその一例である。この女性は二人に会うと、嬉しさをおさえきれないというような表情をして、二人の少年に最大限の親愛の情を示した。この女性教師が中国の二人の少年に対して大変な好意を抱いてくれていることは、傍で見ていた者にもはっきりとわかった。

「諸生」が皆ホテルから立ち去ってしまうと、彼らを引率してきた祁兆熙たちもホテルを引き払わなければならなくなった。祁兆熙は午後、ホテルを出る準備をし、自分の荷物の大部分を曾恒忠の家に運ばせた。午後六時、祁兆熙は孫雲江、祁兆熊とともにホテルを出た。彼らは馬車でスプリングフィールドの駅に行き、そこから汽車でハートフォードに向かった。スプリングフィールドとハートフォードの間の距離は二六マイル、所要時間は汽車で約一時間であった。彼らはその夜からハートフォードのサムナー街にあった「出洋局」(中国留学生事務局)[124]に宿泊する。鄺其照もこの日の午後、スプリングフィールドのホテルを出てハートフォードの「出洋局」に向かった。ただし彼は途中でスプリングフィールドに留学中の侄（甥もしくは従兄弟の子）のホームステイ先を訪れなければならなかったため、祁兆熙とは行を共にしなかった。鄺其照はその夜遅く容閎とともに「出洋局」にやって来る。この夜、「出洋局」で用意しておいてくれた食事は「中国飯」（中国料理）であった。祁兆熙はこれに大層喜び、久しぶりに故国の料理を満喫する。

この夜、祁兆熙は弟祁兆熊とともに「出洋局」の二階の客間に泊まる。孫雲江は三階の客間を割り当てられた。「出洋局」は三階建てのビルで部屋数は合わせて二〇ほどあった。「租金」（ビルの使用料）は年間一七〇〇両、一階は四つの大きな部屋からなっていた。その一つは「客位」（応接室）であり、他の一つは「書室」（図書室）、残りの二つは「諸生読書之処」（講義室）になっていた。図書室には多くの書籍が収められていた。そこにはアメリカの「学堂」（学校）にある書籍がすべて備えられていた。「諸生」はこれらの書籍を学習のために自由に使用することができるようになっていたが、祁兆熙は彼らが一生かかってもそのすべてに目を通すことはできないだろうと思う。図書室にはその他にも『漢書』（版の違うものが数種類）と『唐詩選』、「官板」（政府刊行）の『三国志』、『胡文忠公全集』などが収められていた。二階は「局主」（「出洋局」の「総辦」と「幇辦」）と「幕友」（陳蘭彬と容閎の顧問や随員の意。ここでは「中文教授」や「翻訳」をも含む）の居室、三階は孔子の「神位」（位牌）を安置した「文廟」のような施設と若干の客間とからなっていた。

夕食後、「中文教授」の容増祥が祁兆熙に各種の「外酒」（洋酒）をふるまってくれた。この時、祁兆熙は容増祥から「出洋局」に勤務する華人のスタッフがわずかな給料と恐ろしく高いアメリカの物価水準（ラシャの合わせの上着一着が三〇ドル、大人一人の整髪料が五〇セント、米一二両が二五セント、シャツ一枚の洗濯代が一〇セント）とのギャップに苦しめられていることを知らされる。彼らがそのためにいつも食事を共にし、その費用を均等に分け合って食費の負担を軽減しようとしていること、彼らが「出洋局」からその内部の部屋を居室用に使うことを認められて住居費の支出を免れるようにしていること、彼らがアメリカ人との交際をも極力控えて社交上の出費をもできるかぎり少なくすまそうとしていることなどを容増祥から聞かされた祁兆熙は、ハートフォードの「出洋局」に勤務するスタッフの苦労がいかに大変なものであるかを思い知らされる。自分がこの「出洋局」に滞在することもそこのスタッフの負担を増すこととなるのではないかと思うようになった祁兆熙は、ハートフォードでの滞在をできるかぎり短くして一日も早く中国に帰ろうと決意する。その後、祁兆熙は「出洋局」の他の人たちとも閑談したのち、一〇時には自室に戻る。「諸生」と別れて心身の重荷から解放されていたこの夜の祁兆熙は、まもなく深い眠りにつく。(125)

(二)　曾恒忠との親交

一一月九日（一〇月一日）この日の午前中、祁兆熙は「出洋局」で「公司帳」（帳簿）の整理を行った。彼は自分に託されていた各人の「物件」を子細に点検し、帳簿上の各頁ごとに、どの「物件」がいかなる人物からどの人物に手渡すように託されたものであるかを誤りなく記載した。この時、黄開甲と石錦堂が、祁兆熙の傍らに坐してあれこれと彼に語りかけながら、帳簿の記入を手伝ってくれた。この時祁兆熙は久しく会っていなかった教え子と再会してゆっくりと語り合える楽しみ（「晤対之楽」）を強く感じる。

帳簿の整理は約二時間で終了した。その後、祁兆熙は容増祥に会い、整理のすんだ帳簿を手渡して自分が預かってきた荷物をそれぞれの人物に確実に手渡してくれるように依頼する。その時、祁兆熙は、「官学生」の中には目下学校（「書館」）で学習中の者もいて託された品物を全員にただちに手渡すことはできないと容増祥に告げられる。

午後、祁兆熙は黄開甲に案内されてハートフォードの「唖子書院」(聾唖学校)に見学に行く。この学校には二二五名の学生が学んでいた。学生はアルファベット(「廿六個字母」)の各文字を示す「手法」を駆使して相互に各々の意志を相手に伝えていた。黄開甲が「手法」によってこの学校の学生と対談できるのを知った祁兆熙は、教え子の進歩と変化の速さに驚嘆させられる。ついで祁兆熙は山上にある浄水池に案内される。池は方形の石で四面が固められ、その内部にはきれいな水が貯えられていた。祁兆熙はこの浄水池の水を汚す者は厳罰に処せられること、この浄水池の水は「機関」(モーター)によって銅管を通してハートフォードの工場や各家庭に送られることなどを知らされる。その後祁兆熙は鉄道の線路の上にかけられた鉄橋を通って夕刻までに「出洋局」に戻る。[126]

一一月一〇日(一〇月二日)この日の朝食には「饅頭」(パン)の他に牛乳と鶏卵が供された。祁兆熙は先夜、容増祥から「出洋局」に勤務する人々の生活の厳しさを聞かされていたので、この日の朝食に自分に対する「出洋局」のスタッフの好意を強く感じる。この日の午前中、祁兆熙はハートフォードの「書塾」(学校)を巡り歩く。彼はまず黄開甲の通う学校に赴き、ついで石錦堂の通学する学校と曹天福の通う学校を相継いで訪れた。[127]これらの学校には「一批生」(留学生団の第一陣)と「二批生」(留学生団の第二陣)が合わせて八人学んでいた。ハートフォードでの学校訪問を終えた祁兆熙は、この日の午後、鄺其照とともに「出洋局」の帮辦容閎に会う。この時、二人は「総銀帳」(元帳)を手渡して一行の旅行中の支出のすべてを容閎に詳しく報告した。「出洋局」の財務を一手に処理していた容閎がこの時にどのような発言をしていたかは明らかでない。その後、曾恒忠が「出洋局」に来、祁兆熙に対してこの日の夕刻までに自分の家に移るように強く勧める。曾恒忠の家はスプリングフィールドにあるのでスプリングフィールドの留学生のホームステイ先や同地の主要な施設を訪問・視察しなければならない祁兆熙には、そうした方が以後の予定をスムーズに消化しやすくなるというのが曾恒忠の言い分であった。祁兆熙はこの曾恒忠の勧めに素直に応じる。スプリングフィールドに移る際に祁兆熙は自分が上海から携えて来ていた茶葉のほとんど全てを「出洋局」の「諸友」に献呈した。この日の午後四時すぎに祁兆熙は曾恒忠とともに「出洋局」を出発した。二人はハートフォードの駅で汽車に乗り五時すぎにはスプリングフィールドの曾恒忠の家に着く。曾恒忠の家族は夕食を用意して祁兆熙の来るのを待っていてくれた。祁兆熙は以後四日間この家で世話になる。この夜、祁兆熙は曾恒忠と「洋務」について語り合った。この夜両人が真剣に語り合っていた「洋務」とは困難な問題に直面していた中国のアメリカ留学生派遣事業に関係することであったと思われるが、その具体的な内容はわからない。しかし、祁兆熙が、帰国後、アメリカのウエストポイントの陸軍士官学校に中国の留学生が入学しようとすることに対して、アメリカ政府が中国の留学生の「辮髪」が士官学校への受け入れの障害になるとしてそれを認めることを拒否していると李鴻章に報告している[128]ことと合わせて考えると、この夜二人が語り合ったことが何であったかが朧げながらもわかってくる。このような判断が当を得ているか否かはともかくとして、祁兆熙がこの日の日記の末尾に書き加えていた「論及洋務云々」の六文字は、さまざまな推測を可能にしてくれて、はなはだ興味をそそる[129]。

一一月一一日（一〇月三日）　この日、曾恒忠の家では朝食に粥を出してくれる。祁兆熙は久しぶりに中国風の粥を食し上海の自宅に戻ったような気分になる。朝食後、祁兆熙は曾恒忠とともに馬車に乗り、スプリングフィールドの「二批生」のホームステイ先（「塾師処」）を訪れた。その後、祁兆熙はスプリングフィールドの「国家義塾」（国立学校）に赴く。その学校は生徒数が二二五人で、校舎は四階建てであり（その建築費は一万八〇〇〇両であった）、生徒はいくつかのクラス（「班」）に分けられてクラス単位で授業を受けるようになっていた。そこは男女共学で、各教室には生徒が男女二人ずつ隣り合わせに着席していた（男は左、女は右に坐していた）。その後、祁兆熙はこの学校の「書館」（図書館）を見学する。そこにはさまざまな「西書」（洋書）が収められ、また閲覧する生徒のために多くの「台ていた。

学校の見学を終えた祁兆熙はスプリングフィールドの繁華街を見学して五時すぎに曾恒忠の家に戻る。当時のスプリングフィールドの人口は約二万七〇〇〇人であった[130]。

この夜七時から曾恒忠は近辺の「西友」（アメリカ人の友人）を招いて祁兆熙のためにホームパーティーを開いてくれた。曾恒忠の招きに応じてやってきた人々は「老幼男女」あわせて七五人、いずれも情誼に厚く礼儀をよくわきまえた（「厚意殷勤」）紳士と淑女ばかりであった。祁兆熙はこの人たちに自分が「諸生」とともにサンフランシスコで撮った写真を見せながら「当地に留学することとなったこれらの「諸生」がこれからいろいろとお世話になります」と如才なく参会者に挨拶する。この席で祁兆熙は彼らに自分が上海から持参した毛筆一本と墨一個、「書箋」五冊、それに自分の名前を毛筆で記した大型の「名片」（名刺）一枚を献呈する。この夜のパーティーには当地の有力者も招かれていた。スプリングフィールドはガトリング砲などの最新式の兵器を生産する造兵廠[131]の所在地として当時すでに中国でも李鴻章などの洋務官僚には知られていたが、この夜のパーティーにはこの「槍局」（兵器工場）の「総管」（支配人）も参列していた。その他に目ぼしい人としては元アメリカ海軍の「兵頭」（将官）ハワード（「蒿」）や連邦政府の現職の大臣（「尚書」）の弟などがいた。来会者はいずれも「和雅」（おだやかで上品）であり、祁兆熙に対して大変友好的であった。参会者の一人は「貴殿を我が国の名勝や首都ワシントン（「美国京師」）にご案内したい。この私とご同道願えませんか」と祁兆熙に親しげに語りかけた。これに対して祁兆熙は「ご好意に深く感謝申し上げます。しかし、あいにく季節は真冬を迎えようとしております。貴国には積雪の多い地方があります。私は帰国する際にその雪の多い地方を通らなければなりません。ですからできるかぎり早く出発しませんと雪で鉄道が不通となり帰国できなくなるのではないかと心配しております。そのようなわけで私は明後日にはハートフォードの「出洋局」に戻ってそこで残してきた用務を処理し、そこからすぐに帰国の途につこうと考えております。貴殿のせっかくのご好意にお応えできず、本当に申し訳ございません」と丁重に返答する。一座の人々は皆が名残惜しそうな表情をして「それでは明年にもう一度当地をお訪ねになってゆっくりと我が国の名勝を遊覧して下さい」という。これに対して祁兆熙がはっきりした返答をすることができないでいると、ハワードは「私は貴殿のために明晩六時より我が家でホームパーティーを開きます。貴殿のご出席をお待ちしております」と祁兆熙に語りかける。わざわざ自分のためにパーティーを開催してくれるハワードの好意を断りきれずに祁兆熙はその場で翌日彼の招きに応じる旨の返答をする。その後、当日のホスト曾恒忠が「洋琴」(ピアノ)の演奏をはじめた。曾恒忠の娘が父親の奏でるメロディーに合わせた英語の歌を美しい声で歌ってくれる。一座の人々はこれにすっかり聞き入っていたが、彼女が歌い終わると盛んに拍手してしきりにそのすばらしさを讃えあっていた。祁兆熙は曾恒忠の一家がスプリングフィールドの人々と心を通い合わせている光景を見て感銘を受ける。彼はこの夜のパーティーで中国の留学生派遣事業を支えてくれるスプリングフィールドの人々の心情に触れ得た思いをするとともに、彼らのコミュニティにしっかりとした足場を築いている曾恒忠の一家に対してあらためて強い親近感を覚える。[132]

一一月一二日(一〇月四日)朝八時、祁兆熙は曾恒忠とともに汽車に乗り、息子祁祖彝とその「同人」(同学・同宿)朱宝奎[133]のホームステイ先(「塾師家」)を訪問した。そこはスプリングフィールドの中心部から一五マイルほど離れた静かな山里にあった。祁兆熙の来訪を知った祁祖彝と朱宝奎は非常に喜んだ。二人のホームステイ先(先生の家)にはリンゴの木があり、二人は毎日そのリンゴを自由に取って食べることを許されていた。両人が滞在する家は小高い山の上に建てられた二階家で、部屋数はあわせて八室、家族は女教師ムーア（Moore, E. A.）とその姉、その妹、ならびに六〇歳前後のその母親の四人であった。この家の左右には家はなく、後面は「園林」（果樹園）であった。山を背にして水流をその傍らに配したこの家は「風水」にもかなっていることから、祁兆熙はそこをわが子の学習の場として極めてふさわしいものと考える。しかし、祁祖彝と朱宝奎はこの家の周囲に人家が少ないことに不満なようであった。二人は「ここに来てから会った人は二〇人にも満たない」と祁兆熙に話す。これに対して祁兆熙は「「読書之処」（学習の場所）というのは本来このように清雅で閑静なところでなければならない」と述べて両人を穏やかになだめた。先生とその家族に挨拶をすませた後、祁兆熙は二人の部屋に案内される。そこには「理衣箱」（衣服を収めるトランク）や大きな引き出しのついた「書机」（学習用の机）、両人が共用する一つの大きな「榻」（ベッド）、彼らが就寝時に使用する「被褥」（掛け布団）などが整然と置かれていた。二人は、そこにある家具類は自分たちがはじめてここに来た日に師が苦労して整えてくれたものである、と祁兆熙に説明する。この日、祁兆熙がこの家を訪れた時、先生（女教師）は二人の少年が使う「手巾」（綿のタオル）の縁を縫い合わせていた。先生は二人の少年にリンゴを木からもいで来させてそれを祁兆熙や曾恒忠に食べるように勧めさせる。二人の少年はこの時にはすでに師の指示にてきぱきと応対できるようになっていた。その後、女教師は祁兆熙や曾恒忠の面前で二人の少年にアメリカでの「日常起居」（日常生活）に必要な言葉を一句一句丁寧に教え始める。彼女はそれらの一つ一つがいつ、いかなる場所で使用するものであるかを説明しながら、二人の少年にそれらを正しく発音して聞かせたり、紙に書いて示したりしていた。この女教師の家での二人の少年の学習は、毎日午前九時に始まり、午後四時に終わることになっていた。祁兆熙は二人の少年に対するこの女教師の教育への姿勢の真剣さに心を打たれるとともに、そこにもアメリカの教育の良き一面が示されていると考える。この時までに祁兆熙はアメリカの教育制度はａ国家（政府）が多くの学校を設立すること、b男女の別なく教育を受けること、c教師の大半が女性であること、の三点において中国に勝ると考えるようになっていたが、この日、息子のホームステイ先でアメリカの女教師の有能さを思い知らされた祁兆熙は、アメリカの教育システムに対する評価をさらに高めるようになる。祁兆熙は、この日、「アメリカの教育界においては女性が男性を圧するほどの活躍をすることがいかにして可能になっているか」を自分なりに検討し、「女子は家に在りて心静かなるにより学問は多く男子に勝るならん」と日記に書き留めている。

祁祖彝のホームステイ先を辞した祁兆熙は、曾恒忠とともにスプリングフィールドの著名な造兵廠を訪れる。そこにはスプリングフィールド銃として知られていた小銃を製造する工場（「槍局」）と、ガトリング砲などの大砲を生産する工場（「炮局」）とがあった。祁兆熙は大砲を生産する工場は上海の「鉄廠」（江南製造局）とあまり違いがないと見なして専ら小銃生産の工場に注意を集中する。彼はそこでまず、小銃の生産にはa小銃の台木とそれにつける金具の生産、b銃の遊底内への鉄片の挿入、c銃身への銃眼と引き金の装着、d最終的な仕上げの四つの工程があることを知り、aからdの各工程を順を追って見学する。ついで祁兆熙はこの工場で生産された小銃を収納し保管していた武器庫に案内される。そこには一〇万丁もの小銃(134)が製品番号順に四面にあるガラスケースの中に整然と収められていた。祁兆熙はそこで案内人からa銃には五年に一度ずつ油を塗ってそれが錆びることがないようにすること、b室内に銃を置くとどうしても銃眼や銃身に塵や砂などが入ってその性能が低下すること、c銃の性能を低下させずに長期間保管するにはそれを埃や砂・灰などから守るガラスケースに収めることが最も有効であることなどを知らされる。武器庫の中にまるで「叢然たる林」のように大量の銃がいつ、いかなる時にも使用できるように配置されているのを見て、祁兆熙は平時にも決して戦争に対する備えを欠かそうとしないアメリカ政府の配慮の周到さを確認して慄然となる。その後祁兆熙は耐用年数が過ぎて使用済みになった銃や破損により使用不能となった銃が多数陳列されているコーナーに案内される。そこには折れ曲がった銃もあれば爆薬で破砕された銃の破片のようなものも展示されていた。祁兆熙はそれらがいずれもこの工場の生産したものであったことを知り、なぜこのようなことをしなければならないのかと問いただす。しかし、それがこの工場で銃の生産に従事する人々が「前車の轍を踏まない」ようにさせるための措置であることを知らされた祁兆熙は、この工場の従業員がそこで生産する銃の性能を維持・向上させることに日夜いかに苦心しているかを思い知らされる。

スプリングフィールドの造兵廠の視察を終えた祁兆熙はそのまま曾恒忠の家に戻って夕食を取る。その夜七時、祁兆熙は海軍の将官ハワードが自分のために開いてくれたホームパーティーに出席するためにハワード邸に赴く。このパーティーには曾恒忠は出席せず、彼の息子曾子安と二人の娘（曾子安の姉と妹）が代わりに参加した。ハワードの家にはハワードの四人の姉妹と彼の姉の夫などが来ていた。当夜の参会者は男女合わせて一三人であった。ハワードは自分が収集した中国の「古玩」（骨董品）を祁兆熙に見せてくれた。祁兆熙が手にとって見ると、それらはほとんどすべてが「広物」（広東製の品）であった。ハワードは祁兆熙に「自分は「兵船」（軍艦）の艦長として貴国の広東に派遣されていたが、今は任務を終えてこうして国に戻って来ている。これらの品々はすべてその時に広東で買い求めたものである」と説明してくれた。ハワードは極めて富裕なハイクラスの人物であった。彼の家には豪華な「大洋琴」（グランドピアノ）もあった。祁兆熙はその価格が八〇〇ドルと聞いて驚く。その音階はA（「愛」）からG（「其」）の七音であった。祁兆熙はそれらが中国の古典音楽の音階とよく合致していると思う。ハワードはめずらしいお茶菓子（「奇様茶食、羔餅之類」）を供して祁兆熙を暖かくもてなしてくれた。そこで出された器や皿はすべて精巧な高級品ばかりであった。祁兆熙はその夜一一時にハワード邸を辞し、曾子安とその姉妹を伴って曾恒忠の家に戻る。この夜、祁兆熙はスプリングフィールドにもハワードのような中国を訪れたことのある有力な人物がいることを知って心強

い思いをしつつ眠りにつく。(135)

一一月一三日（一〇月五日）　この日の午前、祁兆熙は曾恒忠とともにスプリングフィールドの「紙局」（製紙工場）と「布局」（綿織物工場）を視察した。このどちらの工場もコネチカット川の水を引いて水力タービンによってその内部の一切の機械を運転するようになっていた。祁兆熙は両工場の水力利用のシステムに興味を抱き、これらの工場の動力のメカニズムを理解しようと熱心に視察する。

其の機器の転動は、乃ち至急の水を収むる（による）。――（至急の水を収めれば）彼（水）即ち決して輪を衝く。是に於いて総輪（水力タービン）旋動す。（さすれば）万輪皆動く矣。火輪（蒸気タービン）と異曲同工にして特に媒（石炭）を費やさず。(136)

祁兆熙は水力利用の両工場の作動するメカニズムとその利点を以上のように的確にとらえていた。スプリングフィールドは水量の多いコネチカット川の沿岸に位置していたためそこにはこの川の水を動力源とした工場が多数設立されていた。彼がその前日の午後に注意深く見学した造兵廠も、この川の水を利用した水力タービンによって運転されていた。水力タービンの存在をその目で確かめた祁兆熙は、帰国後、スプリングフィールドの工場にならって長江（揚子江）の豊かな水を活用した軍事工場を設立することを李鴻章に提言している。

昼食後、祁兆熙は曾恒忠に伴われて汽車に乗り、再びハートフォードを訪れる。二人は午後の三時すぎにハートフォードの「出洋局」に到着した。祁兆熙はそこで容閎や鄺其照らと会い、三日後の一一月一六日（一〇月八日）にそこから中国にむけて帰国の途につくことを決定する。(137)

一一月一四日（一〇月六日）　この日の午前、祁兆熙は果育堂（上海の有力な慈善施設善堂の一つ）(138)の董事（役員）瞿紹衣に依頼されていた「保心石」という薬を買い求めようとしてハートフォード市内の「薬房」（薬局）に行く。しかし、そこには彼が求める薬は売っていなかった。アメリカではどこにも「保心石」という薬はないことを告げられた祁兆熙は、やむなくその店で腸の病気によく効くという「紅薬水」一瓶と頭痛薬一箱を購入して「出洋局」に戻る。午後一時、祁兆熙の補佐役として長く労苦を分かち合ってきた鄺其照が「出洋局」のスタッフと祁兆熙らに別れの挨拶をしてワシントンに向かう。鄺其照はワシントンを見学した後、大西洋を横断する汽船でイギリスに赴き、そこからフランスに渡って、地中海・インド洋経由で帰国することとなっていた。鄺其照はワシントン滞在中の一一月一七日にポトマック河畔にある「水師廠」(海軍造船所)を訪問した。彼は海軍造船所長の地位をも兼ねていた海軍提督パターソン(巴達生)に一五砲の祝砲をもって盛大に歓迎されている。[139] この日は風も強く、ひどく寒い日であった。帰国を目前にして健康を損ねることを恐れた祁兆熙は、午後は大事をとって外出せず、「出洋局」で十分に休養する。[140]

一一月一五日(一〇月七日) この日も寒く、朝には時折雪が舞っていた。朝食には牛乳と粥がでる。粥はアメリカでは滅多に口にすることはできないので、彼は敢えてこのことを日記に記して「出洋局」のスタッフの好意に感謝する。午後には、祁兆熙は自分の荷物を整理して帰国の長旅の準備を整える。その後は「出洋局」の人たちと「閑談」しながらゆっくりと休養する。[141]

一一月一六日(一〇月八日) この日、祁兆熙は朝早くから容閎と会い、帰国の挨拶をした。この時、容閎は四人の留学生(「四生」)を帰国させる問題について祁兆熙と長時間協議し、彼らのいずれをも帰国させないことを最終的に決断する。この「四生」とは二名の「一批生」と同じく二名の「二批生」であった。これらの四人は性格面に問題があっていずれもアメリカでの生活に適応できず、「出洋局」のスタッフの悩みの種となっていた。それ故、容閎ら「出洋局」の首脳は、彼らを帰国させようとして、すでにこの日の二日前に彼らを「出洋局」に召喚していた。容閎はこれらの四人と個別に面談して彼ら一人ひとりの英語(「西語」)の修得の程度を確認したり、彼らが自分の将来についてどのような願望を抱いているかを自ら直接彼ら四人に問いただした。彼らがいずれもかなり流暢に英語を話せるようになっていること、彼らがこのまま帰国させられることを望んでいないことなどを確かめた容閎は、彼らをこのまま帰国させるよりはハートフォードに留め近隣の工場などで何らかの技術を修得させた方が、本人のためにもなるし留学事業の趣旨にもかなう、と考えるようになる。この日の朝、容閎は祁兆熙にこの四名を託して一緒に帰国させるべきか否かを祁兆熙と話し合い、四名を祁兆熙に同行させないことを決定する。

祁兆熙は、この四名がそれぞれのホームステイ先からアメリカ人の教師に連れられて「出洋局」にやってきた時に、その場に立ち会った。祁兆熙は、その時「出洋局」にこの「四生」をつれてきた彼らの教師が彼らと別れる場面を、目の当たりにする。アメリカ人の教師は教え子と別れるのがつらそうで、各々に餞別として一ドルの銀貨を贈る時には目に涙を浮かべていた。祁兆熙はこの光景に強く心を打たれ、アメリカ人の教師と「四生」との間の「師弟之情」がいかに厚いものであったかを痛感させられる。

帰国に際して「四生」を同行させないでよいこととなった祁兆熙は、重荷を解き放されて安堵する。彼らを連れて帰るとなれば、彼らのことを気遣って旅の途中で心を労することが多くなるばかりでなく、車中や船中で出会う「西友」(アメリカ人)に対してもいろいろと辯解しなければならなくなると苦慮していたからである。かくしていつにでも帰国できることとなった祁兆熙は、往路を逆に辿って上海に向かうこととなった。しかし、このコースを取ることは祁兆熙自身が当初から希望していたことではなかった。上海を出発する前に、祁兆熙は鄺其照と協議して復路にはアメリカの東海岸からヨーロッパに渡りそこから地中海・インド洋を経由して上海に戻るコースを取ろうとしていた。

しかし、出発前に祁兆熙が上海の「出洋総局」の総辦劉翰清に自分の帰国時の旅程を上申してそれに対する劉翰清の承認を得ようとした際に、劉翰清は「速回を以って是と為す（いちばん速く帰国できるコースをとって速やかに帰国して欲しい）」と指示して彼の希望を受け入れようとはしなかった。生真面目な祁兆熙はこの劉翰清の指示に素直に従い、時間と費用の両面で勝る太平洋横断のコースを帰国時にも取らなければならないと思うようになっていたのである。そのうえハートフォードに来てみると彼には「退回」させる「四生」を同行させなければならないという新たな任務が加わっていた。途中帰国させられる「官学生」を同行させるからには、ゆっくりとヨーロッパを巡って帰ることなど許されるはずがない。かくして祁兆熙は往路を逆に辿り再び太平洋を横断して帰国しなければならないこととなった。鄺其照はこうした祁兆熙の心中の思いを知りつつも、彼自身の当初の希望を貫徹させて、ヨーロッパ経由で帰国する。鄺其照は容閎が「四生」を帰国させる問題について最終的な決断を下せないでいるうちに単独で行動を起こし、ワシントン・ニューヨークを経由してヨーロッパに向けて出発してしまう。その後、祁兆熙の心中を察した曾恒忠が、はるばる中国からアメリカに来たのだから、帰国の途につく前にせめてアメリカ最大の都市ニューヨークだけは訪れて二日ほどゆっくりとそこの著名な施設や名所を巡り歩くように祁兆熙に勧める。生真面目でどこまでも職務に忠実な祁兆熙はそうするにはまた新たな出費を要すると考え、曾恒忠の勧告をも退けて、ハートフォードからそのままサンフランシスコに直行することにする。この日の正午、祁兆熙は「出洋局」のスタッフに別れを告げ、午後一時過ぎの列車に乗ってスプリングフィールドに戻る。この時、祁兆熙には彼の弟祁兆熊と曾恒忠の両名が同行した。この時祁兆熙はスプリングフィールドの駅でサンフランシスコまでの列車の通しキップを購入する。料金は弟との二人分で二四〇ドルであった。その後、祁兆熙は曾恒忠の家に戻り、そこに預けておいた自分の荷物を取りまとめたのち夕食をご馳走になる。曾恒忠の一家はこの日も心をこめて祁兆熙をもてなしてくれた。午後七時三〇分、祁兆熙は曾恒忠の家族に別れを告げて馬車でスプリングフィールドの駅に向かう。曾恒忠は駅まで同行し、祁兆熙と祁兆熊のために最後まであれこれと気遣いしてくれる。祁兆熙は当地で親身になって世話してくれた曾恒忠に対してあらためて感謝の言葉を述べ、彼に見送られて列車に乗る。列車は午後九時にスプリングフィールド駅を発車した。祁兆熙と祁兆熊を乗せた列車は、この夜、暗闇の中をシカゴ方面に向けてフルスピードで疾走しつづける。(142)

むすび

本章では、一八七四年九月に清朝政府の遣米留学生団の第三陣の「護送委員」として三〇名の「官学生」を引率して渡米した、祁兆熙の日記「游美洲日記」を詳しく検討した。筆者が本章で紹介し得たのは、往路と復路を合わせると一一三日になる祁兆熙の訪米日記の前半の五九日分のみであり、月日で言えば一八七四年九月一九日（同治一三年八月九日）から一八七四年一一月一六日（同治一三年一〇月八日）までの部分である。そこには、上海を出発してから、長崎、神戸、サンフランシスコ、オグデン、オマハ、シカゴなどを経由して目的地スプリングフィールドに到達するまでの、祁兆熙の長く苦しい旅での体験と見聞が詳しく記されているし、スプリングフィールドで清朝政府のアメリカ留学生派遣事業の現地責任者容閎に三〇名の「官学生」全員を無事に引き渡した後の、一一日間の祁兆熙のニューイングランドでの行動が詳細に記されている。祁兆熙の日記には以上の他に、彼が一八七四年一一月一六日にハートフォードの「出洋局」より帰国の途についてから翌一八七五年一月八日（同治一三年一二月一日）に上海に帰着するまでの、五六日間の体験と見聞を記した部分もある。(143)しかし、本章ではこの後半部分を割愛して前半のみを検討することとした。本章でこのように祁兆熙の日記の前半部分のみを取り上げたのは、筆者が一九世紀の七〇年代の清朝政府のアメリカ留学生派遣事業の具体像を明らかにするのに必要と思われる事実を抽出することを目指してきたためである。

次に祁兆熙の日記を検討して確認することができた主要な諸点を個条書きにして提示しておこう。

a　一九世紀の七〇年代に清朝政府がアメリカに派遣した中国最初の「官学生」（国費留学生）は、アメリカの航運企業の大型汽船による太平洋横断の船旅やアメリカ大陸を横断する鉄道による旅を初めて経験したにもかかわらず、いずれもそれに素早く適応し無事に目的地に到達していたこと。

b　全く不案内の海洋や異国アメリカでの合わせて四八日にも及ぶ長期の旅の途上で、「官学生」を引率する「護送委員」祁兆熙らが、未知の事、予期せぬ事態に遭遇する度に「官学生」の身の上に危難が及ぶことを深く懸念して極めて慎重に行動し、細心・周到な措置を取っていたこと。

c　「官学生」の一行がニューイングランドへの留学の旅の途上で立ち寄った長崎や神戸、横浜、サンフランシスコでは、一行が到達する度に、そこに居住・滞在する多数の華人・華僑が引率者や「官学生」の労をいたわり、彼らに対して惜しげもなく物心両面の援助を与えていたこと。

d　太平洋上と北米大陸の内陸部の自然環境と気象・気候が予想以上に苛烈で、しばしば引率者や「官学生」を不安と恐怖におののかせていたこと。

e　「官学生」を引き受けてその自宅にホームステイさせていたニューイングランドのスプリングフィールドとハートフォードのアメリカ人の教師が「官学生」に対して献身的な指導を行って彼らの深い信頼を獲得していたこと。

f　ハートフォードに設立されていた留学生派遣事業推進のための清朝政府の出先機関「出洋局」の「幇辦」容閎や「翻訳」曾恒忠が、スプリングフィールドやハートフォードの上流人士のコミュニティに深く溶け込み、彼らの厚い信頼を獲得していたこと。容閎や曾恒忠のこうした活動がなければ清朝政府がニューイングランドにおいてその留学事業を行うのに必要な基盤を固めることは不可能であったこと。

g 「中文教授」を中心とする「出洋局」のスタッフの大半が高物価のアメリカでわずかの給料と手当しか与えられず、現地のアメリカ人のコミュニティからも孤立させられて不満をつのらせていたこと。

以上はそのほとんどが祁兆熙の日記を読み解くことによってはじめて明らかになったことばかりである。祁兆熙の日記はこのように一九世紀の七〇年代の清朝政府によるアメリカ留学生派遣事業をトータルにとらえる上で欠かせない事実を数多く明らかにしてくれる。

しかしながら、祁兆熙の日記にもそれが当然明記していなければならないと思われることが一つだけ欠落していた。それはこの留学事業がその当初から内包させていた大きな矛盾、すなわち「官学生」が帰国後に清朝政府の官員として奉職できるようにするために、留学先において彼らに自国の言語と古典の学習をも同時に行わせるようにしていてことにより生じていた問題についての記述がないことである。すでに見たように、祁兆熙はハートフォードの「出洋局」に滞在し、そこで「官学生」に古典を教えていた二人の「中文教授」葉源濬と容増祥とも親しく懇談していた。にもかかわらず、祁兆熙はこの問題についてはその日記の中に全く言及していない。祁兆熙は「官学生」に対してハートフォードの「出洋局」が行っていた中国の古典についての講義を自分がどのように受け止め、どのように評価していたかについても、その日記に全く記していなかったし、「官学生」への古典の教育を担当していた「出洋局」の二人の「中文教授」が、彼に対して、アメリカの物価高の他に何を語り何を訴えていたかについても、全く記していなかった。これは、この問題が当時の清朝政府のアメリカ留学生派遣事業そのものの評価に深くかかわるばかりでなく、留学生派遣事業を担当する清朝当局の関係者の内部でも見解が一致しにくい複雑な問題であったことを彼が察知して故意に言及することを避けたために生じたことであったと思われる。それ故、祁兆熙の「游美洲日記」は、直接「官学生」の留学地に赴いて現地の状況をかなり詳しく調査した人物による旅行記でありながら、留学事業の在り方そのものについて積極的に評価することも否定的に言及することも共に差し控えたものとなっていた。しかし、祁兆熙は帰国後、この日記の欠落部分を補う文書を執筆する。それは彼が一八七五年に上海の「出洋総局」の総辦劉翰清を通じて李鴻章に提出した『出洋見聞瑣述』という訪米復命書であった。そこには清朝のアメリカ留学生派遣事業に対する祁兆熙の見方が明確に示されている。祁兆熙が一九世紀七〇年代の清朝政府のアメリカ留学生派遣事業に対していかに評価し、そのいかなる部分に問題点を認め、いかなる改善策を提示していたかを明らかにするには、彼の『出洋見聞瑣述』を検討することが不可欠となる。これについては章をあらためて検討することとしよう。

註

(1) 一八七二年から一八八一年まで行われた清朝政府によるアメリカへの留学生派遣事業（「幼童留美」）については、中国（大陸）、台湾、香港、日本、アメリカなどですでに多くの研究がなされている。これらの研究成果の概要を知るのに有益な研究史の整理と研究動向の紹介も、一九八九年にアメリカのすぐれた研究者 Pak-wah Leung（梁伯華）氏によって行われている。このテーマについての研究上の問題点を把握するには、何よりもこの梁氏の論文「中外学者対「幼童留美」研究成果」（中央研究院近代史研究所「六十年来的中国近代史研究」編輯委員会編『六十年来的中国近代史研究』下冊、一九八九年、所収）を精読することが必要となる。しかし、梁氏の上記の論文には中国（大陸）と日本の研究成果をほとんどフォローしていないという欠点がある。それ故、ここでは梁氏が取り上げなかった中国と日本の代表的な研究（一九九〇年以後発表された論文と著書をも含む）のみを参考までに列記しておくこととする。

1　小竹文夫「清代に於ける中国の外国留学生」（林友春編『近世中国教育史研究』国土社、一九五八年、所収）。

2 姜鐸「旧中国第一批官費留学生」(『文匯報』一九六二年八月二三日)。
3 姜鐸「論容閎——旧中国資産階級改良派的一個創始者——」(『文匯報』一九六二年九月一六日)。
4 王永康「容閎是近代中国資産階級改良主義者?」(『文匯報』一九六三年四月四日)。
5 張其光「容閎《教育計画》的実質及其影響」(『学術研究』(広東)一九六三年第二期)。
6 張其光「容閎不是近代中国資産階級改良主義者?——兼論改良派与洋務派的性質及其関係——」(『学術研究』(広東)一九六四年第四・五期)。
7 慕容藩「〝教育救国〟論者的悲哀——論改良主義者容閎二三事——」(『羊城晩報』一九六四年一〇月一一日)。
8 斉文穎「中国第一批官費留学生」(『人民日報』一九七九年一月二二日)。
9 王藝生「容閎和他的《西学東漸記》」(『読書』一九七九年第六期)。
10 李喜所「容閎和中国近代第一批留学生」(『河北師範学院学報』一九八〇年第一期)。
11 郭吾真「論容閎与旧中国的近代化」(『山西大学学報』一九八〇年第三期)。
12 蘇貴民「中国近代留学生」(『吉林大学社会科学学報』一九八〇年第三期)。
13 董守義「試論我国第一次赴美留学」(『遼寧大学学報』一九八〇年第三期)。
14 苗春徳「中国首次留美学生的派遣与闘争」(『河南師範大学学報』一九八〇年第五期)。
15 湯才伯「我国第一個留美畢業生容閎述評」(『上海師範学院学報』一九八一年第四期)。
16 黄継宗・于醒民「洋務運動中留学生的派遣」(『華東師範大学学報』一九八一年第四期)。
17 丁宝蘭「論容閎」(『中山大学学報』一九八二年第二期)。
18 深沢秀男「中国の近代化と容閎」(田中正美先生退官記念論集刊行会編『中国近現代史の諸問題』国書刊行会、一九八四年、所収)。
19 胡福成「中国第一批留学生的派遣及其歴史意義」(『江西師範大学学報(哲学版)』一九八五年第四期)。
20 鍾叔河「容閎与西学東漸」(同著『走向世界——近代知識分子考察西方的歴史——』北京:中華書局、一九八五年、所収)。
21　鍾叔河「一八七二～一八八一年間的留美幼童」(同編『走向世界叢書』第一輯、岳麓書社、一九八五年、所収)。
22　董守義『清代留学運動史』(瀋陽：遼寧人民出版社、一九八五年)。
23　李喜所『近代中国的留学生』(北京：人民出版社、一九八七年)。
24　徐啓彤「洋務教育与〝中体西用〟」(『蘇州大学学報』(哲学社会科学版)一九八八年第四期)。
25　高時良編『中国近代教育史資料匯編――洋務運動時期教育――』(上海教育出版社、一九九二年)。
26　王希蓮・張学恒「李鴻章与中国首批留美学生」(『聊城師範学院学報』(哲学版)一九九三年第三期)。
27　劉秀生・楊雨青『中国清代教育史』(北京：人民出版社、一九九四年)。
28　李志茗「〝留学界之大敵〟呉嘉善的再評価――兼論容閎与呉嘉善之衝突――」(『史林』(滬)一九九四年第三期)。
29　伊原沢周「初めて渡米留学した二人の東洋人(上)――新島襄と容閎を中心として――」(『追手門学院大学文学部紀要』二九、一九九四年)。
30　伊原沢周「初めて渡米留学した二人の東洋人(中)――新島襄と容閎を中心として――」(『追手門学院大学文学部紀要』三〇、一九九四年)。
31　汪波「一八七二年中国教育使団赴美的外交実践及意義」(『武漢大学学報』哲学社会版一九九九年第四期)。
32　石寛『観念与悲劇――晩清留美幼童命運剖析――』(上海人民出版社、二〇〇〇年)。
33　李喜所・劉集林『近代中国的留美教育』(天津古籍出版社、二〇〇〇年)。
34　銭鋼・胡勁『留美幼童――中国最早的官派留学生――』(文匯出版社、二〇〇四年)。
(2)　第一陣の上海出発の年月日は『申報』同治一一年七月四日「西学生謁見美領事及道憲」ならびに『申報』同治一一年八月一四日の「出洋官学生到金山電信」による。第二陣のそれは徐潤『徐愚斎自叙年譜』一八頁による。第三陣のそれは祁兆熙の『游美洲日記』同治一三年八月九日による。第四陣のそれは『申報』光緒元年九月四日「光緒元年四批出洋肄業官生姓名籍貫開列」、『申報』光緒元年九月一七日「官生出洋」などによる。徐潤の年譜中に出発の年月日が明示されているのは第二陣のみである。

（3）徐潤『徐愚斎自叙年譜』一七頁、一八頁、二〇頁、二二頁、二三頁、祁兆熙『游美洲日記』同治一三年八月九日、容閎著、百瀬弘訳註『西学東漸記――容閎自伝――』（平凡社、一九六九年）第一七章、『申報』同治一一年七月四日「西学生謁見美領事及道憲」、『申報』同治一二年五月二日「同治一二年二批挑選出洋肄業官生姓名」、『申報』同治一三年七月一三日「出洋童子謁中西各憲」、『申報』光緒元年九月四日「光緒元年四批出洋肄業官生姓名籍貫開列」による。なお各留学生団を引率した四名の「護送委員」については第一陣を除くとその経歴がわからない者が多いが、第二陣の黄勝については容閎の自伝（英文）に付録として加えられている Rev. Joseph H. Twichell の容閎の半生についての講演（一八七八年四月一〇日）と広東省中山図書館・広東省珠海市政協共編『広東近現代人物詞典』（広東科学出版社、一九九二年）などにより知ることができる。第三陣の祁兆熙については本章の本文で、第四陣の鄺其照については本章の註(23)で詳しくその経歴を明らかにする。

（4）他に「上海西学局」、「滬局」、「出洋局」とも呼ばれた。

（5）別に「駐洋肄業局」とか「洋局」と呼ばれた。

（6）『中西聞見録』同治一二年三月「華生游学美国」所収の「大清欽命督率華生司員葉陳容曾の連名の書簡を参照。なおここで「司員」と記されている語は英文では commissioner となっている。

（7）容閎著、百瀬弘訳註『西学東漸記』第一七章。

（8）この日記を広く研究者に紹介し提示したのは『走向世界叢書』の編者鍾叔河氏である。鍾氏は祁兆熙の日記の全文を、「留美幼童」についての氏の論文「一八七二～八一年間的留美幼童」とともに、『走向世界叢書』第一輯に収録して一九八五年に刊行した。鍾氏が紹介した祁兆熙の日記は中国の著名な教育者王培孫（一八七一～一九五二年）が上海図書館に寄贈した旧南洋中学の蔵書（「王培孫紀念物」）の中より上海図書館の任光亮氏が発掘したものである（標点も任光亮氏が付したという）。一八七二～一八八一年の清朝政府による最初のアメリカへの留学生派遣事業については、中国文の史料にはごく少量の「官方の档案」しか残っていないことを想起すれば、祁兆熙の日記の発掘と公刊がいかに大きな意義を持つことであるかが明らかとなろう。
(9)　呉馨等修、姚文枏等纂『上海県続志』（民国七年刊）巻一八、祁兆熙。
(10)　鍾叔河『走向世界叢書』第一輯、岳麓書社、一九八五年、所収。
(11)　中央研究院近代史研究所編『中美関係史料』（同治朝下）「陳蘭彬致劉翰清函」（同治一二年閏六月二九日）、「陳蘭彬致劉翰清函」（同治一二年七月一三日）。
(12)(13)　註(9)に同じ。
(14)(15)(16)(17)(18)(19)　註(10)に同じ。
(20)　「第三批官学生」三〇名のなかで広東省出身者が一七名であるのに対し、「三江帮」を形成する江蘇、浙江、江西、安徽の四省の出身者は合わせて一二名（江蘇が八名、浙江が二名、安徽が二名）となっていた。これは広東出身者が全体の八割を占めていた「第一批」並びに「第二批」と対比すると、江浙地方の出身者が占める比率がにわかに増大するようになったことを示している。こうした傾向は一八七四年だけのことではなく、一八七五年の「第四批」にも引き続いて認めることができる。
(21)　註(9)に同じ。
(22)　「陳蘭彬致劉翰清函」（同治一二年閏六月二九日）。
(23)　註(22)に同じ。鄺其照については本章では特に重要な人物であるので、ここであらかじめ説明を加えておきたい。鄺其照は号は容階、後には慕階とも号した。広東省南海県の出身で、生年と没年はいずれも不明である。はじめ主に上海で活動し、一八六八年には上海で実用英語の辞書兼学習書『英華字典集成』（英語から中国語を引く「華英字典」と中国語から英語を引く「雑字撮要」、ならびに英会話の手引き書ともいうべき「日常問答話」の三部からなる）を執筆・刊行した。七〇年代には黄勝ら広州、香港の広東籍の知識人とともに、容閎の企画した「幼童留美」事業にも参画するようになる。そのころ、彼はさきに刊行した『英華字典集成』を全面的に改定する作業に取り組んでいたが、彼が執筆・刊行した『英華字典集成』は上海の「出洋総局」の予備学校で学ぶ留学予定者の英語学習の教材として使用されていた（光緒元年一〇月二一日の

『申報』の広告「華英字典集成寄売」及び註(11)引用の「陳蘭彬致劉翰清函」(同治一二年閏六月二九日)を参照)。一八七四年六月、容閎の意を受けて、唐廷枢、徐潤、鄭観応ら上海の広東籍の有力紳商が共同出資して華字新聞『匯報』を創刊すると、鄺其照はその才覚と学識を買われて「匯報局」の「総理」(社長)に選任される(鄭観応『盛世危言後編』巻一五、雑著「創辦上海匯報章程」)。『匯報』の「章程」は「総理」となる者の条件として「品行方正にして中外の情形を熟識している」ことをあげていたので、当時、鄺其照がすでに上海在住の広東人の中で国内と国外の双方の事情に通じた人物の一人と見なされていたことがわかる。一八七四年九月、鄺其照は祁兆熙とともに第三次留学生団を引率してアメリカに向けて上海から旅立つが、これが彼にとって最初の訪米であった。その時に彼が保持していた官職名は「参軍」である。ついで一八七五年一〇月には第四次留学生団の「護送委員」となって再度アメリカに行くが、引率の任務を果たした後にはそのままハートフォードの「出洋局」に留まってそこの翻訳官として勤務することとなった。ハートフォード在勤中の一八七六年八月には「官学生」を引率してフィラデルフィアで開かれていたアメリカ建国百周年記念の万国博覧会を視察している。一八八一年七月に中国に戻り、八〇年代中葉より両広総督衙門の翻訳官に起用され、当時の総督張之洞の信頼を得ている。八〇年代にアメリカで中国人労働者(「華工」)の入国を制限・禁止する動きが強化されると、鄺其照は両広総督衙門の翻訳官としての地位を保持したまま、一八八六年に広州で広東省最初の華字新聞『広報』を創刊した。彼はこの『広報』において、アメリカ政府が行おうとしていた中国人労働者の入国禁止の措置に強く反対する論説を連載する。一八八八年三月、当時の中国の駐米公使張蔭桓(広東出身)がアメリカ政府との間で中国人労働者のアメリカへの渡航を禁じた新条約(「限禁華工条約」)に調印すると、鄺其照は引き続き『広報』を通じて新条約の批准に反対するキャンペーンを繰り広げる。この時、両広総督張之洞と北洋通商大臣李鴻章はいずれも新条約に反対する態度を表明したため、清朝政府も最終的にはこの条約を批准せず、他方アメリカでも新条約の内容は中国人の入国阻止に有効ではないとする反対論が連邦議会内部で有力となりその批准を否決したため、中国人労働者の移住(移民)を禁止する条約の締結は一八九四年まで持ち越されることとなる。一八八八年、新条約の早期批准が在米華人保護に不可欠と見なす駐米公使張蔭桓は『広報』を武器として新条約への反対を叫び続ける鄺其照を、「苦力貿易」で巨利を得ている香港やサンフランシスコのブローカーの代弁人と断じ、彼の行動を背後から支えていた両広総督張之洞に対しても非難の言葉を浴びせた（『清季外交史料』巻七九「使美張蔭桓奏美約中輟請設法補救並述前使草約及美国新約摺」）。

その後の鄺其照の活動については、一八九一年に彼の発行する新聞『広報』が両広総督李瀚章から発行禁止の厳命を受けたため広州の外国人居留地沙面にその本拠を移しその名を『中西日報』と改名したこと、『中西日報』が義和団事件の際に発行禁止の処分を受けたため『越嶠新聞』と改名したこと、ならびにこの新聞がその後まもなく廃刊となつたことなどしかわかっていない。一八九一年以後の鄺其照の行動については、一九〇五年の対米ボイコット運動とも関連することであるので、引き続き調査する必要があろう。なお、E. J. M. Rhoads は、その著書 *China's Republican Revolution*, Harvard University Press, Cambridge, Massachusetts, 1975 で鄺其照を「アメリカから帰国した学生」と説明しているが、これは彼がハートフォードの清朝の出先期間「出洋局」で翻訳官として勤務していたことを誤って理解したものであろう。

(24) 註(11)に同じ。

(25)『申報』同治一三年七月一三日「出洋童子謁中西各憲」。

(26)『申報』同治一一年七月四日「西学生謁見美領事及道憲」、『申報』同治一二年五月八日「出洋官生謁別中外官憲」。

(27) 中国では当時この会社を「万昌輪船公司」と呼んでいた。太平洋郵船の香港・横浜・サンフランシスコ間の航路は一八六七年一月に開設され、香港から大型の木造外輪船（一八七二年以降には五〇〇〇トン級の鉄製スクリュー船も導入された）で多数の広東の貧民をサンフランシスコに輸送した。太平洋郵船の定期船でサンフランシスコに渡った広東の貧民は、周知のようにアメリカの西部で鉄道建設や鉱山採掘などに従事して故郷に多額の送金をする出稼ぎ労働者となった。また、一八六七年六月から、同社は香港・サンフランシスコ航路の支線として、上海・横浜間の航路を開設していた。一八七二〜一八七五年に上海からアメリカに向かった中国の留学生団も太平洋郵船のこの二つの航路の定期船を利用して横浜経由でサンフランシスコに赴いていた。なお太平洋郵船の沿革とその盛衰については小風秀雅『帝国主義下の日本海運』山川出版社、一九九五年、近藤美作「Pacific Mail Steamship の航跡」（『海外海事研究』一四五、一九八八年）などを参照。

(28)「官学生」をいう。以後、祁兆熙に日記の表記法に従い、「諸生」とする。

(29) 祁兆熙『游美洲日記』同治一三年八月九日。
(30) 同上　同治一三年八月一〇日。
(31) 同上　同治一三年八月一一日。
(32) 同上　同治一三年八月一二日。
(33) 祁兆熙は長崎への上陸を許さなかった理由については日記には何も記していない。しかし、筆者が本文で記したことの他に、当時日本の「台湾出兵」により、日清両国の軍隊が台湾で対峙しているなど、両国間の関係が険悪であったことがその理由の一つとなっていたと思われる。アメリカへの船による旅の途上においてとはいえ、船が敵国同然の日本の港長崎に寄港する際に、祁兆熙がそこへの上陸を見合わせたのは、清朝政府の「官員」としての彼の立場からすれば、極めて自然のことであったと思われる。
(34) 鄺其照は翌一八七五年一〇月に第四次留学生団を引率してアメリカに赴く際に、「官学生」をひきつれて長崎に上陸した。その時、「泗合盛」の店主が鄺其照の一行全員を夕食に招待してもてなしている事実（『申報』光緒元年一〇月九日「出洋官生安抵東洋」）から鄺其照と「泗合盛」の店主とはかねてから親密の間柄にあったと判断してこのように推定した。
(35) 祁兆熙『游美洲日記』同治一三年八月一三日。
(36) 同上　同治一三年八月一四日。
(37) 同上　同治一三年八月一五日。
(38) 祁兆熙『出洋見聞瑣述』、同『游美洲日記』同治一三年八月一六日。
(39) 伊藤泉美「横浜における中国人商業会議所の設立をめぐって」（横浜開港資料館編『横浜と上海』一九九五年、所収）によれば、梁縉堂は広東省新安県出身。一八七二年にマリア・ルス号事件が起こった時には、横浜中華会館の五名の董事の一人となっていた。
(40) 祁兆熙『游美洲日記』同治一三年八月一七日。
(41) 梁縉堂の家が居留地の七一番地にあったことは『游美洲日記』同治一三年一一月二三日に明記されている。

(42)「同善堂」は一八六七年頃に建設された。横浜開港資料館編（伊藤泉美執筆）『開港から震災まで――横浜中華街――』（一九九四年刊）の五三頁には「同善堂」についての説明と一八七一年撮影の写真が収められている。
(43)『開港から震災まで』五七頁。
(44)同上書四一頁によれば、張熙堂は一八六七年に設立された横浜の中華会館（はじめ「清国人集会所」と日本の文献に記されていた）の設立時以来の董事であった。
(45)祁兆熙『游美洲日記』同治一三年八月一五日。
(46)同上　同治一三年八月一八日。
(47)同上　同治一三年八月一九日。
(48)同上　同治一三年八月一九日。
(49)祁兆熙『游美洲日記』同治一三年八月日二〇日。
(50)同上　同治一三年八月二一日。
(51)同上　同治一三年八月二二日。
(52)同上　同治一三年八月二三日。
(53)同上　同治一三年八月二四日。
(54)同上　同治一三年八月二五日。
(55)『三訓合刊』のうち一訓が『聖諭広訓』であることは容易に推定できるが他の二訓がいかなるものであるかはわからない。後考に俟ちたい。
(56)祁兆熙『游美洲日記』同治一三年八月二六日。
(57)正しくは『太上感応篇』という。中国の民衆道教の経典ともいうべき書。平易な言葉で人々が守るべき道徳や行うべき道を説く。太上老君（老子の化身）の啓示とされるが実際には南宋の李石の作と推定されている。
(58)祁兆熙『游美洲日記』同治一三年八月二七日。

(59) 同上　同治一三年八月二八日。
(60) 同上　同治一三年八月二九日。
(61) 同上　同治一三年九月一日。
(62) 同上　同治一三年九月二日。
(63) 祁兆熙は日本号は四五〇〇トンとしているが、正しくは四九〇〇トンであった。なお日本号は太平洋郵船がこの時期に太平洋航路で就航させていた外輪船でアメリカ号に次ぐ大型船であったが、この年（一八七四年）の一二月一七日に潮州近海で火災を起こし死者一〇〇余名を出すという非運に見舞われる（『申報』同治一三年一一月一三日）。
(64) 祁兆熙『游美洲日記』同治一三年九月三日。
(65)(66) 祁兆熙『出洋見聞瑣述』。
(67) 祁兆熙『游美洲日記』同治一三年九月四日。
(68) 同上　同治一三年九月五日。
(69) 同上　同治一三年九月六日。
(70) 同上　同治一三年九月七日。
(71) 同上　同治一三年九月八日。
(72) 同上　同治一三年九月九日。
(73) 同上　同治一三年九月一〇日。
(74) 同上　同治一三年九月一一日。
(75) 同上　同治一三年九月一二日。
(76)(77) 同上　同治一三年九月一三日。
(78) 同上　同治一三年九月一四日。
(79) バーリンゲームが志剛、孫家穀らとともに中国の「欽差大臣」として欧米諸国を歴訪した、いわゆるバーリンゲーム使節団についての研究のうち主要なものを、以下に列記する。

a　Frederick Wells Williams, *Anson Burlingame and the First Chinese Mission to Foreign Powers*, New York, Russel and Russel, 1912.
b　卿汝楫『美国侵華史』第二巻、人民出版社、一九五六年。
c　Immanuel C. Hsu, *China's Entrance into the Family of Nations: the Diplomatic Phase 1858–1880*, Cambridge, Mass. Harvard University Press, 1960.
d　山本幹雄『アメリカ帝国主義の形成』ミネルヴァ書房、一九七七年。
e　鍾叔河「志剛初使泰西」（『走向世界――近代知識分子考察西方的歴史――』中華書局、一九八五年、所収）。
f　王立誠「蒲安臣使団与中国近代使節制度的発端」（『档案与歴史』（滬）一九九〇年一期）。
g　王賓「「中華」の国から「夷狄」の国へ――近代中日両国の初めての遣外使節団の西洋見聞――」（『大阪大学日本学報』九、一九九〇年）。
h　拓暁堂「由洋人帯隊的第一個外交使団之出訪」（『中国近代外交内幕』書目文献出版社、一九九三年、所収）。
i　阪本英樹『月を曳く船方――清末中国人の米欧回覧――』成文堂、二〇〇〇年。

aとcはアメリカにおける古典的な研究であり、bとdは米中関係が険悪であった冷戦期の時代的な制約のもとで生み出された研究成果である。e、f、hは二〇世紀の八〇年代以降のポスト冷戦期に登場した新しい研究の代表的なものであり、この使節団派遣に踏み切った当時の清朝内部の開明派（洋務派）とバーリンゲームの果たした役割を肯定的に評価する。gはこの使節団を日本が幕末に派遣した万延元年の遣米使節団と、iは日本の明治政府が派遣した岩倉使節団と、それぞれ比較・考察した興味深い研究である。比較文化的観点から中国の使節団の特質を解明しようとした試みはこれからの研究の主流となろう。

(80)　本書第四章「李圭の訪米と在米華人」、内田直作「三藩市唐人街の社会構造（一）～（六）」（『経済研究（成城大学）』二〇～二六、一九六四～一九六八年）、油井大三郎「一九世紀後半のサンフランシスコ社会と中国人排斥運動」（同編『世紀末転換期の世界――帝国主義支配の重層構造――』未来社、一九九〇年所収）、貴堂嘉之「一九世紀後半期の米国における排華運動――広東とサンフランシスコの地方社会――」(『地域文化研究(東京大学)』四、一九九三年)他を参照。
(81) 祁兆熙『游美洲日記』同治一三年九月一五日。
(82)「諸生」一五人ずつで二組、祁兆熙と鄺其照とで一組、祁兆熙と祁兆熊とで一組、祁兆熙と祁祖彝とで一組、孫雲江と祁兆熊とで一組、合計六セットであった。
(83) この人物のカリフォルニア州知事在任期間は一八七一年一二月八日から一八七五年二月二七日までであった。
(84) この人物は前国務長官 W. H. Seward の子である。一八七六年には中国駐在公使に昇任し一八八〇年までその任にあった。
(85) 祁兆熙『游美洲日記』同治一三年九月一六日。
(86) 同上 同治一三年九月一七日。
(87) その名前は祁兆熙の日記には記されていない。
(88) 一八七六年六月にサンフランシスコを訪れた李圭もこの人物を表敬訪問し、彼から在米華人保護のために領事館をサンフランシスコに設置するよう勧告されている。
(89) 祁兆熙『游美洲日記』同治一三年九月一八日。
(90) この部分はこれまで不明とされていた陳蘭彬の最初の帰国の年月を確定する上で有益な史料となる。またこの部分の記述は、陳蘭彬が一八七八年に初代駐米公使としてアメリカに赴任する際に書き記した日記『使美紀略』の光緒四年六月一八日~二九日の項にある次の一文とも完全に一致している。

憶甲戌(一八七四年)回華、路経此間(サンフランシスコの意)、停轄数日。曾不料転瞬変局至於此極也。

(91) 祁兆熙『游美洲日記』同治一三年九月一九日。
(92) 祁兆熙がこの日食事のための停車時に下車したか否かについては、『游美洲日記』には明示されていない。しかし、この日の日記には実際にその場に居合わせなければ書けないような記述があるので、この日のみは祁兆熙も列車の停車時に駅付近の食堂に赴いて食事をしたと判断して叙述した。
(93) 祁兆熙『游美洲日記』同治一三年九月二〇日。

(94)　同上　同治一三年九月二一日。
(95)　同上　同治一三年九月二二日。
(96)　セルメンの海抜は久米邦武編『米欧回覧実記』(一)(岩波文庫、一九七七年)一五六頁には八二四〇フィートとある。
(97)(98)　シャイアン族については斉藤真他監修『アメリカを知る事典』(平凡社、一九八六年)等を参照。
(99)　祁兆熙『游美洲日記』同治一三年九月二三日。
(100)　久米邦武編前掲書、一六〇頁。
(101)　祁兆熙の日記はこの都市の名を明示していない。
(102)　祁兆熙はオマハとその対岸のカウンシル・ブラッフスで一行が乗り降りした回数を五度としている。どのような数え方をすれば五回になるかはわからないのでここでは四度として記述を進めた。
(103)　祁兆熙『游美洲日記』同治一三年九月二四日。
(104)　久米邦武編前掲書、一七二頁には、一八七〇年の人口は二九万八九八七人とある。
(105)　祁兆熙『游美洲日記』同治一三年九月二五日。
(106)　江蘇省上海県出身。帰国後の経歴は不明。早年に死去したとされている。
(107)　浙江省銭塘県出身。帰国後、中国電報局に勤務している。
(108)　祁兆熙の日記には「四点半(四時半)に至るに及び、又過来之役来る。刻を限ること益(ますます)促(慌ただしい)。只十個米粒(一〇分)」とあるのみで駅名は記されていない。しかし、シカゴ出発後約二四時間で到達でき、しかもその翌日午前六時にスプリングフィールドに到着できる乗換駅であることがはっきり示されているのでこの最後の乗換駅はバッファローであったと推定した。
(109)　祁兆熙『游美洲日記』同治一三年九月二六日。
(110)　曾恒忠は少年の時にアメリカに渡り、ニュージャージー州のブルームフィールドに何年か居住し、ニューヨーク州のクリントンにあるハミルトンカレッジを卒業、帰国後には教育に従事していた人で、容閎と同じくクリスチャンであった(J. L.

Bown, "Yung and his work", Scribner's Magazine, 1875–5 及び百瀬弘訳『西学東漸記——容閎自伝——』解説（坂野正高執筆）をも参照）。曾恒忠が容閎と知り合ったのはいつのことであったかはわからないが、一八六〇年一一月に容閎が太平天国の都天京を訪問した際に、曾恒忠が二人のアメリカ人宣教師とともに容閎に同行していたことが容閎の自伝に明記されているので、両人の交友は遅くともこの時までに始まっていたことがわかる。曾恒忠の出身地と彼がはじめてアメリカから戻ったのちに「教育に従事していた」とされる場所がどこであるかはわからないが、一八六〇年に上海から太平天国の首都に赴いていたことから、彼がアメリカから帰国したのちに教育に従事していた所は上海であったことは推定できる（祁兆熙も同治一三年九月二七日の日記に曾恒忠が長年上海に居住していたと明記している）また曾恒忠は、一八七二年にアメリカに派遣される中国の留学生団の翻訳官に起用される際には「五品銜の監生」の地位を取得し「算学」に通じた人物であると見なされていた。この「算学云々」より曾恒忠が五〇年代以来容閎と親しい間柄にあった浙江省海寧県出身の数学者李善蘭とも近い人物であったと推定することができよう。容閎はその自伝の中で自分を数学者李善蘭に紹介してくれた人物としてデント商会の次席買辧曾学時（字は寄甫）についてかなり詳しく言及しているが、曾恒忠がこの広東出身の買辧曾学時と関係のある人物であった可能性もある。

次に曾恒忠に直接言及している漢文の史料を列挙しておく。

a　査有五品銜監生曾恒忠、究心算学、兼曉沿海各省土音、堪充繙訳事宜。
（『同治朝籌辧夷務始末』巻八五、同治一一年壬申正月丁未「挑選幼童及駐洋応辧事宜」）

b　森使（駐清公使森有礼）云〝在美国時、見得貴国容閎曾蘭生二人。極有学問。〟（李鴻章）答云〝容閎現派駐美国欽差大臣。〟森使云〝極好〟。答云〝曾蘭生現調回天津當委員。明年森大人過天津、可以訪他。〟森使云〝在美国見許多中国幼童均極聡明。〟答云〝是遣去外国習学的。聞他們尚肯読書。〟森使云〝這起人長大学成、将来辧外国事、是極好的。〟
（『李文忠公全集』「訳署函稿」巻四、日本使臣森有礼、署使鄭永寧来署晤談節略、光緒元年一二月二八日）

c　繙訳舒文標、黄泳清、殊為得人。但漢文欠深。曾恒忠洋語洋文甚熟。惟漢語漢文生疏。或謂其嗜利而闇於大体。在敝處（天津の北洋通商大臣の衙門の意—引用者）則謹慎也。

（『李文忠公全集』「朋僚函稿」巻一六、復郭筠僊星使、光緒二年八月二九日）

ａは曾国藩が曾恒忠を「出洋局」の「繙訳」に任ずるにふさわしい人物として清廷に推挙した際に記したものである。曾恒忠が「算学」に究心していたとされていたことはすでに述べたので、ここでは彼が通暁していたと見なされていた言語が「英語」ではなく「沿海各省の土語」とされていた点に注目しておく。ｂは駐米公使時代にアメリカで曾恒忠と知り合った日本の森有礼が一八七六年に駐清公使として赴任する際に天津で李鴻章に彼の近況を問うた時の李鴻章の返答を記したものである。曾恒忠が一八七五〜一八七六年にはアメリカから召還されて天津で李鴻章のもとで「委員」に任用されることになっていたことがわかる（この点についてはすでに坂野正高氏が『清季外交史料』に収められたｂとほぼ同一の史料によって百瀬弘訳の『西学東漸記』の解説の中で明らかにされている）。ｃは一八七六年に駐英公使に任じられた郭嵩燾が同行させる翻訳官の一人に曾恒忠を起用しようとしていたことと、李鴻章がそれに対して曾恒忠は漢文・漢語が未熟である〃利に嗜み、大体（大切なこと）に闇い（暗い）〃として曾恒忠の起用に反対していたことを示している。郭嵩燾は李鴻章の意見に従い曾恒忠をイギリスに同行させることを断念した。祁兆熙の日記は史料がこのようにひどく限られてその経歴や人柄を確認できない謎の人物曾恒忠がハートフォードの「出洋局」に勤務していた時期に留学生のホームステイを受け入れるアメリカ人教師団や「出洋局」をめぐるニューイングランドの地域社会の人々といかなる関係を築いていたかを知る上で欠かせない史料となる。

(111)　この人物の本名と経歴はいずれもわからない。

(112)　このホテルの名は祁兆熙の日記には明記されていない。ちなみに一八七二年六月二〇日にこの都市を訪れた日本の岩倉使節団はそこのマサソイトハウスというホテルで昼食をとっている。

(113)　この時、「出洋局」の「総辦」陳蘭彬はすでに見たように請假帰国の途上にあったのでこのホテルには来ていなかった。

(114)　祁兆熙『游美洲日記』同治一三年九月二七日。

(115)　石錦堂は一八七六年二月一八日（光緒二年一月二四日）に他の二名の留学生とともに途中帰国させられていた。理由は「水土不服」のためとされている（『申報』光緒二年一月二五日「出洋官生回滬」）。

(116) 祁兆熙『游美洲日記』同治一三年九月二八日。
(117) 黄開甲は広東省鎮平県出身。のちに外交官として活躍した。
(118) 祁兆熙『游美洲日記』同治一三年九月二五日。
(119) 中国の留学生をホームステイさせるアメリカの「紳民」は一八七二年にコネチカット州の教育長B. G. Northropが容閎らと協議して作成した以下のような指導準則（規條）に基づいて留学生を指導することとなっていた。

一　凡中国学生読書背書、及散息安歇、須有一定時刻。現視華生雖皆性聡品正、然在幼稺之年、當於慈愛之中、仍寓厳整之意。在該生等雖言聴句従、尤須自行勉励。厥有恒心、庶望為異日之能才。總之中国之人、勉除猶予、振換惰懶、崇尚倹勤、各華生如亦能彷效行之、将来不失為中華好男子也。
一　毎日所学各課、及各品行、均登記於簿、俾考其勤惰進益、査其近於何能、以資誘掖。華生中有不知自重、以致弗守学規懶惰偸安者、須告知華使。
一　華生将来学成回国、各受執掌。其於中国文字、尤須兼習勿棄。応於毎日間酌留四刻、以備専心温習漢書。先期漢教習予定三月功課、届時統由漢教習査対、庶中国文字、亦日有進益、腹笥必能潤広。
一　華生先須勉学忠孝、及愛戴国家。凡所肄我国之才芸、均須克尽心力、猛著祖鞭、勿遺人後。庶中国之人、咸受厥益。如能循循善誘、俾其念茲在茲、庶将来実效可収。
一　華生尤須令知保身之道、須令其時常浴沐。遇有天変、務必躱避風寒。若當出汗之後、更須加意謹慎、俾保無虞。
一　華生先須学習反切念書絵図写字、並練習英文単句。此皆現時功課。嗣後地理算学心学、以次而進。華使仍須時加考課。至該生寓居各處、時日之多寡、可徴其天資之敏鈍、学業之浅深。

（『中西聞見録』第九号　一八七三年四月（同治一二年三月）「各国近事」〝甘尼学政訥〟）

(120) 帰国後、中国電報局に勤務したとされている。
(121) 一八八一年に帰国したのち若年にて死去したとされている。
(122) 帰国後、中国電報局に勤務した。

(123) 帰国後、海軍の医官になったとされている。
(124) 「出洋局」は一八七五年一月にスプリングフィールドのコリンズ街にその庁舎を新築して移転する。コリンズ街の新庁舎は一八七四年に容閎らが清朝政府からアメリカ留学事業の永久的本部として建設することを認められたものであった。なお祁兆熙の日記には「出洋局」は「哈富公館」と表示されている。
(125) 祁兆熙『游美洲日記』同治一三年九月三〇日。
(126) 祁兆熙『游美洲日記』同治一三年一〇月一日。
(127) 江蘇省川沙庁出身。のちに実業家として活躍した。曹吉福の誤記と思われる。
(128) 祁兆熙『出洋見聞瑣述』。なお李鴻章はアメリカに派遣する留学生の何人かをウエストポイントの陸軍士官学校やアナポリスの海軍士官学校に入学させようとしていた。一八七〇年代後半に容閎を通じてなされた中国留学生の陸海軍士官学校への入学申請は、そのころアメリカの西部で高まっていた排華風潮の圧力のもとで国務省によって拒否されている。
(129) 祁兆熙『游美洲日記』同治一三年一〇月二日。
(130) 久米邦武編『米欧回覧実記』(一)(岩波文庫、一九七七年)三〇〇頁を参照。
(131) 日本の岩倉使節団も明治五年五月一五日にこの造兵廠を視察している。この造兵廠の小銃製造工場には当時「職人」が三〇〇人おり、一日一〇〇挺の小銃を生産していたと久米邦武は記している(『米欧回覧実記』(一)三〇〇〜三〇一頁)。
(132) 祁兆熙『游美洲日記』同治一三年一〇月三日。
(133) 江蘇省常州府出身。のちに天津と上海の電信局の局長になっている。
(134) 久米邦武はこの武器庫に保管されていた小銃は約九万挺であったと記している(『米欧回覧実記』(一)三〇一頁)。
(135) 祁兆熙『游美洲日記』同治一三年一〇月四日。
(136) 祁兆熙『游美洲日記』同治一三年一〇月五日。
(137) 同上。
(138) 果育堂の沿革とそれが行っていた社会事業については『同治上海県志』巻二「善堂」と馮桂芬の『顕志堂集』巻三「上海

果育堂記」などに詳しい記述がある。

(139)『申報』同治一三年一二月八日「寓美国近鎮華人来信」。

(140)祁兆熙『游美洲日記』同治一三年一〇月六日。

(141)祁兆熙『游美洲日記』同治一三年一〇月七日。

(142)祁兆熙『游美洲日記』同治一三年一〇月八日。

(143)祁兆熙は帰国時には一八七四年一一月二五日にサンフランシスコに到着し、同年一二月二日に太平洋郵船の汽船に乗って日本の横浜に向けてサンフランシスコを離れた。一八七五年一月一日に横浜に到着、同日そこで太平洋郵船の上海行きの汽船に乗り換えて横浜を後にした。神戸には翌一月二日に、長崎には一月四日に到着している。彼が上海に無事に帰着したのはすでに述べたように一八七五年一月八日のことであった。その間、祁兆熙はサンフランシスコではそこの華僑・華人の指導者たちと再会し、太平洋を横断する船の旅の途上でクリスマスを迎え、日本の横浜と神戸、長崎ではそれぞれの地の華僑・華人に案内され日本の正月の風景を見物している。

第三章　祁兆熙の『出洋見聞瑣述』

――官費アメリカ留学生引率官復命書の研究――

はじめに

一八七二年から一八八一年にかけて清朝政府がアメリカに派遣していた中国最初の官費留学生は、アメリカの学校やホームステイ先でアメリカの学生とともに欧米の先進的な学術（「西学」）を学ぶばかりでなく、中国から派遣された清朝政府の官員や教官の指導下で中国の伝統的な学問（「中学」「漢学」「中文」）をも引き続き学習することとなっていた。[1]アメリカに派遣された中国の留学生がそこでもっぱら「西学」を学ぶのではなく、同時に当時の中国で正当とされていた伝統的な学問（「中学」）をも学ばなければならないこととなっていたのである。このため、研究者はこの時期にアメリカのハートフォードやスプリングフィールドで清朝政府の官員の指導と保護の下に特異な留学生活を送った中国の学生集団とその監督者たちを「中国（早期）教育使節団」（Chinese Educational Mission）と呼んで、その後の中国政府派遣の留学生団とははっきりと区別してとらえてきた。[2]

筆者は前章において、こうした一九世紀七〇～八〇年代の清朝政府によるアメリカ留学生派遣事業の具体像をより鮮明にする作業を行った。一八七四年に清朝政府の留学生団の第三陣（「第三批」）を引率して上海からスプリングフィールドやハートフォードに赴いた清朝政府の引率官（「護送委員」）祁兆熙の旅行記『游美洲日記』の内容を詳しく紹介した研究[3]がそれである。本章では前章を引き継いで、新たに『出洋見聞瑣述』という祁兆熙の小篇の著作[4]を検討する。『出洋見聞瑣述』は祁兆熙が留学生団の引率官としての任務を全うして上海に戻った直後に書き著した「訪米復命書」というべきものである。この書には祁兆熙が誰に提出する目的でこれを書き記したかについては何も説明されていないが、彼が留学生団の第三陣の引率官となったのがそのころこの事業の事実上の統轄者となっていた北洋大臣李鴻章の指示によるものであったことがそこに明記されているので、これは李鴻章への復命書として執筆されたものであると思われる。以下、祁兆熙の『出洋見聞瑣述』の全文を読み解き、祁兆熙がアメリカへの旅の途上で見聞を広げ、またアメリカで留学事業の実情を知る毎に何を思い、いかなることに思いを巡らしていたかを、明らかにしていくこととする。

一　留学生派遣事業――問題点についての考察――

『出洋見聞瑣述』において祁兆熙が取り上げた『洋務』に関する問題は多岐にわたるが、彼がそこで特別に情熱を傾けて論じていたのは、清朝政府による留学生派遣事業に関することであった。彼は『游美洲日記』においては当時の清朝政府が推進していた留学生派遣事業の矛盾や問題点を指摘することを慎重に避けていたが[5]、ここでは一転してそれを冒頭から大胆かつ率直に論じている。

では祁兆熙は当時清朝政府が行っていた留学生派遣事業をいかにとらえ、それにいかなる問題があると見なしていたのであろうか。『出洋見聞瑣述』の冒頭の一節はこの点を確認する上で極めて有益である。

甲戌秋八月[6]、兆熙、檄を奉じ第三批幼童（留学生団の第三陣）を護送して出洋せしは、（幼童をして）各技を学習させ、兼ねて風土を悉（し）らしめ、以て学術の精到するを俟（ま）ち、将来各口（海口）派委の用と為さしめんがためなり。惟（ただ）念うに、我朝の版図は式廓、星羅棋布するは十有八省。而（しか）も泰西に属する者の十有三国[7]、既に互市に与（あずか）れり。即ち海口に在らざるも、亦道を通じて往来するを得たり。若（もし）各省に分布するを須（ま）つとすれば、統べて之を計るに、人材尚其の少なきを覚える。即ち広く訓練を為さしむるとするも、亦十年の久しきを須ちて（はじめて）成效を収めるを得ん。現（いま）泰西に赴きし者は、唯（ただ）美国（アメリカ合衆国）に一百二十人有るのみ。（他の）各国は則ち無きなり。

ここには清朝政府の留学生派遣事業に対する祁兆熙の見方が示されている。当時清朝政府内部の守旧派官僚は清朝政府が海外に留学生を派遣することに対して強く反発していた。彼らは清朝の開明派が推進する留学生派遣事業を、中国が「喬木を下りて幽谷に移り」（自らを貶める意）凶暴な「西夷に師法（師事）」する愚劣な政策と見てそれに強く反対していたが、祁兆熙はこのような守旧派の見解には同調せず、留学生派遣事業の必要性をはっきりと自覚してそれを積極的に推進しようとする立場に立っていたことが、ここから確認することができる。この他にここには注目すべき論点が三つある。

第一は留学生派遣事業推進の意図と目的に関することである。祁兆熙はここで「泰西」への留学生（「幼童」）の派遣は「（泰西）の各技を学習させ、兼ねて風土をも悉らしめ」るために為されたものであると記していた。「泰西」の「各技」と「風土」とに精通した「人材」を育成するのが中国の朝廷（清廷）が「泰西」に留学生を派遣する直接の目的であると見なしていたのである。ここでいう「各技」とはかつて魏源が「夷の長技」と表現した「泰西」の科学技術であり、西洋近代のテクノロジーそのものであることはいうまでもない。次の「風土」とは単に地形や自然の在り様を指すものではない。これはすでに一九世紀の五〇年代末から六〇年代初頭に郭嵩燾や恭親王、李鴻章などが把握の必要性を力説していた「夷情」とか「各国之性情」と同一の意味を持つものであり、文字・言語を含む「文化」や「泰西」の「国情」を言うものであろう。祁兆熙が留学生派遣事業の狙いの一つをこの「泰西」の「風土」に精通した「人材」を確保することに求めていたことは、アロー戦争当時の郭嵩燾ら[8]の見解を継承したものであり、孫子の兵法を念頭において中国の脅威となっている「泰西」の内情を把握し「泰西」への備えを固めようとするのが「泰西」への留学生派遣を支持した祁兆熙の基本的な目的の一つとなっていたのである。

第二は、当時の清朝の留学生派遣事業はなおその本来の目的に見合った内容のものとはなっていないと見なしていたことである。祁兆熙は、「版図」が広大で、すでに「泰西」の一三もの国家に対して「海口」（通商港）における「互市」（通商・貿易）を認め、しかもこれらの諸国に内地旅行（内地通商）権を許容している中国には、これらの各国の動きに備えるために、「泰西」の多くの国家に留学生を派遣してそれぞれの国家のすぐれた技術や言語、文字、文化、国情、制度などに通じた「人材」を養成しておくことが不可欠であるのに、清朝政府が留学生派遣事業をわずかにアメリカ一国に対してのみ行うに止めているのは問題であると見なしていた。彼は、「泰西」の多数の国家と条約を結び本格的に通商するようになるに伴って、中国が必要とする「洋務」の「人材」はますます多くなっている上に、「洋務」を担える「人材」を育成するには一〇年もの長い歳月を必要とすると見て、清朝政府がその留学生派遣事業を積極的に拡充して「洋務」の「人材」を育成することに本腰を入れて取り組まなければならないと主張していた。「泰西」の主要な国家に対しても留学生を派遣しなければならないとするこの祁兆熙の主張は、中国に進出している欧米勢力がすでに十数国に達していた当時の状況に見合ったものであるばかりでなく、清朝政府もそれらの諸国に公使など常駐の外交使節を派遣しなければならないように条約で規定されていることをも意識してなされていたものであると思われる。

では祁兆熙は、当時清朝政府がただ一つ一二〇名もの留学生を送っていたアメリカへの留学生派遣事業をどのように評価し、それにどのような矛盾、どのような問題があると見なしていたのであろうか。

すでに前章において論じたように、清朝政府が一八七二年からアメリカに派遣した中国最初の官費留学生（「官学生」）はアメリカ東部のニューイングランドで一五年間の留学生活を送ることになっていた。彼らはマサチューセッツ州のスプリングフィールドに到着すると、容閎を中心とする清朝政府の出先機関（ハートフォードの「出洋局」）のスタッフがあらかじめ定めていた計画に従って、当初の数年間は、二人もしくは四人ずつアメリカ人教師宅に預けられ、その家庭で英語を学び、そこから最寄りの学校に通うこととなっていた。祁兆熙は、留学生団の第三陣を引率して渡米した時に、留学生がホームステイするスプリングフィールドやハートフォードのアメリカ人の教師宅や、留学生が通学するハートフォード近郊の学校を実際に訪問して、留学生の指導に当たるアメリカ人教師の姿勢が真摯なものであり、その指導法も極めて合理的であると見ていたから、アメリカにおける留学生の「西学」の学習には特に大きな問題点はないと判定していた。

> 三批（留学生団の第三陣）の護送（引率官）として前往し頭二批（第一陣と第二陣）の諸生（留学生）の西学の工課（学習）が果たして能く日新月盛なるを見たり。兆熙、美国に至り、五六処の幼童（留学生）の塾中（学校）において各塾師（アメリカ人教師）、倶に課徒の工程（留学生に課す教育課程）の益（ますます）進むを以て栄（栄誉）と為すを察看せり。

以上の引用史料は祁兆熙が『出洋見聞瑣述』に記していた留学生のアメリカでの「西学」学習についての総括的な評価である。留学生に対するアメリカ人教師の指導は十分に信頼でき、アメリカ人教師の努力によって留学生の「西学』の学習はめざましい成果をあげている、と祁兆熙が見なしていたことが、ここからはっきりと確認することができよう。

しかし、祁兆熙は、中国最初のアメリカ留学生（「赴美官学生」）が留学地で「西学」と並行して学ぶことを義務づけられていた中国の伝統的な学問（「中学」「漢学」「中文」）の部門においては、大きな問題があると見ていた。アメリカ留学生が「西学」（「用」）のみでなく中国の正統的な学問「中学」（「体」）をも兼備した「洋務」の「人材」となることを期して行われていた、留学地での「中学」教育に重大な問題があると見なしていたのである。

而れども其の中国文芸を課するにおいては、班（グループ）に臨みて調転すれば、三個月を俟つを須むるの外に、調して哈富公館（ハートフォードの「出洋局」）に往かしむるも、中教習が読を課するは半月のみなり。深く恐る、（学生の）中国文芸、一暴十寒（三日坊主で身につかないの意）となるを。之に〝心思、以て両用し難し〟を兼ねしむるを。

これは祁兆熙が『出洋見聞瑣述』においてはじめて明確に指摘していた、アメリカ留学生の留学地における中国の伝統的な学問の学習状況である。「西学」学習のための便宜を最優先させて中国の伝統的な学問にはまだ習熟していない満年齢が一二歳から一六歳までの少年の中から留学生を選抜し、留学生には彼らの欠落している当時の中国の正統的な学問を留学地においても「西学」と同時に学習させる、という中国最初の留学生派遣事業が、いかに根本的な矛盾を抱えていたかが、ここに引用した祁兆熙の指摘から読み取ることができよう。上記の引用史料にある「中国文芸」とは「西学」に対するものとされていた中国の伝統的な学問、すなわち「中学」「漢学」「中文」を言い、『班に臨みて調転する」とは、アメリカ留学事業を監督するためにハートフォードに設置されていた清朝政府の出先機関「出洋局」が、留学生に「中学」の教育を行うために、彼らを一五人ずつ班に分けて班単位で召集していたことを言う。「三個月を俟つを須むる」とは「出洋局」による「中学」教育のための留学生の召喚が各グープに対しては三カ月に一度（一年に四回、日数では八週間）しか行われていないことを言い、「中教習」とは「中文教授」「漢学教授」とも呼ばれ、「出洋局」に常駐してそこで終年、留学生に「中学」の教育を行っていた中国人の教官のことを言う。彼らは、当時の中国の官学（府州県学など）の教官と同様に、留学生に対して「読書」、「講解」、「写字」、「作論」などの指導を厳格に行っていた。

祁兆熙は、清朝当局が「出洋局」において中国の留学生に対して行わせていた留学地での「中学」教育が、施設と教官などの制約により、個々の留学生には三カ月に一度（その期間の二週間）しか行えないようになっていることを重く見た。彼は留学生に対する「中学」の教育が、個々の留学生から見れば、一年に四度もの長期の中断を伴いながら全く断続的にしか行えないようになっている事実を重大視し、このようなシステムの下では留学生の「中文」学習は成果をあげることはできないと断定した。彼は留学生の「中文」学習に期待できない別の有力な要因として「心思、以て両用し難き」ことを上げているが、これは、留学生が三カ月に一度、ハートフォードの「出洋局」での「中文」教育受講のために二週間（通年では八週間）もの長期にわたってその「西学」の学習（アメリカの学校への通学）を中断させなければならないということの不合理と学習上の損失の大きさをも言外に表明したものと思われる。

祁兆熙がアメリカで確認した留学生の学習状況は以上のようなものであった。「西学」での学習成果が顕著なのに反して「中学」の学習の成果が「一暴十寒」といえるほどの惨憺たるものであるために、アメリカ留学事業は多くの矛盾を抱え、「洋務」のための有為な「人材」を育成するという清朝当局の期待に応えることが見込めない、というのが祁兆熙がここで提出した結論であった。(9) アメリカ留学事業についての考察を終えるに当たって、祁兆熙は、その事業の根本的な問題点がいずれにあるかを以下のように論じていた。

其の外国に赴きし後に再び中国の書を課すは、何ぞ已に中国の文芸に通ぜし者を選びて（外国に）前（すす）み往かしめ、（西学を）専習せしむるに如かん耶。

中国の伝統的な学問に習熟していない「幼童」（科挙の予備試験「童試」に合格して「生員」の資格を取得するには至っていない「童生」）のなかから留学生を選抜し、留学地においても留学生に「西学」とともに「中学」をも学習させなければならないという点に、当時清朝政府が行っていたアメリカ留学生派遣事業の最大の問題点があることを、祁兆熙はここではじめて鋭く指摘したのであった。留学生は中国の伝統的な学問に精通した人物のなかから選抜し、留学地においては彼らに「西学」のみを集中的に学習させるのが中国の朝廷による留学事業の成果を最大にする道であると、祁兆熙は提言していたのである。

二　留学生派遣事業――改革の構想の提起――

清朝政府が「洋務」のための「人材」の育成を期して行っていたアメリカ留学生派遣事業に重大な問題点があることを確認した祁兆熙は、帰国後、アメリカ留学生派遣事業への反省を踏まえて、中国の朝廷（清廷）が留学生派遣事業によって、よりすぐれた「人材」を確保することのできる方策を真剣に模索した。『出洋見聞瑣述』の冒頭の一節は、このような祁兆熙の苦闘と思索の結晶であり、そこには清朝の留学生派遣事業に対する祁兆熙のユニークな改革のプランが提示されている。以下、一九世紀七〇年代の清朝政府の留学生派遣事業に対する祁兆熙の改革案がいかなる内容のものであったかを史料に即して紹介し、その性格と特質を明らかにすることとしたい。

ところで、祁兆熙が『出洋見聞瑣述』において清朝の留学事業に対する改革案を提起していた冒頭の一節は約千数百華字からなる。その主要な部分を書き下し文にしてここに引用しておこう。

竊かに謂えらく、京師に既に同文館を立つれば、各省の学政に請いて歳科の両試の時に、十五歳以内の幼童のうち文理明通にして性情の端謹なる者を擇び、毎省の進額内に於いて正と備（補欠）の（あわせて）二十人を挑取せしめんと擬す。（かくすれば）設（かりに）（その）一半の去（ゆ）くを願わざる者有るとするも、亦（各省で）十人を得る可し。学政の任満つれば、即（ただちに）随帯して入京せしめ、（彼らを）同文館に送交して専ら西学を習わす。（同文館において）之（彼ら）に課するの程は、先には上半日（午前）に官話を教習させ、下半日（午後）には西人の字母（ここでは言語の意、正しくはアルファベットのことをいう）を学ばせ、晩飯後には仍（なおも）其の挙業（科挙の第一階をパスした挙人として第二段階の試験に備えて行う学習）を自理さす。是の如くさせて半載（を過ごさせれば）、（同文館に送られた各省の幼童は）各省の風土と人情に彼此（互いに）明白となり、現在の（アメリカ留学生が）動もすれば（互いに）隔膜多く含糊（〝あいまいに〟又は〝いいかげんに〟の意）答応するが如きを致さざらん。抑（そもそも）且つ人々相識（し）りて（はじめて）以て互いに相観摩（互いに見習う）す可し。（泰西のある国家に）毎省一人を派すとすれば、（その国に派遣される中国の幼童は）合わせて十八人と成る。再び（さらに）（それらに）満州（満族）の子弟二人を添えれば、共（合計すると）二十人を計（かぞえ）ん。（この二十人は）泰西の一国に同往さす。（同文館に送られた合わせて）二百人（の幼童）は（これを）（泰西の）十国に分駐さすれば、（現在のアメリカ留学生の間に見られるが如き）〝多を以て少を欺くの弊〟は毫も無からん。（これらの幼童は）彼（泰西）の何れの国に到るも、即ち駐京の西人及び各海関（中国の通商港の税関（洋関）に勤務する西洋人の税務司などの職員）、（中国の通商港に駐在する欧米諸国の）領事等の假（休暇）を告げて回国（帰国）する者に託し泰西に帯往させて学習させる。（その後）六年を限として華に回らせ、（帰国した各幼童の才能と学識をきびしく）甄別（選別）して挙人として一体（一律）に会試（に応じ）させる。其の時には（いずれの幼童も）年、方（まさ）に弱冠（二〇歳の意）となれば、假（休暇）を給えて姻（婚姻）を完うさせる。里（郷里）に旋らすこと年半（一年半）となす。假満つれば京に回らせ、総理衙門に集めて擅長の技（得意とする技）を較比さす。（その後）京に留めさせて（総理衙門などより）（これらの幼童を）察看すること四個月にして分道揚鑣させ（各々に自分が得意とする学術を習得する道を歩ませるの意）、再び泰西に至らせること五年、以て精進することを求む。然る後に材（各々の才能）に因りて（朝廷が）（それぞれの才識にふさわしい部署に）調用すれば、效を収めること較（より）広からん。

省略が多く説明が不十分なためかなり難解な史料ではあるが、注意深く読み進めれば、ここで祁兆熙が提起していた改革のプランが、あくまでも中国の伝統的な官吏登用と人材育成（教育）のシステムを基礎としたものであったことが明らかとなろう。この点をより明確にするために、史料に登場する一般性のない語句に若干の説明を加えておこう。

「同文館」とは一八六二年に清朝政府が首都北京に設立した国立の外国語学校である。[10]「漢語」を「華夏の正音」と見なしてきた王朝時代の中国において、イギリス、フランス、ロシアなどの「西夷」の言語を教える外国語学校が朝廷の命によって設立されたことは、恭親王を中心とする清朝宮廷内の開明派が、一九世紀の六〇年代には、清朝政府の外交においてばかりでなく、内政面でも影響力を増大させていたことを示すものであった。次の「各省の学政」はこの史料のキーワードといってもよい重要な用語である。これは「各省」（「省」とは明清時代の中国の最も重要な地方統治機関をいう）の教育行政を統轄する定員一名の官をいう。「学政」は管轄地の「官学」（官設の学校の意。府州県学などをいう）の入学志願者（「童生」）に対して行われる選抜試験（「童試」）の最終段階の試験（「院試」）の主催者となるばかりでなく、三年間の在任中に管轄地の「官学」を巡回してそのすべての学生（「生員」）が「童試」の合格者にふさわしい学識と人格とを具備しているか否かを考査することをその主要な任務としていた。[11]「歳科の両試」とは、このような各省の「学政」が行う二つの重要な試験、すなわち「歳考」と「科考」のことをいう。「歳考」とは「学政」が管轄地に着任した際にその地のすべての「官学」の学生に課す「生員」資格確認と優秀者選抜のための試験であり、「科考」とは「学政」が管轄地の「官学」の学生のうち「郷試」（科挙の第一段階の試験。三年に一度各省の省都で行われる）に志願しようとする者に対して課す予備試験をいう。[12]「郷試」の志願者はこれに及第しなければ「郷試」に応ずることは許されなかった。「幼童」とはアメリカ留学生派遣事業では単に選抜試験に合格してアメリカに留学した一二歳から一六歳までの少年のことを指していたが、ここでは「院試」に合格して「生員」の身分と資格を取得した者のうち年齢が一五歳までの者を指している。アメリカ留学生となった「幼童」がアメリカ留学事業を推進するために臨時に開設された国家機関（「総理幼童出洋滬局」）を通じて主に東南沿海各省出身の「童生」（「童試」に及第していない者）中の年少者から選抜されていたのに対して、[13]ここにいう「幼童」は、年少者である点では同じであっても、各省の教育行政を統轄し科挙の予備試験に深く関与する「学政」を通じて「生員」の身分と資格を有する者のなかから選抜するように定められていた点で、決定的に異なっていた。「毎省の進額」とは三年に一度各省の省都で行われる「院試」で及第し「生員」の資格と身分を与えられる者の法定数をいう。「院試」にパスして新たに「生員」となる者の数はそれぞれの省の人口や面積に比例しておらず、各々の文化程度などに応じて歴史的に定められており、各省が同数であったわけではない。「官話」とは明清時代の中国の広域的な共通語である。これは「書き言葉」としての「文言」とともに科挙の受験者に必須とされていた「話し言葉」である。「北京官話」とも呼ばれ、中華民国時代の「国語」や中華人民共和国の「普通話」の原型となった北中国の「話し言葉」であり、欧米諸国では「マンダリン」と呼ばれていた。[14]祁兆熙は、「童試」に合格していてもまだ「郷試」の受験資格を得るには至っていない年少の「生員」には、官界の一員となる上で不可欠とされていた「官話」の能力が不足していると見て、各省の「学政」による選抜試験に及第して欧米諸国に留学する「幼童」には、出発前の「同文館」での半年間の予備教育の段階で「官話」の学習をも行わせる必要がある、と主張していたのである。「隔膜多く含糊答応する」とは、この時期にアメリカに留学していた中国の留学生が「官話」の能力が不十分でそれぞれの出身地の言語（方言）を用いていたために相互にコミュニケーションを円滑には行い得ないでいたことをいう。また、「多を以て少を欺くの弊」とは、当時のアメリカ留学生の大半が広東出身者であったために、彼らが留学地アメリカで中国の留学生中にあって圧倒的な優位に立ち、ともすると少数者であった江蘇や浙江などの出身者に不愉快な思いをさせる行動を取りがちであったことをいうのであろう。上海人の祁兆熙は、留学生団の第三陣を引率して渡米した時に確認した、ニューイングランドにおける広東人中心の留学事業への反省の上に立って清朝政府の留学生派遣事業をはじめて全中国的な国家的事業へと再編成しようとしていたことが判明する。「駐京の西人」とは北京に駐在する欧米諸国の公使や公使館員をいい、「海関」とは正しくは「海関の税務司等」のことをいい、中国の通商港に開設されていた税関（洋関）[15]で、「総税務司」ロバート・ハート[16]の統率下に、「税務司」などとして勤務していた欧米人の職員をいう。留学生を欧米各国に引率する任務は中国からそれぞれの故国に帰国する「西人」の外交官や「海関」の「西人」の税務司などに委託すべきである、とするこの祁兆熙の主張は、さきにアメリカ留学生の第三陣を引率して渡米した時に自らが体験した労苦を強く想起して提出されていたものと思われる。「挙人として一体会試せしむ」とは欧米諸国への第一回目の留学（期間は六年）を終えて帰国した「生員」出身の「幼童」は、「郷試」の及第者と見なしてそのすべてに「挙人」の資格と身分を与え、一様に「会試」（科挙の第二段階の試験）に応じられるようにすることをいう。ここでは、祁兆熙が長い歴史を有する中国の伝統的な官吏登用制度を部分的とはいえ修正するよう提言していたことを、はっきりと確認しておくことが必要となろう。「総理衙門」とは「総理各国事務衙門」のことで、「総署」とも呼ばれた。これは一八六一年に北京に新設された、清朝政府の「外政」・「外交」を含む「洋務」全般を担当する中央官庁である。アロー戦争後、北京に欧米各国の公使が常駐するようになるという新たな事態に対応して開設され、清朝宮廷内部の開明派の中心人物恭親王がその主催者となっていた。一般には「中国最初の近代的な外交機関」として知られているが、「総理衙門」は単に「外政」「外交」担当の機関であったばかりでなく、「洋務運動」もしくは「自強運動」と呼ばれる、一九世紀六〇年代以降の清朝政府による国政改革（支配体制の再編成）の指導機関となるなど、「内政」にも深く関与していた。[17] すでに言及した「同文館」も、一八六二年にこの「総理衙門」の奏請により創設され、一九世紀末までその管轄下に置かれていた。祁兆熙の改革案はこの「総理衙門」を清朝政府のあらたな留学生派遣政策の最終的な所轄機関として位置づけていたのである。

清朝政府による留学生派遣事業に対する祁兆熙の改革案の概要は以上のようなものであった。祁兆熙は自らが提起する改革案の利点と長所について『出洋見聞瑣述』に次のように記している。

蓋し幼童の泮（「官学」）に入る可き者、文理粗（あらまし）明らかにして已に在りて亦講に参（あずか）ること能わば、中教習を須つ無し。泰西の課読（学校での学習）は、九点（午前九時）に起（はじま）り四点（午後四時）に止む。并びに（毎週）礼拝日（日曜日）も有れば、（そこで西学を学んだ後に生まれる）餘力は（これを）尽して文（学問、中国の伝統的な学問、中学）を学ぶ可し。六年にして華に回らせ挙人として一体に会試（に応じ）させれば、其れ（「幼童」）をして文義（学問）を抛荒させること能わざらしめ、并（とも）に能く中西之学に発奮せん。此の中に豈（あに）才品兼優にして後日の欽使（出使各国大臣、すなわち公使）の用と為る無からんや。況や功名（資格や身分）、正途より出ずれば（試験に及第して得たものなれば）、人の楽しみて従う所なり。幼童二十人を挑進（選抜）し（その）一半を取用（採用）、将（また）実に其の志趣遠大、品質朴実にして家累に率（したが）わず、紛華に役されざるとすれば、則ち選材は精矣。必ず一署（同文館や総理衙門など）の中に集めんと欲する者は、各省の人をして同年の世誼（代々の両家の交際）の如きにならしめん。後来、（その）各（おのおの）が公事を辦ぜんとすれば、声気皆通じ、〝爾（なんじ）妬（ねた）み我（われ）忌むの患〟無からん。其れが泰西に至るには、即ち、西人由り帯往さすれば、〝人地生疏（人にも土地にもなじみがない）の苦〟も無からん。彼の境に抵（いた）らば、亦幼童の美（アメリカ）に到るの法に照らして先に大客寓（ホテル）に居らしめ、然る後に班を分つ。（その際には）（幼童を）二人同塾（二人ずつ同一の教師の家庭にホームステイさせてその国の言語と生活習慣を学ばせる）、或いは四人一塾とす。（これらの幼童は）一二年後、大書院（大学、学校）に入学させる。（その際に）本人が何れの技を習うを願うも、其の揀択（選択）を聴（ゆる）す。六年にして回らするも、其の言語は能く通ずれば、華に回るに甚だ便ならん。假（休暇）十八個月を賞する所以（ゆえん）の者は、六個月は道途に在りて往返を作すとするも、遠省（の者）と雖も、亦家に在ること一年なるを得ん。（その後）再び前往を行わせ、五年を待ちて華に回らせれば、有用之材、得る矣。十八省をして各（おのおの）一人を派さすは党弊（留学生の間に生じがちな郷党の害）を絶たさんがため也。六年にして華に回らせ挙人と作（な）すを准（ゆる）すは、其の名を成さしむるがため也。假（休暇）を予（あた）えて姻を完うせしむるは、外好（故国を捨てて外国に内通する）を防ぐがため也。満（満州族）の子弟を同行さすは、其（一〇カ国への留学事業）の公なるを昭（あきら）かにするがため也。共（総勢の）二百人をして同年の誼を有させ彼此（互いに）照顧（世話する）せしむるは、妬忌を無からしめるがため也。泰西に十三国有るも、中国、十八省を以て之を制せん。（泰西諸国への留学生の派遣により）其の長（傑出した学芸）を擅（ほしいまま）にする者を得、一省の中、十人が之を倡（とな）え、千百人が従いて之に和すれば、豈（あに）徒（ただ）

に自強するのみならん哉。即ち洋に通ぜざるの各省分も、亦事端（紛争）を生出するを致さざらん。或いは謂はん〝材を取るは尚易し。籌款（財源を調達すること）は某難（極めて困難）なり〟と。現（いま）美（アメリカ）に駐する幼童、已に江海北関（上海の海関）に在りて款を得たり。此の二百人、毎年亦（銀）六万（両）を費やすを得るも別處の海関に在りて之を籌するは可也。且つ十年之用を統計するも、亦銀六十万（両）を費やすに過ぎず。試みに問はん〝海関、現（いま）用ゆるところの税務司等の薪水（俸給）は若干（いかが、いくばく）なるや？〟十年之後には、二百人、中外（とも）に精通すれば、即ち海関は西人を用いざらん。（さすれば）費を省くこと、十倍より過ぐる有る矣。

以上は、祁兆熙がいかなる意図、いかなる狙いをもって清朝政府の留学生派遣事業に対する改革案を構築・提起していたかを自ら詳しく解説したものである。これを一読すると祁兆熙のプランが、留学生派遣事業の生み出す様々な問題に対する対策を周到に加えたことにより、清朝政府のために極めて有為な人材を育成することのできるものとなっているかのように思われる。しかし、彼の苦心の改革案にも、彼がこの改革案を構築する際にその重要な出発点としていた「心思、以て両用し難し」という認識に明らかに反する主張が盛り込まれていた。留学生には留学地において「西学」を「専習」させるべきであるとし、そのために「童試」に及第して「官学」の「学生」の資格と身分を取得している「生員」の中から留学生を選抜するように提唱しておきながら、その選抜された留学生に「挙人」の学位と「会試」に応じ得る資格とを与えることによって彼らを発奮させ、彼らが留学地において「西学」ばかりでなく中国の正統的な学問にも自力で取り組むように誘導すべきであるとしていた主張がそれである。このことは、留学生が留学地において専ら「西学」の学習にのみに取り組むことを、祁兆熙が必ずしも望んでいなかったことを示している。祁兆熙が清朝政府の留学生派遣事業を通じて育成されることを期待していた「人材」とは、「西学」と「中学」

のいずれにも深く通じた人物に他ならなかった。「中外に精通」した人材となることこそ、祁兆熙が欧米諸国に派遣される中国の留学生に切望してやまぬことであったのである。

三　製造、海運、鉄道、通信

『出洋見聞瑣述』には、祁兆熙がアメリカへの旅の途上やアメリカで目にした当時の欧米の新事物や新しいシステムが紹介されている。それらは工業や鉱業、交通、運輸、通信、貿易、外債、教育など他方面に及ぶが、ここでは主に製造と交通、運輸、通信などの技術やシステムについて、祁兆熙がアメリカでいかなる点に関心を抱き、いかなることに思いを巡らしていたかをたどっていくこととする。以下のA～Iの史料は、『出洋見聞瑣述』よりこうした筆者の問題設定に見合ったもののみをピックアップしてそれぞれを書き下し文に改めたものである。

A　現、美国（アメリカ）の槍局（国営の銃製造工場）、四滗林飛而一郡（スプリングフィールド）の地（にあるもの）の如きは、好く後膛槍（元込め銃）を造りて十万枝（十万丁）をも有するに、製造、故の如し。炮局（国営の大砲製造工場）の大炮（大砲）、鉛子（鉛製の砲弾）の重、七百磅（七百ポンド）なるは、火薬一百七十五磅を用いる。承平の日にして其の用心、且（おおよそ）是の如し。凡そ我が華人の洋務人員たる者、時に随い地に随いて心を用いざる可けん乎。攻心、上を為す。不虞（思いがけない災難）に備預すべきは、盡人（すべての人）之を知る。特に之を知るも為す無きを恐れるのみ。(18)

祁兆熙がここで強く注意を喚起しようとしていたことは、以下の二点であった。その一つはスプリングフィールドの造兵廠(19)における銃砲の生産が非戦時（「承平の日」）にあっても、戦時と少しも変わることなく営々と行われているということであった。別の一つはこの造兵廠にはすでに十分すぎるとも思われるほどの最新式の銃や大砲が収蔵・保管されているのに、それらの生産と改良のための研究がほとんど中断されることなく続けられているということであった。祁兆熙は以上のことから、欧米では将来の予期できない外国との戦争や内戦、内乱などに備えて平時においても兵器の生産と兵器の性能の向上をめざした研究がたゆみなく行われていることをはじめて確認し、そこに軍事面において欧米列強が中国を圧倒して優位に立つようになっている要因があると見なしていた。彼は「不虞」に「備預」すべきであるということは中国でも欧米でもすべての人々が熟知しているが、そのことを日々着実に実践しているのは欧米の人々のみであると見なして、「洋務」にとりくむ中国の為政者（「洋務人員」）がこのことを強く自覚して中国の「自強」のための改革にいっそう力を入れてとりくまなければならない、と主張していた。この祁兆熙の見解は当時の清朝の官憲に対してもかなりの説得力があったと思われるが、実際に中国でその後どこまで深く理解されて中国の「自強」に活かされたかは判然としない。

B　西人の事に処するや、危を操心（気遣い）し、患を慮（おもんばか）ること深し。もし今日、何れかの国が新様の槍炮を有するを聞き得れば、立即（たちどころに）購辦して彷造するのみならず、兼ねるに〃精、益（ますます）精を求め〃る。而れば其の用心、甚だ幻なり。初めは則ち忍耐して辱を受け、継ぎては則ち賄を行うを善（たくみ）にす。是に於いて間に乗じて入るは、富家の産を謀るに、之を先にするに奴隷を以てし、之に継がすに司帳を以てして、暗に其の権勢を奪わせ、而して東人（主人）の家の産を漸漸呑まんと図り、隠に賓（客）を反（逆に）して主を奪うの意を寓するに似たり。

ここで祁兆熙が力説・強調していることは、「西人」が危険を警戒し「患」を恐れる心が極めて強いということである。これは〃「不虞」に「備預」することの必要性は世界のすべての人が知ってはいるがそれを日々確実に実践しているのは「西人」のみである〃とした史料Aでの指摘と一致している。祁兆熙はここでは「西人」を「危」と「患」に対して特別に敏感にさせ、その両者に対する備えを常に周到に行うようにさせていた社会的・歴史的な背景については何ら言及していないが、「危」と「患」への強い恐怖こそが、「精、益（ますます）精を求め」るが如く、日々彼らを新しい技術と新しいシステムの開発競争へと駆り立て、欧米諸国をますます「富強」にしている、根本的な要因であると見ていた。こうした祁兆熙の欧米観、西洋観には、中国と共通する普遍性のある価値観の実践面においても欧米には中国をしのぐ一面があることを認識していた点で、より説得的な評価を行うことが必要であると言えよう。

C　機器を細観するに、其の妙処は全て火鍋と水鍋に在り。水と火、既に済（そろ）えば、人身、気ありて万竅倶に活きるが如し。其の餘、此に因りて彼を測れば、変化窮まる無し。徒に外面の機の巧を観て逐一学習せんとすれば、百年と雖も成ること無き也。

ここでは祁兆熙は当時の欧米機械文明の核心となるものが蒸気機関にあることを明確に指摘していた。欧米の機械文明を中国に移植しようとする際に最も留意しなければならないことは、原動機・動力機とそれに関するノウハウを正しく修得することにあるとした祁兆熙のこの指摘は、伝統的な学問を深く身につけた人物のものとは思えないほど確実に的をとらえていた。欧米の先進的な知識や技術、システムを学びとろうとするに当たってその核心となる部分の学習に力を集中すべきであると説く祁兆熙の主張は、今日においても後発諸国や発展途上国が先進諸国から高度な技術やシステムを移転しようとする際に通用するものであることは言うまでもあるまい。

D　美国に製造局有り。（しかれども、それは）火を用いずして水を用いる。其の法、一路の急流の水を収めて大輪盤を衝動させれば万竅（ここでは工場のすべての機械がの意）斉鳴（一斉に作動）するにあり。其の製法、中国の水碓に類し、大を可とし小をも可とす。江南の長江の旁の如きは、此を設けるに最も妙にして以て専ら洋槍、水雷等を造る可し。現、日本、已に此の機器局あり。価値亦大ならず。美国の紙局、織布局、均しく此の機器を用いる。其の利便、製造局と等し。

ここで祁兆熙が紹介しているのは、川の急流を利用した水力タービンによって運転されるスプリングフィールドの工場のシステムである。祁兆熙が訪れたスプリングフィールドは流れが急で水量も多いコネチカット川の沿岸に位置していたため、この川の水を動力源とする工場が林立していた。ここに記された水力タービンによってその内部の一切の機械を作動させていた「製造局」とは、すでに史料Aで彼が言及していたこの都市の誇る大規模な造兵廠のことを指している。祁兆熙はここで水力利用の工場とそのシステムの利便性を強調し、スプリングフィールドの造兵廠にならって長江の水流を利用した兵器工場を設立することを提言していた。彼の提言は長江の水質がネックとなることなどから実現されずに終わったが、それにしても機械工学を学んだこともない祁兆熙が水力利用の工場のメカニズムをもわずか数時間の視察で基本的に理解していたことには驚かされる。

E　化学の妙は気を錬するに外ならず。五金の物、物物（各々）に気あり。之を錬するの法は、猶花を蒸して露を作り、精を取りて滓を去るがごとく、（また）木より火を取り、鉄を（精錬して）鋼と成すが如し。西人、鉛の気を取れば、其の用、最も大となる。中土（中国）の青黒の鉛、彼（西人）、售（もとめ）て外洋に至り鉛の気を取り出せば、鉛、白色に変わり、利を穫すること甚だ厚し。

F　雲南の白銅、頂上（最上等）なる者、錬して六成（六割）を得る。当地（アメリカ）に照らして収挖取掘させ、買い来たりて試みに用いれば、地方（雲南の銅の産地）に碍無きに似たり。五金中、ただ鉄のみ最も賎（やす）し。一斤の生鉄の値する所、幾何（いくばく）なるや。機器により製成せし小なる洋刀あれば、洋（洋銀）半円をし。

得る可し。地、宝を愛さず。無窮の利、是の如くして之を求め、用に利し生を厚くするは、即ち国を裕かにする所以（ゆえん）なり。

G　広東の崖州（海南島の南部）の界、深山に大なる樹木多し。且つ（地）堅固なれば、并せて五金をも産す。――日本、富を求めんと欲す。是を以て台湾の事（一八七四年の台湾出兵）有る也。――然れば必ず先に其の層巒凸凹の地を平らかにするを須ちて然る後に取ること能うべし。西法の山を開き洞を鑿つに、中に火薬を蔵して以て之を轟せしむるは、利便にして人力を省く。

生蕃を治めんと擬するには、先に熟蕃を用いる。理を董（ただ）す者には薪水（俸給）を重くし頂帯（官の着用する帽子の上の端につける等級を示す珠）を賞し生蕃の各洞に往かせて庠序の教え（郷里の学校）を設立させ、人倫の大道を明らかならしめる。生徒に教えるには浅近の知り易き語を以てし、〝家ごとに喩し戸ごとに暁らす〟（生徒一人ひとりに諭して理解させる）には、〝孝弟歌〟の類の如くにする。其れ（郷校で学び終えた生徒）をして家に回して誦読させれば、夫人、女子も亦能く之を知り、感化、入り易し。然る後に之に教えるに稼穡の事を以てし、賞は重きを用い、罰は厳を用いる。もし商民、兵役等に漁利の徒ありて彼（生蕃）を欺けば、殺して以て衆に徇（示し知ら）す。此の如くすれば、則ち不治の者も亦治まる。之を善用し藉りて以て日本を御すべき也。

E・F・Gは、雲南などの中国の鉱山で採掘された鉱産物をより有効に利用することを目論んで、アメリカやヨーロッパ各国の精錬技術を積極的に活用するように提言したものである。これらは、中国の銅を欧米式の方法で精錬すれば、欧米に高い価格で引き取られるとか、価格の低廉な中国の生鉄も、精製して鋼としてそれを洋風の小刀に加工すれば、欧米でもかなりの価格で取引されると説くなど、内容的には特別に目を引くものはない。ただ台湾東部と同様に、少数民族の先住民が生活する海南島南部の山地を開発しそこの少数民族を中国の儒教的秩序に組み入れて中華の文明に同化させるという問題[20]が突然ここで提起され、その起伏の大きな山地を平坦にするのに、彼がアメリカで目撃してきた火薬を使用する方法（山地の突出した部分を火薬で爆破させるもの）が有効であると説かれていたことが[21]、興味をそそる。日本の「台湾出兵」によって日清両国間の関係が最悪となっていた時期にアメリカに向かって旅立っていた祁兆熙には、帰国後にも台湾と同様に海南島の少数民族に対して中国（清朝）の統治を浸透させる問題が緊急の課題として強く意識されていたことが確認できて興味深い。

H　蓋し天下に一利有れば必ず一弊有り、相生有れば必ず相克有り。火輪船の渾身の力、機器の外は全て両輪に在り。（もし）両輪を破れば、即ち行くこと能わざるは何（ゆえ）なるや。船の両輪、鵝鴨が水に入れる両足の如きもの也。足無くして安（なん）ぞ行くこと能わんや。又最も失火を怕（おそ）れる。もし火ひとたび発すれば、百に一も救われず。美国（アメリカ）大公司の輪船にして〝梅立根〟（アメリカ）と名のるもの、価値百万なるも、前年、横浜に於いて毀れる。又〝日本〟と名のる者有りしも、去年汕頭近界に於いて毀れる。兆熙、委を奉じて美に赴く時、横浜に在りて大船に換坐せり。（この大船が）即ち〝日本〟船也。工料の堅実、華に在りては従（来）未だ見過せざるものなり。長さは三十九丈、船載は四千九百墩（トン）有零――毎墩は中土の十六担零八十斤に合う。器具、倶に精緻なり。艙面上に大水龍二条を備設し、一礼拝毎に必ず救火の法を操演す。毎晩十一点鐘（二一時）、臥房の火、倶に収熄す。防範甚だ密なりき。華に回る時も、此の船に坐せんと擬せしも、埠（サンフランシスコの意）に到るの前の一礼拝（一週間）に、已に開行せり。料らざりき、汕頭に至りて一炬して片板も存する無きになるとは。水を利する者は必ず火を利さず。洵（まこと）に然り。もし輪船を破らんとすれば、輪を断つことと火を放つこと、亦是の二法のみならん。

ここには、祁兆熙が訪米時に往復共に利用したアメリカの海運企業太平洋郵船会社[22]の大型外輪船の規模と設備、性能、構造、価格などが、かなり詳しく紹介されている。これより、祁兆熙が太平洋郵船の汽船の中心的な装置は蒸気機関と二つの外輪にあることを正しく理解していたことがよくわかる。彼は蒸気機関の利点と欠点を的確に把握していた。その利点とはそれが太洋を自由に航行することを可能とする強力な動力（「渾身の力」）を作り出す装置を有していることであり、欠点とはそれが高熱の蒸気を発生させる際などに稀とはいえ火災を引き起こすことがあるということと、その船身の両側に装填されている二つ外輪が損傷すればもはや洋上を走行することができなくなるということであった。祁兆熙は、アメリカの太平洋郵船の外輪船がこうした火災を防止するためにいかに行き届いた規則を作り、いかに周到な予防措置を講じていたかを詳しく紹介するとともに、太平洋郵船の大型外輪船〝アメリカ号〟[23]が一八七三年に横浜沖[24]で、同じく太平洋郵船の大型外輪船〝日本号〟[25]が一八七四年に汕頭近海[26]で、いずれも大規模な火災を起こして瞬く間に海面からその姿を消した事件をも取り上げて、こうした外輪船が東アジアの海域や太平洋で火災を起こすといかに惨憺たる事態になるかを明確に説明していた。こうした祁兆熙の記述は、一九世紀後半にアメリカと中国、アメリカと日本、中国と日本との間にそれぞれ定期航路を開設して多くの外輪船を航行させていたアメリカの太平洋郵船会社を当時の中国の官憲がいかに受け止めていたか示す数少ない史料の一つとして貴重なものである。

Ｉ　火輪車、其の行くこと飛ぶが如し。其の巧みなるは鉄路（線路）に在り。謂う所の鉄路なる者、即ち道上の寸闊（一寸幅）の二条の鉄梗（茎のようにまっすぐな鉄の線路）なり。車輪、鉄梗と相輔して行く。もし輪と梗、稍（いささか）なりとも其の一を損なえば、即ち行くこと能わず。車輪の圏は生鉄により鋳成するに系れば、堅なれども脆し。停車時に在る毎に必ず工を做す者有りて之を細察するに大錘（大きなハンマー）を以て之を敲（たた）き、其の声、稍（やや）も破れば、即（ただ）ちに換える所以なり。もし法を設けて車輪を撃破すれば、亦用いる無き矣。之を譬えれば、連環の馬陣も十に其の一を傷つければ、即（ただち）に敗れるがごとし。布（プロイセン）、法（フランス）と戦いを交えし時[27]、要道の車路（をおさえて）、倶に其の鉄梗を断つ。此、之（鉄道）を破るの一法なり。然るに其の道旁に電線（電信のケーブル）の通る有れば、先に其の電線を断ち、後に其の鉄路を断つ。もし陥坑（落とし穴）を下に暗設すれば、則ち尽く陥中に入る矣。道路、多く曠野の処に在り（しかも）地道より陥を設けるに因り、従いて知る無き也。

電線の通報（電報）、西人、一定の字様を編成す。第幾個字、もし是云云ならば、猶暗号のごとく、一字にして即ち下文を知る。中国、此を設けて譬えば甲の字、軍情に系わり、乙の字、調兵に系わり、甲乙、明日調兵に系わるが如きにすれば、亦編成を推広して其れをして測らざらしむること可ならん。

これは祁兆熙が訪米時に利用したアメリカの鉄道と電信がいかに有用なものであるかを紹介するとともに、戦時に敵軍がその両者を軍事目的で使用できないようにするにはどのような方策をとればよいかを示そうとしたものである。当時、鉄道と電信を中国に導入して中国の「自強」を早急に果たそうとする提言が、日本による「台湾出兵」に刺激されて清朝の開明派の一部の官僚からなされるようになっていたから、祁兆熙もこれを受けてサンフランシスコに到達すると、それらの利点や性能、構造、それらが抱える弱点や欠陥を実際に自分の目で確認しようとしていた。こうした問題意識を抱いていた彼は、アメリカ大陸を鉄道で往復する際に鉄道と電信の利便性を徹底的に確認させられながらも、鉄道、電信のいずれにも意外に脆い一面があることを見抜いていた。彼は鉄道に関しては、蒸気機関車の車輪を損傷させるか路線の要所要所でレールを取り外せば、たちまち列車は走行不能となることを確認していたし、電信についても地中に埋設してあるそのケーブルを切断すれば情報の迅速な伝達の手段としてのその機能をただちに喪失させることができることをよく理解していた。当時、中国で海防強化の必要が叫ばれ、その一環として鉄道と電信の導入に対する関心が初めて官僚の間で高まるという新たな状況を受けて、祁兆熙はすでに紹介した大型の外輪船についての情報とともに、鉄道と電信についての最新の情報を、中国の「洋務」に携わる高官に提供しようとしていたのである。史料Ⅰにおいて祁兆熙が論じていたことの特徴的な点は、鉄道と電信の有用性のみを一義的に強調せず、いかにすればそれらの卓越した機能を喪失させることができるかという点にもかなりのウエイトをおいて論じていたことである。これは、彼が中国に鉄道と電信を導入することをはっきりと必要なことと見なしながらも、当時の中国が抱えていた技術や資金、経営などの各面での制約から、それを自力で導入するだけの条件が中国にはやはり熟していないと考えていたこと、また、彼が鉄道や電信は中国では外国勢力によって沿海部に強引に導入され、それらの機能が中国の内陸部への一層の浸透をたくらむ外国勢力によって活用される可能性が大きいと見てそれを強く警戒していたこと、などを示している。『出洋見聞瑣述』にまとめられた「洋務」についての祁兆熙の見解がこのように矛盾した論点を有する複雑な内容のものとなったのは、彼の認識能力に限界があったためというよりも、一九世紀の七〇年代中葉の中国の複雑な国情とそれをとりまく錯綜した国際情勢によるものであったと見る方が妥当と思われる。

四　借款、貿易、国際関係

祁兆熙は、『出洋見聞瑣述』の後半において、中国（清朝）が「自強の道」を図るにはヨーロッパの有力国家から借款[28]をして軍備を強化するとともに、アメリカとの政治的、経済的な関係を強めることが不可欠であるとする、ユニークな見解を提起していた。以下、こうした祁兆熙の主張が、何を根拠とし、彼のいかなる見聞や経験をふまえて展開されていたかを検討していくこととしよう。

J　西法、国内富むと雖も、利（利息）を賠いて他国の銀を借り、（以て）牽制の計を為し、救応の計を為すを願う。其の銀を借りれば、半ばは国に於いて用い、半ばは巨商に給借（貸与）して利（利息）を取る。其の甲兵を精にし、其の貿易（貿易をする巨商）を富ますに、別人の本を将つめ（あつめ）、以て其の用を足す。居心（ねらいどころ）、甚だ幻（人を惑わすもの）なり。且つ動もすれば億兆を以て計り、藉りて（以て）自強の道を図る。或いは（中国）此の法に効（なら）えば、以て国を裕かにし商を茂（さか）えさす可し。

これは、中国が「泰西」の「借銀の法」にならって外国から巨額の金銭を借り入れ、それを資金として軍事力と経済力とを強化する改革（「自強」のための新政）を行うことを提起したものである。当時、清朝政府の首脳は、日本の「台湾出兵」を機として、「自強」のための新政に本格的な取り組むことの必要性を認識させられていたが、極度に悪化していた財政事情に制約されて実際には新事業にはほとんど取り組めないままになっていた。こうしたなかで、祁兆熙は、清朝政府が外国から「借銀」をし、それを資金として「甲兵を精にする」とともに、「貿易」をも盛んにして、中国の「自強の道」を推進するように提言するに至ったのである。

しかし、当時、このようなことを公然と主張するのは、勇気のいることであった。そのころの中国の正統的な学問を奉じた守旧派の高官が「義」を第一として、「実利」重視の立場から欧米の先進的な技術やシステムを導入しようとする開明派の動きに対し、厳しい姿勢をとっていたからである[29]。それ故、開明派の高官がひとたび外国から借款をすると提唱しようものなら、「中国ともあろうものが外国から金を借りるというのか。そのようなことをして中華の体面はどうして保つことができようか」と守旧派から激しく非難されることは避けられないことであった。こうしたことは祁兆熙もよく理解していた。外国からの借款をはじめて提起した上の彼の文章が、それを行う理由として、「牽制」と「救応」をあげていたことがこのことをよく示している。「牽制」とは「自分に脅威となる者を引き付けてそれに自由に行動できないようにすること」を意味するし、「救応」とは「緊急の必要に応じて急場をしのぐこと」をいうから、祁兆熙が欧米で盛んに行われている借款を、圧力をかける恐れのある強国の行動を制約するために行うか、緊急事態に直面した時に急場を切り抜けるために行うものであると強調していたのは、守旧派の反対を回避しようとするためであったことがはっきりとわかる（中国を脅かす強国を「牽制」するためか、緊急な局面で「救応」の策を取るための借款であれば、守旧派といえども受け入れないわけにはいかなかった）。

借款についての祁兆熙の主張は、このように、今日の人から見れば誠に奇異なものであった。それはまた、借款の期間や利率、担保についても説明せず、借款を受け入れる国がそれを供与する国家から受ける制約についても何ら言及していなかった。このことも、極めて不思議なことと言わなければならない。しかし、これらがすべて祁兆熙の認識の不十分さを示すものと見ることは誤りであろう。彼が外国からの借款に対する当時の中国のきびしい雰囲気に配慮して故意にこれについて言及することを避けたとも見ることができるからである。祁兆熙の主張は一貫していた。借款の狙いが「牽制」と「救応」にあるとした彼は、次に示す史料から確認できるように、清朝政府が中国を脅かすヨーロッパの三つの強国ロシア、ドイツ、イギリスから三〇〇〇万ドルもの借款をしてそれを資金として「自強の道」に取り組むことを、より具体的に提言することになる。

K　地球を走遍（あまねく遊歴）するを論ずれば、実に則ち八万餘里なり。中外を扞格（分かち隔てる）する者、一は太平洋に在り、一は瀚海（砂漠）に在り。瀚海は俄（ロシア）を（中国と）界（へだ）て、太平洋は美（アメリカ）を（中国と）界（わか）つ。日本の横浜より美国の海口、名は旧金山（サンフランシスコ）なるに抵（いた）るは、約二万里にして、大輪船（大型の外輪船）の行走（航海）二十天（二〇日）左右（ばかり）なり。風浪の険有りと雖も、窒碍の路は無し。査するに歴年来、太平洋中の船、失事（事故を起こすこと）少なし。道を泰西に取るに、太平洋、中に阻碍無ければ、最も便なるに似たる乎。設（もし）亦泰西借銀の法に效いて俄（ロシア）、普（ドイツ）[30]、英（イギリス）三国に向いて銀三十兆（三〇〇〇万ドル）を借りれば、一大公司（大規模な欧米式の株式会社）を立て、章（規則）を定めて分撥（職員を職場に配置）し、款（項目）を立てて（経費を）支放させ、大輪船四隻と小輪船十隻を造買す。（また）招商局を推し広めて日本の三口に在りて局を立て官を設ける。其の三口、一は長崎（長崎）を名とし、一は神戸を名とし、一は横浜を名とす。横浜より太平洋に大輪船を放つこと毎月一隻有りて両面（太平洋の両岸の都市、つまり横浜とサンフランシスコを指す）より（対岸の）埠に到らしめれば、則ち独り華人、華商の利となるのみならざる也。其の大輪船、価値、百万（一〇〇万ドル）を須つ。小輪船も、亦価値十万を須つも、断じて其の価の廉きを貪りて遷就（折り合う）する可からず。機器と船、用いて二十年を過ぎるの後には、外に光彩有りと雖も、器は老い機も滞りて事を誤るを致すに因る。

美国の金山碼頭（サンフランシスコ）、泰西の総会（総匯、すべてが集まるの意）の地を作（な）す可し。爰（ここ）において彼の処の火輪車に乗れば、各国の路、皆通ず。現（いま）粤省人（広東省の人）の金山に於いて貿易する者、計るに十三万零有り。中国貨物の彼の関口（税関の門）に進む者、年を按ずるに約二百餘万あり。如（もし）海関の例を援きて百毎に五を抽するとして美に駐する華の領事が局を設けて収取する有れば[31]、公費も亦得る矣。且つ中国、此の大火輪船を備えれば、華人の大糸茶商、亦貨を将（もっ）て〝寄番〟[32]して害を受けるを願わざらん。〝寄番〟なる者は、先に茶糸を以て外国人に寄（あず）け、泰西に在りて售売せしめ、売れれば出して銭を還えさすなり。華商、重利を貪りて害を受ける者、少なからず。

中国（ここでは上海の意）より美（アメリカ）に赴く大公司の輪船、頂好（最上等）の艙位（船室）ならば、毎人三百円（三〇〇ドル）なり。美の金山埠より横浜、汕頭[33]に至る（太平洋郵船の航路にありて）は、華人の往還（往路と復路の費用)、下等の至苦の艙位(船室)ならば、毎人四十五円(四五ドル)なり。上等の艙位、至りて少なきも、幾十人は有らん。下等の艙位(に至りては)、兆熙、来往時に五六百人有るを眼にて見たり。現(いま)、上等の艙位は五十人と作せば、計るに洋(銀貨)一万二千五百円(一万二五〇〇ドル)ならん。下等の艙位は五百人とすれば、計るに二万二千五百円(二万二五〇〇ドル)なり。別に物件(物品)の水脚(水路輸送の運賃)も有れば、則ち船上の開銷(出費)、万(絶対に)虧本(元値を割る)するの虞(心配)無からん。況ん彼の境(アメリカ)、地広く人稀れなるにおいてをや。業已(すでに)通商貿易すれば、拡充究(きわまる)無く、商を護り国をも裕かにせん。官(公使や領事)を彼(アメリカ)に於いて設け、善く治に励ましむるを為すとすれば、後には必ず妙用有らん。好(よしみ)を美国に結べば、(両国)日に近く、日に親しまん。而して俄(ロシア)、布(ドイツ)、英(イギリス)、或いは異心を起こし、或いは覬覦(過分の野望)を生ぜん。(しかれども)則ち(彼の三国、すでに)我に於いて三十兆の債銀(借款)を有するとすれば、(牽制せられて)以て間に乗じ難からん。(仮に事が紛糾しようとも)中に〝和事老人〟(仲裁人)有らん。美国、之を為すは可なれば也。

L 中土(中国)、糸(生糸)と茶を産す。此、大貿易(大きな取引)也。倘(もし)(糸茶を取引する)一大総局を創立すれば、(それは)輪船招商局の様(形・姿)の如し。凡そ華商の糸茶、総局を経ずして西人に售すれば、重く罰す。本(資本)を有する者には、逐一報名さす(登録してその株主とならせる)。本の無き者は、該商行(糸行もしくは茶行とよぶ生糸や茶を取引する商人のギルド)中より保結(身分や行為を保証する誓約書)を取り、(総局より)本(資本)を借りて(糸茶を)采買させ、(総局は)只(ただ)彼らより〝官利〟(ここでは貸与した資金の利子の意)一分(年利で一〇分の一、月利で一〇〇分の一)を取る。局よりの出入(支出と収入)を統共(総計)して年を按じて〝官利〟(ここでは利益の有無を問わずに出資者に対して支払われる定率の利子の意)[34]を除くの外に、利の多少を得れば、(糸

> 茶商に）其の五分（五パーセント）を取らせる。（これ）猶、糸茶の通事、経手（仲買人）が西人（上海などの通商港に進出していた欧米諸国の商社や商人）に（糸茶を）売りて五分の傭銭（手数料）を明取するが如し。（されば）糸茶商に在りては毫も吃虧する（損をする）処は無く、亦局に報ずるを情願（心より願う）せん。応に何れの地に往きて采辦すべきかは、先に総局の憑単（証明書）を給し、関（貨物の通行税などを徴収する関所や検問所）を経過すれば、幾成の捐（何割かの通行税など）を減ずる。憑単無き者の如きは、（捐を）倍にして収めさす。（かくすれば）其（糸茶商）が総局に来たらざるを患（わずら）わざるなり。

ここでは祁兆熙は、中国が「自強の道」を図るには、a財源を何に求め、b欧米列強のうち、どの国家の動きに特に警戒し、どの国家と友好関係を深めて、cどのような事業を新たに起こすべきかを、大胆に論じていた。

財源については、祁兆熙は、それを外国からの借款（「借銀」）に求めるべきである、と見なしていた。その際に彼は、外国からの借款を中国の「自強」のための新事業の資金確保のためばかりではなく、中国の安全確保にも役立てるべきであるとして、欧米列強の中で特に大きな脅威を与える国家から巨額の借款をするべきである、と主張していた。当時の欧米の列強からフランスとアメリカを除外してロシア、イギリス、ドイツの三国から、そのころの清朝政府の歳入の四割にもおよぶ大金（三〇〇〇万ドル）を借り入れようと提言していたのである。中国が借款を求めるべきとする欧米の大国のなかからフランスとアメリカを除外したのは、祁兆熙が、この両国は当時の中国にとって脅威となる存在ではないと見ていたためであった。留学生を引率して渡米した時の体験などから、彼はアメリカを欧米諸国の中では例外的に中国に対して友好的な国家であると見ていたから[35]、それをことさらに「牽制」しなければならないとは考えられなかったし、普仏戦争で大敗したばかりのフランスも、もはや中国が恐れなければならない国ではあり得ないと考えられたのであろう。「自強」のための借款についての祁兆熙の主張は、以上にように、当時の国際情勢や列強間の勢力の消長についてまで考慮に入れ、中国の安全保障の問題をも視野に入れて展開されていた。これは、一九世紀七〇年代の中国の開明派の国際情勢についての認識や借款についての受け止め方を知る上で貴重な手掛かりを与えるものということができよう。

祁兆熙は清朝政府がこの借款を資金として「富国」と「強兵」の政策に積極的に取り組むべきであるとして、いくつかの提言を行っていた。「強兵」策としては「軍備を精強にする」というのみでここでは具体的な提言をしていないが、すでに紹介したスプリングフィードの兵器工場のような、最新式銃砲を生産する造兵廠の設立などを想定していたことは間違いない。「富国」策としては、大型の欧米式の海運会社を設立しそれに太平洋の海運に参画させて中国とアメリカとの貿易・通商を積極的に拡大させるということ、半官半民の欧米式の貿易会社「糸茶総局」を設立して中国の二大輸出品生糸・茶の買い付けとその外国への販売を独占させるということが、その主なものであった。これらは、中国の生糸商や茶商が欧米の海運企業と欧米の商社に中国の生糸・茶の輸送と欧米市場での販売を委託することによって損失を被ることを防止する、「護商裕国」の計として提起されていたが、その歴史的な内実は、中国の前期的な商人資本、高利貸資本を「近代的生産様式移入の受け入れ体制」[36]ともいうべき会社企業（太平洋航路に進出する中国の「大輪船公司」と、外国商社との生糸と茶の取引を独占する「糸茶総局」、長江ならびに沿海の国内航路から横浜までの近海の国際航路に進出する、中国最初の欧米式会社企業輪船招商局）に集中させることによって中国にブルジョアジー（特権的独占的な前期的性格をもつブルジョアジー）を強制的に創出させ、それを欧米列強に対抗する新たな社会的な勢力として育成しようとすることにあった。中国へのこうした形態での資本制生産様式の導入は、招商局の設立をその先駆として、一九世紀の七〇年代初頭からすでに李鴻章らによって着手されていたが、ここでの祁兆熙の提言は明らかにそれを受け継ぐものであった。同時に、ここで注目すべきことは、彼が欧米勢力からの商権の回復に不可欠なものとして位置付けていたはずの中国の近代的海運業の進出先を太平洋方面に限定して提起していたことと、中国の「自強」はアメリカとの政治的、経済的関係を強化することによってのみ可能となると見なしていたことであろう。これらは、彼が、以後のアメリカの発展と飛躍の可能性を極めて大きなものと予測していたことを示すとともに、イギリス、フランス、ドイツなどが激しく競合するインド洋方面では、中国はまだそこに参入するだけの条件を備えていないと見ていたことを推測させる（この点に関しては彼が東南アジアやインド洋方面のことに全く言及していないのでここでは推測するにとどめておく）。

ここでの彼の主張と提言には、この他にも疑問を抱かせる点や誤りと思われる点がいくつか見られる。三〇〇〇万ドルの借款の使途が部分的にしか示されていないこと、軍事力の強化のためにいかなる施策を実行すべきかが具体的には提示されていないこと、中国から「泰西」に赴くには太平洋横断のコースを取るのが最も便利であると見なしていたこと（実際にはアメリカで列車や船を乗り継ぐため、このコースは、インド洋・スエズ運河経由のそれよりも、不便であったし時間もかかった）[37]、アメリカの太平洋岸の中心地にすぎなかったサンフランシスコをロンドンやパリ、ニューヨークのような大都市（「泰西総匯（すべてが集まる）の地」）と見なしていたことなどが、その主なものである。しかし、ここで彼の認識の不十分な部分や彼の提言の矛盾した点を列記することは、あまり意味のあることではない。留学生を引率して実際にアメリカに赴いたとはいえ、彼が訪れた地点は少なく、見聞し得たことも限られたものであったからである。

M　大勢を以て論ずれば、日本は中国の門戸を為す。（故に）（中国はこれと）明結し（表面は好みを結び）て暗防す（ひそかにそれに対する防備を固める）べし。其の地勢を察すれば、第一海口長奇（長崎）、日本話（日本語）に訳せば〝那賈薩幾〟（ながさき）なり。第二は神戸と曰く。日本話に訳せば、〝拷皮〟（こうべ）なり。第三は横浜と曰う。日本話に訳せば〝郁茄矮埋〟（よこはま）なり。長奇（長崎）、中（中国）の海に連なる。其の居中（真ん中）の拷皮（神戸）海口、朝鮮に旁通す。設（もし）敵を日本に制せんと欲すれば、道を朝鮮に仮（か）り、襲いて拷皮（神戸）を取り、其の首尾を相顧みる能わざら使むべし。（もし）長奇（長崎）より彼（日本）を攻めれば、即ち我、背水の陣と為り、万、勝を取り難し。

日本の泰西に效（なら）うや、古語に〝貧者、富（富者）と交わる、此、速敗の道なり〟と云うが如し。何を以て之を知るや。（すなわち）彼の国、民間の用いる所の者、名は〝天宝銭〟（天保銭）なるは、（中国の）〝当十銭〟（制銭一〇枚に当たる大銭。制銭の欠乏時にやむなく鋳造された）の如し。また紙票を用いる。名は〝紙部〟（紙幣）と曰う。其の当地産する所の進款（歳入）、毎年計るに（しめて）四百餘万のみ。而も西法の種種を效（なら）えば、進（はい）る所、出す所に敷かず、国計、日に貧蹙を形わす。前の台湾一行（台湾出兵）、中に人の指使する（そそのかす）有り。（日本はその人の言を聞きて、中国、）必ず兵を（台湾に）加えざると逆料（あらかじめ予測）せり。去年、彼の境（日本）に抵（いた）り、留心（注意）して防（防備）を察（しら）べるも、確かに防御は無し。并びに日本人、憂心煢煢として〝此次（今回）若し〝南京笙〟（ナンキンサン）、兵を用いれば、吾輩、噍類（生民）無き矣〟と謂うを悉る。日本人、中国人を称して〝南京笙〟と曰う。後、其の兵、回国（帰国）するや、皆、生還の楽を頌えて大いに慶賀を為す。彼の境に到りし時、（日本に対する秘策を）密報する（密告する者）有り。（我、それを）（上海の）出洋局に呈出せり。（然るに）劉道（出洋局の総辦劉翰清）、事已（すでに）罷むに因り、未だ（北洋大臣李鴻章に）転呈せず。前五年、日本人、各西国に派往せられて種種を学習するも、未だ五年を満たさずして倶に回国す。[38] その貧、知る可き矣。

これは日本に対する祁兆熙の見方を知る上で極めて重要な史料である。ロシア、イギリス、ドイツを強く警戒し、アメリカとの友好を説いていた祁兆熙が、「台湾出兵」を強行した隣国日本に対しては、表面では手を結びつつ、陰ではその侵略的な動きに備えてひそかに対抗措置をとる、「明結暗防」の政策を採用するように、提言していたことがよくわかる。当時中国では、李鴻章を中心にして、「台湾出兵」を強行した日本を警戒する動きが強くなっていた。欧米の先進的な文物や制度を積極的に導入している日本は、中国にとって侮りがたい強国に生まれ変わりつつある、と警戒されていたのである。これに対して祁兆熙は、日本が欧米から新規の技術やシステムをいかに積極的に導入しようとしても、その貧弱な財力と経済力に制約されて実際には中国を大きく脅かすような成果を収めることはできない、と見ていた。とはいえ、日本は中国に近接しているという地の利を生かして先年のような行動（「台湾出兵」をいう）に出ることもあるから、中国は日本を必要以上に恐れず、またそれを過度に侮ることもせずに、「明結暗防」の方針で臨めばよい、と主張していたのである。日本についての祁兆熙のこのような見方は、彼が訪米の途上で長崎や神戸、横浜に立ち寄った時に自ら目にしたことや、それらの地の華人・華僑の有力者から得た情報などを根拠としていたので、かなり妥当なもののようにも思えるが、そこには明らかに誤りと思われることも含まれていた。彼が当時の日本政府の歳入はわずかに四〇〇〇万ドルにすぎないと述べていたことがその最たるものである。彼はすでに見たように、このことを当時の日本の貧しさとその国力の小ささを証明する有力な論拠としていた。しかし、この数字は実情とかなりかけはなれたものであった。地租改正以前においても、明治政府は平均して毎年約三〇〇〇万円（三〇〇〇万ドル）に相当する地租（通常歳入の八割三分を占める）を確保していたからである[39]。祁兆熙は当時の日本を実態以上に貧しい国家と考え、そのことを最も有力な根拠として日本政府による積極的な欧米近代文明導入の政策は、必ず破綻すると見なしていたのであった。祁兆熙が日本について決定的ともいえる点で判断と見通しを誤っていたことは確かであった。しかしこれを以て彼を責めることは正しくない。当時清朝政府はまだ日本に公使や領事を駐在させていなかったし、中国と日本は日本の「台湾出兵」によって極めて険悪な関係にあった。彼はこのようななかでもっぱら長崎、神戸、横浜の華人を通じて日本についての情報を入手しようとつとめたが彼らの提供する情報には彼が日本について正確に認識することを妨げるものも含まれていたと思われるからである。彼は『出洋見聞瑣述』で招商局の営業範囲を長崎、神戸、横浜の三港にまで拡大し、そこに清朝政府の官員（領事）を常駐させて当地の華人の保護と横浜より太平洋航路に乗り出す中国の海運企業の監督に当たらせることを提言していたが、これは、彼がこの時に日本において、中国は日本についての情報を収集する面でも、日本に進出している自国民を保護する面でも、欧米諸国に大きく立ち遅れていることを認識させられていたことによるものであろう。

五　国際法とアヘン

祁兆熙は「西人」の長所や利点を率直に認めてそのすぐれたものを学びとろうとする反面で、彼らの国家や社会には中国のそれとは異質な原理や原則が貫徹していてそこに中国の原理や原則を適用させることがいかに困難であるかを理解するようになっていた。彼は訪米時に、かつて中国の鎮江海関の通事（通訳）をしていながら死罪に相当する大罪を犯して姿を消した王という姓の人物が、サンフランシスコに逃れてそこで公然と中国を誹謗する言動を重ねているのを目撃したが、彼がこれを機として王通事のように海外に逃亡した中国人の犯罪人に対して清朝当局が追及の手を及ぼす方策を模索した際に、彼は欧米の法秩序が中国のそれとはいかに根本的に異なるものであるかを、いやおうなく認識させられることとなった。『出洋見聞瑣述』において祁兆熙はこのことについて以下のようにかなり詳細に論じている。

N　泰西の万国公法（国際法）を査するに、本人、罪を犯すも、別国に逃脱して其の籍（国籍）に投ずれば、即ち好人と作為して加罪（罪する）せざるのみならず、并せて要回（取り返す）して治罪（処罰）するを准さず。前に海関に在りて一広東通事（一広東人通訳）の作弊（職権乱用による不正）が破案（露見）すること有り。（然れども）其の人、潜逃して今に至るも獲さず。前幾年（数年前）鎮江関に王姓の通事有り。無頼の西人と串なりて事を起こす。其の人、逃れ往きて、亦未だ獲さず。（兆熙）美（アメリカ）に至る時に及び、王姓の通事を採得せり。――（王姓の通事）、前美領事（前のアメリカ領事）の西崽なり。西崽なるは童僕（男の召し使い）也。――其の人の犯罪、該殺（死罪に該当する）なれど、美国に逃避して中土（中国）の利弊を訳す。男女の衣服を以て奇観と為し、官場（官界）の情節（事情）を以て話柄（話の種）と為す。台を高くすること、弾詞（江南で行われる民間芸能の一種。三弦などを伴奏に唄ったり、琵琶や月琴などを奏でながら語ったりする）の様の如し。（之を）聴く者、毎位（毎人）半円（五〇セント）なり。泰西の風気、新聞（珍しい話や耳新しいニュース）を聴くを喜べば、彼、安居楽業する（その居に安んじてその仕事を楽しむ）を得たり。曾て西友（アメリカ人の友人）を暗訪（秘密裏に探訪）して〝（もしも）華官、其の人を得て治罪せんと欲すれば如何（いかん）〟と問うに、（西友）曰く、〝能わざるなり。彼、既に我が国に帰すればなり（アメリカに帰化してアメリカの国籍を取得しているのでの意）。吾が国（アメリカ）に在りて法を犯せば、（アメリカは）再び（そうしてはじめて）例（法規）に照らして治罪を行う〟と。（兆熙）是に於いて恍然（大悟）す。彼に於いて（彼より）知る、西例（欧米の法規や法慣習）、華人の逃れて香港に至り、金山（サンフランシスコ）に至りて髪（辮髪）を剪り（鋏で切る）服を易えれば、治罪に従う無きを。并びに南北花旗（アメリカ合衆国の南部と北部）が前に兵衅（戦争）を開くは、亦奴隷の為に起見する（奴隷の為にする）をも知る也。然れば不耻の人の外洋に流入するは軍罪（軍役に服せしめられる罪）と視為する（見なす）も亦可ならん。而（しかも）従中（中で）

是非を搬弄（揺り動か）し礼法を毀謗して大局を碍すること有れば、之を如何せん。後に必ず条約内に在りて、一善処の法を斟酌すべし。

これより、祁兆熙が欧米諸国の法秩序は中国のそれとは異質の原理、原則によって構築されていることを、アメリカにおいてはじめて認識するようになっていたことを、確認できよう。祁兆熙は欧米に在住する華僑・華人は、中国で大罪を犯してそこに逃れた者をも含めて、本来清朝当局の支配と保護の下にあるべきとする見方を取っていた。中国人（華人）はどの国、どの地にあろうとも、あくまで中国の法の適用を受けるべきであるとするこの属人主義の原則は祁兆熙に特有の主張ではなく、中国の為政者が伝統的に受け継いで来ていたものであった[40]。こうした中国の伝統的な原則や観念が、近代国家の形成過程で主権観念を確立させていた欧米で通用するはずはなかった。そこでは属人主義ではなく属地主義の原則が貫徹していたからである。祁兆熙はアメリカに逃れてすでにアメリカ国籍を取得していた中国人の犯罪者を逮捕するために清朝政府がアメリカに「華官」を派遣することをアメリカ人の友人に打診して拒否されていたが、これこそ彼が渡米当時には、欧米の法秩序の基本となることについてほとんど理解していなかったことを示している。彼は上の引用した史料の末尾で、こうした中国人犯罪者の海外への逃亡を防止するために、清朝政府が欧米諸国との条約を改定する機をとらえてそこに「一善処の法」（二国間の犯罪人引き渡しに関する条項か領事裁判権を中国にも認めさせる条項などと推定される）[41]を盛り込むことを提言していたが、これとても中国の犯罪者が逃亡先の欧米の国家またはその属領でその国の国籍を取得してしまえば有効な対応策とはなり得ないことまでは考慮に入れていなかった。しかし、一九世紀の七〇年代前半に留学生を引率して短期間訪米しただけの祁兆熙がアメリカでこのような重要な問題をも確認していたことは、むしろ驚くべきことと言わなければならない。

祁兆熙は、彼が渡米時ではなく上海の海関に勤務していた時に見聞していた当時の中国の「洋務」に関する問題についても、『出洋見聞瑣述』で論じていた。アヘン問題がその代表である。そのころ中国では、一八五八年の天津条約の付属協定でアヘン貿易が公認されたのを受けて、インドアヘンに対する課税強化と脱税の防止、国内でのケシの栽培とアヘン生産の禁止の是非などが、アヘンの害毒根絶の問題や「洋務」の財源確保の問題ともからんで、清朝の官憲の間で議論されていた。(42) 祁兆熙もこれを受けてアヘン問題について以下のような論評と提言を行っていた。

○　洋薬（インドアヘン）の進口（輸入）の数に至りては、土捐（アヘンに課す釐金）の数と終に符を合わさず。其の偸漏影射（脱税や他人の名義を騙って行う不正）、土商（中国のアヘン商人）が本分を守らざるの西人と串通して舞弊（不正な手段で違法行為を行う）するに由る。此の輩の西人、名は掮客（ブローカー、仲買人）と曰うも、亦本（資本）無くして利を図る。只一上下の房屋を借り亦之を某某洋行と名づく。上海の洋徑濱租界、此の款甚だ多し。土捐局（上海でアヘンに課せられる釐金を徴集する清朝当局の機関）が其に欺隠せられる所以なり。其の弊を絶たんと欲すれば、擬するに進口の全数の洋薬を将（もっ）て尽く海関の大桟房（保税倉庫）に桟（預け入れ）させ、原来の外国総単（海関の作成する上海の輸入品全体の品目と数量などを明記した一覧表）に照らして分售分銷（分売）せしむるとし、（外国人のアヘン輸入商と中国のアヘン商人との間の商談がまとまれば）（海関は）（アヘンをその保税倉庫に預けた上海在住の外国のアヘン輸入商に）清単（明細書、証明書）を開明（発行）して（海関の保税倉庫からアヘンを）提取（引き出す）させれば、以て偸漏し難からん。現（いま）関単（海関発行の証明書）の提貨単（輸送許可証）――英語話（英語）に訳して〝派司〟（パス）と名づく――有ると雖も、一紙の〝派司〟有る毎に混冒（名を偽る）して両用せり。是を以て査するも清（明白）ならざる処有り。

　査するに海関の〝西土〟の税餉（輸入税）、験明して〝潮湿に因り半減して納税せり〟と詳註（詳しく記入）す。謂う所の〝西土〟なる者、即ち陜西産する所の土（アヘン）也。既に其の税を収むれば、即ち亦物産矣。何を以て必ず其の種（栽培）するを禁ずるや？　曰く〝稼穡を害すれば也〟と。然るに毎省、現（いま）餘りて耕さざるの田甚だ多し。何ぞ査明して先に注冊を行い、未耕の田を将（もっ）て地に当たりて土（アヘン）を種せしめ、其の賦は之を倍征せしめること勿きや？　如（もし）田賦中に〝升科〟（新しく開墾した土地に対して一定の年限を経過してから課税すること）有るとすれば、其の征、亦小ならざる也。

鴉片の流毒、禁ぜんと欲すれども、万行う可からず。唯英国と商定する有れば（その道有り。）（即ち）（中国、英国に対し）百姓の苦を列陳し、伊の処（英国領インド）をして常に照らして（規定通りに）税を征さしめ、中国に進口（輸入）すれば、現在に照らして其の税（ここではアヘンに課す関税と釐金の意）を倍増さす。（かくすれば）一時に土価（アヘンの価格）は加倍し、之を食する者、節（節約）するを知り、且つ（アヘンを）視て珍重と為す。現（いま）好に因りて上癮せし（中毒になる）者も、或いは少くなる可き矣。或いは曰ん、〝此の計、施行せられて貧人の毎日三十文（のアヘン）を食する者、頓かに六十文を需するとすれば、則ち之を如何せん〟と。擬するに、土捐局、既に加倍の税（釐金）を得たり。（其の）一分を提出せしめ、林文忠公（林則徐）の方合薬を将て施送せしむれば、実に食するを戒めむる可し。如（もし）（之を）行う能ざれば、中国の罌粟（ケシ）を種するの禁を開き、以て利権を収むるに若（し）くは莫し。且つ中国産する所の土（アヘン）、其の性淡にして其の中に虫無く、流毒、較（やや）軽し。是、亦一つの道也。

ここにはまず上海における土捐（アヘン釐金）の脱税問題が取り上げられている。アヘン貿易が公認されてから、上海においても、香港から運ばれるインドアヘン（「洋薬」）に関税（輸入税）と土捐（アヘン釐金）が賦課され、前者は海関（洋関）が外国商人から徴集し、後者は土捐局が中国商人から徴することとなっていた。祁兆熙はこうした上海におけるアヘンへの課税のうち土捐局が中国商人に釐金を課す際に、大規模な脱税が行われていると見ていた。彼は土捐の脱税は中国のアヘン商人が租界で活動する外国人のブローカーと結託することによってはじめて可能となっていると見るとともに、それを防止するには上海にアヘンが輸入された際に直ちにそのすべてを強制的に海関の保税倉庫に預け入れさせるのが最も効果的である、と主張していた。すなわちa外国商人と中国商人との間で商談が成立する毎に、海関は関税と引き替えに、保税倉庫に保管してあるアヘンと輸送許可証を外国商人に引き渡す。b外国商人は海関から受け取ったアヘンと海関発行の輸送許可証を、その代金を支払った中国商人に引き渡す。c以上によって土捐局は、中国商人から土捐を徴集する際に、彼らに海関発行の輸送許可証を提示させて彼らが所持しているアヘンの数量を正確に確認することができるようにし、中国商人がその所持するアヘンの数量をごまかして土捐の脱税を行う余地をなくさせる、というのが彼がここで提起していた土捐脱税防止のための具体的な方法であった。こうした彼の提言の根底となっていた「輸入されたアヘンのすべてを直ちに海関の保税倉庫に預け入れさせる」という主張は注目すべきものであった。それは、中英間のチーフー条約の締結交渉以来、アヘン課税への脱税を防止する決め手の一つとして両国政府の関係者に一致して支持され、最終的には一八八五年に中英両国政府が同意したアヘン税釐併徴方式の中に取り入れられていた[43]。これは彼のみが思いついていたものなのか、他にもこれを主張していた者がいたのかは、まだ確認できないが、それが十分に留意されるべきことであることには変わりない。

祁兆熙がここで論じていた第二の問題は、清朝政府がすでにアヘン貿易を公認していながら、また海関では陝西省産のアヘンに対して、インドアヘンの半額とはいえ、すでに正式に関税を課しているにもかかわらず、国内でのケシの栽培とアヘンの生産を禁止するという矛盾した政策を行っているということであった。この祁兆熙の問題提起は、ケシ栽培の拡大が穀物生産を減少させているとした山西巡撫沈桂芬の上奏により、一八六五年に清朝政府が再度全国でケシの栽培とアヘンの生産を禁止したこと[44]、当時の陝甘総督左宗棠が、陝西・甘粛両省において、ケシの栽培を厳禁しケシから他の有用作物への作付け転換を行うよう農民に強く働きかけていたこと、などを強く意識してなされたものであった。彼はケシの栽培が「稼穡（食糧の生産）に有害である」というのであれば、全国には多年の戦乱によって生まれた荒地が至る所にあるので、その未耕の地で農民にケシを栽培させ、ケシを栽培する土地には農地の二倍の田賦を課すようにすれば食糧確保の問題はなくなるばかりでなく、国家の税収をも増加させることができるとして、清朝政府がケシ栽培の禁令を部分的に緩和するか撤回する必要があると主張していた。

祁兆熙が提起していた第三の問題は、中国はいかにすれば国外（インド）からのアヘンの流入を根絶させることができるか、ということであった。彼はこれを極めて困難なことと見なしながらも、中国がアヘンを持ち込み続けるイギリスと交渉して以下の二点を認めさせることができれば可能となる、と主張していた。その一つはイギリスがその植民地インドで従前通りアヘン税を徴収することであり、他の一つは中国がインドアヘンに課す税（関税と釐金など）を二倍に引き上げることであった。インドアヘンに対する課税を強化することと中国におけるケシ栽培とアヘン生産の禁令を緩和もしくは撤廃することとによって、インドアヘンに対する需要を減少させ、イギリスを中国とのアヘン貿易から撤退せざるをえないようにしようとする祁兆熙の見解は、陝西・甘粛両省でのケシ栽培の禁止に成果をあげていた左宗棠のそれとは明確に異なっていた。祁兆熙の主張は北洋通商大臣李鴻章が同治一三年一一月二日（一八七四年一二月一〇日）の「籌議海防摺」において示していた方向と基本的に一致するものであったと見ることができよう。[45]

むすび

以上、本章では、一八七四年に清朝政府のアメリカ留学生（第三陣）を引率して訪米した「護送委員」祁兆熙の復命書『出洋見聞瑣述』を読み解き、そこで祁兆熙が何を問題として取り上げ、いかなる提言を行っていたかについて検討してきた。清朝当局が任務を果たして帰国した祁兆熙に対して期待していたことは、中国の留学生はアメリカで清朝当局が期待していた通り「西学」と「中学」の双方の学習に正しく取り組んでいるか、清朝政府のアメリカ留学事業には清朝当局が定めた原則や方向に反するような問題が発生していないか、アメリカ留学事業に看過しえないような重大な問題が起こっているとすればそれはどこをいかに改めれば「洋務」に役立つ人材を育成するという留学事業の目的にかなうことになるのか、などの諸点について詳しく復命することであった。祁兆熙は『出洋見聞瑣述』の冒頭においてこれらの諸点について詳細に復命した。留学生はアメリカ人の教師の熱心な指導によって「西学」では顕著な成果を収めてはいるが、「中学」の学習の成果は惨憺たるものであること、このような事態は中国の伝統的な学問にほとんど通じていない年少者の中から留学生を選抜したことにより起こったことであって、それは留学生が「西学」の学習においていっそう大きな成果をあげる上でも障害となっていること、それ故に将来留学生を派遣する際には、若年にして科挙の予備試験（「童試」）に合格し「生員」の身分を取得している者（一五歳以下）の中から留学生を選抜して留学生には留学先で「西学」の学習のみに集中的に取り組ませるようにすべきこと、中国と条約を締結している欧米の国家がすでに一三国にも達している状況に鑑み、アメリカのみでなく欧米の主要な国家にも留学生を派遣して、これらの諸国との間で起こる複雑な問題をも処理できる人材を育成する必要があること、などが彼の復命したことであった。ここで確認すべきことは、祁兆熙が「清朝当局が留学生として海外に赴かせる者は、あくまですでに中国の伝統的な学問、正統とされている学問を基本的に修得している者のなかから選定しなければならない」という見解を提起していたことであろう。祁兆熙が復命書においてこのような提言をする際にその拠りどころとしていたのは、「中外に精通」した「洋務」のための人材を育成する、という当時の開明派の留学事業に関する基本方針であった。欧米諸国には中国の及び得ぬ長所や利点が数多くあることを痛感して欧米諸国への留学生の派遣に積極的となっていた祁兆熙も、「西学」は中国の伝統的な学問（「中学」）をバックボーンとした者がはじめて学ぶことができる、とする当時の中国の開明派の立場を踏み越えていなかった。彼が『出洋見聞瑣述』において提起していた留学事業についての具体的な改革構想はこうした中国の伝統的な秩序と伝統的な観念、意識を前提とするものに他ならない。

日本の「台湾出兵」によって中国（清朝）と日本との対立が先鋭化していた時期に渡米した祁兆熙は、強い危機感にとらわれていた。彼は中国がすでに一〇年も前から着手していた洋務運動（洋務政策）をより積極的、より大胆に推進して早急に「自強」を実現しなければならない、と焦慮していた。そのため祁兆熙は、留学生を安全にニューイングランドのスプリングフィールドに導く引率官としての本来の任務を無事に果たすだけでは満足せず、訪問国アメリカではもとよりのこと、アメリカへの旅の途中で立ち寄った日本でも、太平洋郵船の大型汽船による太平洋横断の旅の途上でも、欧米列強や日本に関する情報と中国の「自強」に役立つ知識を収集しようと身構えていた。祁兆熙の訪米復命書『出洋見聞瑣述』の内容が留学生派遣事業に関することから大きく踏み出して、工鉱業、海運、鉄道、通信、貿易、借款、国際関係、国際法などにまで広く及んでいたのは、彼の危機感と中国の「自強の道」への思いがいかに深いものであったかを示している。

祁兆熙は『出洋見聞瑣述』において、中国が「自強の道」を図るには、中国の最大の脅威となっているヨーロッパの三大強国イギリス・ロシア・ドイツから巨額の借款をして軍事力や海運、通商などのシステムを欧米諸国に対抗できるものに改編するとともに、中国に友好的なアメリカとの間に協力関係を構築することが不可欠であるとする、ユニークな見解を提起していた。その際に祁兆熙は(1)欧州の三大強国からの借款は中国が「自強」を図るために不可欠とする資金を調達する手段となるばかりでなく、それを提供するイギリスなどの強国が中国に不当な圧力をかけるのを牽制する武器にもなるとしていたし、(2)中国は欧州三国からの借款を資金として大型の汽船を有する海運会社を設立しそれを太平洋の海運業に参入させて中米貿易を積極的に拡大させるべきである、と主張していた。また、(3)中国の生糸商と茶商を結集して輪船招商局のような半官半民の欧米式の貿易会社「糸茶総局」を設立し、それに輸出用の生糸と茶の産地での買い付けと外国への販売を独占させること、(4)招商局の営業範囲を長江と沿海のみの国内航路から日本の横浜にまで拡大し、そこに清朝政府の官員（領事）を常駐させて横浜より太平洋横断の国際航路に乗り出す中国の海運企業の保護と監督にあたらせること、などをも積極的に提起していた。祁兆熙は彼が中国の「自強」のために不可欠と見なして提起した以上のような国家的な事業を「護商裕国の計」と規定していたが、その歴史的な内実は、清朝当局が外国からの借款を呼び水として中国の前期的な商人資本と高利貸資本を強制的に中国の特権的なブルジョアジーへと転換させることを意図したものであったと見ることができよう。

『出洋見聞瑣述』で祁兆熙が行った提言は、大胆かつ積極的なものであった。しかし、「糸茶総局」設立の構想は明らかに欧米諸国との条約に記されていた自由貿易の原則に抵触していたし、大型の外輪船を擁して太平洋の海運に参入するためのものとされていた海運企業設立の構想も、現実にはアメリカの太平洋郵船と競合して十分に利益を確保できるだけのものであるかは定かでなかった。英・露・独三国からの三〇〇〇万ドルの借款に至っては全く具体的な裏付けのない単なる思いつきの域をでるものではなかった。

かくして祁兆熙が心血を注いで書き上げた復命書は清朝当局に十分に検討されることなく捨ておかれることとなった。しかし、祁兆熙が訪米時に深めた「洋務」についての見識と技能は、彼がその後一七年もの長きにわたって中国の「洋務」の第一線で活躍することを可能とさせた。アメリカより戻った彼は、程なく広州に赴き、一八九一年に当地で死去するまで歴代の両広総督の下で広東省の対外関係の実務を担当することとなった。『上海県続志』は彼の広東省の省都広州での活動を「兆熙、粤（広東省）に宦となること十七年、督署（総督の衙門）の洋務を歴辦す。『通商約章』、『洋務成案』を輯し、香港の英官と中国電局（電報局）の事宜を妥定して中外を翕然（和合）さす。其の他、籌振（籌賑）、禁賭、洋面を査し私船の擄を緝すること、廉州の常洋関（常関と洋関）の争いを解くこと、及び捐を輸し団を辦じて桂匪（桂州の匪賊）潘某を勦するを助する等において、皆、心力を尽くせり。光緒辛卯（一八九一年）、積労（積年の過労）により粤の寓に卒える」[46]と記している。これより広東にあって晩年の祁兆熙が当地の山積していた内外の問題をいかに真剣に処理していたかがよくわかる。「心力を尽くし」て広東省の「洋務」に取り組んだとされる晩年の彼の姿勢は、彼が留学生を引率して渡米した時に示したそれと全く変わっていなかった。中国の洋務運動が二〇世紀初頭の清朝政府による新政に引き継がれる成果を挙げることができたのは、中国の「自強」を願って「洋務」に文字どおり献身的に取り組んだ祁兆熙のような人物が各地に少なからずいたことによるものであろう。脚光を浴びることなく黙々とその職責を全うしていた祁兆熙のようなマイナーの人物についての研究は、これからも多くの研究者によって取り組まれなければならないと思われる。

註

（1）『中西聞見録』同治一一年三月「華生游学美国」所収の「大清欽命督率華生司員葉・陳・容・曾」の連名の書簡。

（2）以下、その主要な著書、論文を列記する。

a　Arthur G. Robinson, *The Senior Returned Student: A Brief Acount of Chinese Educational Mission (1872–1881) Under Dr. Yung Wing*, Tian Jin, 1932.

b　Yung Shang-him, "The Chinese Educational Mission and Its Influence," Tien Hsia Monthly, IX. 3, October 1939.

c　Edwin Pak-wah Leung, "China's Quest from the West: The Chinese Educational Mission to the United States, 1872–1881," Asian Profile, Vol. II, No. 6, December 1983.

aは七〇年前に天津で刊行された小冊子。著者はアメリカ人の宣教師である。bはこの時の留学生の一人であった容尚謙がその晩年に往時を回顧して執筆した英文の論文。cはこの留学生派遣事業についてのアメリカ側の研究の第一人者梁伯華の代表的な論文である。

（3）本書第二章。

（4）『出洋見聞瑣述』は上海図書館に旧南洋中学の蔵書の一つとして収蔵されていた貴重な書籍である。一九八五年に鍾叔河主編の『走向世界叢書』（岳麓書社）に収められて刊行され、日本の研究者も利用できるようになった。括弧内は引用者。以下、引用史料中の括弧内はすべてこれと同じとする。

（5）本書第二章。

（6）西暦では一八七四年九月となる。

（7）一三国とはイギリス、フランス、アメリカ、ロシア、スウェーデン＝ノルウェー、ドイツ、オランダ、ベルギー、デンマーク、スペイン、ポルトガル、イタリア、オーストリア＝ハンガリーの各国をいう。これら一三国の他に当時清朝中国は日本とペルーともすでに条約を締結して貿易・通商を行うことを承認していた。

（8）それは『四国档』「英国档」に収められた咸豊九年一月二四日（一八六九年二月二一日）付の彼の上奏文の次の一節に示

されている。

今英夷鴟張於南、俄夷桀鶩於北、中国情形虚実、皆所周知、無復顧忌。而通市二百年、交兵議款又二十年、始終無一人通知夷情、熟悉其語言文字者。竊以為御夷之竅要、莫切於是。

(9) 李鴻章は、アメリカ留学生派遣計画の概要が公表された際に、イギリス公使ウエード (Wade, T. F.) から、中国の伝統的な学問をまだ修得していない少年をアメリカに留学させてそこで「西学」と「中学」の双方を学習させるよりは、すでに中国の学問を基本的にマスターしている青年をアメリカに留学させた方が成果をあげることができる、と忠告されていた。李鴻章もウエードの指摘が理にかなっていると見てこのことを曾国藩に告げ計画を修正するよう求めたが、曾国藩はこれに応じなかった。李鴻章は、このように、当初から留学生に現地で「西学」の他に中国の学問を学習させるというアメリカ留学事業の在り方に対してかなり懐疑的であった。それ故、清朝政府の行うアメリカ留学生派遣事業に対する祁兆熙の評価は、李鴻章にとって意にかなうものであったと思われる。しかし、ごく少数ではあるが、アメリカ留学生派遣事業を全面的に高く評価する人物もいた。一八七六年にフィラデルフィア万国博覧会を視察するために訪米した寧波関の「文牘」李圭がその代表である。彼は博覧会場で見学に訪れた中国の留学生団に会い、留学生の幾人かと親しく言葉を交わしていた。その後留学事業の本部のあるハートフォードをも訪問しそこで容閎から留学事業の実情について詳しい説明を受けていた。李圭はその訪米復命書ともいうべき『環游地球新録』の中で当時清朝政府が行っていたアメリカ留学生派遣事業がいかに大きな成果を収めているかを力説・強調していた。

(10) 同文館については Knight Biggerstaff, *The Earlist Modern Government Schools in China*, Cornell University Press, 1961, 呉宣易『京師同文館史』(舒新城編『近代教育史資料』上、人民教育出版社、一九六一年、所収)、丁韙良著、傅任敢輯訳『同文館記』(張静廬輯註『中国出版史料補編』中華書局、一九五七年、所収) を参照。

(11) 宮崎市定『科挙史』平凡社、東洋文庫四七〇、一九八七年、第二章、劉秀生・揚雨青『中国清代教育史』人民出版社、一九九四年、第二章「科挙制度下的学校体系」などを参照。

(12) 註(11)と同じ。

(13)　百瀬弘訳注、坂野正高解説『西学東漸記――容閎自伝――』平凡社、東洋文庫一三六、一九六九年、一八二頁、註一一などを参照。

(14)　村田雄二郎「「文白」の彼方に――近代中国における国語問題――」(『思想』八五三号、一九九五年、七月)。

(15)　海関については、高柳松一郎『支那関税制度論』内外出版、一九二〇年、金城正篤「清代の海関と税務司――税務司制度の確立――」(『琉球大学法文学部紀要(史学・地理学編)一八号、一九七五年)、濱下武志『近代中国経済史研究』汲古書院、一九八九年、岡本隆司『近代中国と海関』名古屋大学出版会、一九九九年、第五章などを参照。

(16)　坂野正高「ロバート・ハート」(同『近代中国外交史研究』岩波書店、一九七〇年)、ジョナサン・スペンス著、三石善吉訳『中国を変えた西洋人顧問』(原題 *To Change China-Western Advisers in China 1620–1960*) 講談社、一九七五年、第四章、盧漢超『赫徳伝』上海人民出版社、一九八六年、汪敬虞『赫徳与近代中西関係』人民出版社、一九八七年、岡本隆司前掲書、第五章などを参照。

(17)　坂野正高「総理衙門の設立過程」(『近代中国研究』第一輯、一九五八年)、呉福環『清季総理衙門研究』文津出版社、一九九五年などを参照。

(18)　祁兆熙『出洋見聞瑣述』。

(19)　李鴻章は容閎らハートフォードの「出洋局」のスタッフを通じてこの造兵廠よりガトリング砲などの最新式の銃砲を購入させていた(容閎著、百瀬弘訳註『西学東漸記――容閎自伝――』平凡社、東洋文庫一三六、一九六九年、一八六頁)。なお日本の岩倉使節団も明治五年五月一五日にこの造兵廠を視察している(久米邦武編、田中彰校注『米欧回覧実記』(一)岩波文庫、一九七七年、三〇〇～三〇一頁)。

(20)　海南島の内地化問題に最も精力的に取り組んだのは、一八八四年に両広総督となった張之洞であった。張之洞の海南島統治についての専論では、蘇雲峯「張之洞与海南島――一八八四～一八八九――」(中央研究院近代史研究所編『清季自強運動討論会論文集』上冊、民国七七年、四六五～五〇〇頁)が最も傑出している。

(21)　こうした主張は、鉄道建設の場合と同様に、当時の「風水」や「山川の神」に対する民間信仰と抵触していたが、ここでは祁兆熙はこれに配慮した説明を一切行っていない。

(22) 太平洋郵船会社の沿革とその盛衰については第二章の註(27)を参照。

(23) 正式の船名は"America"、四五五四トンの木造外輪船。この船は当時太平洋郵船がサンフランシスコと横浜、香港間の航路に投入していた四隻の四〇〇〇トン級の大型蒸気船の中で「極大極美」のものであった。一八七一年一二月一四日(明治四年一一月一二日)、岩倉使節団は横浜港でこの船に乗り込み、太平洋を横断して最初の訪問国アメリカのサンフランシスコに向かって旅立っていた(久米邦武前掲書)。

(24) アメリカ号が横浜沖で火災を起こして炎上・消失したのは一八七二年八月二七日のことであった。この事故については、『申報』が同治一一年八月三日(一八七二年九月五日)と同治一一年八月一五日(一八七二年九月一七日)の二度にわたって詳しく報じている。それによると、この船の火災により、アメリカから郷里の広東に帰国するために香港に向かっていた華人五七人が故国に近い日本の横浜沖で溺死していたことがわかる。この事故をめぐって総理衙門からアメリカの中国駐在公使ロウに照会がなされ、アメリカ側も約三年の歳月を費やして犠牲者の身元調査や所持金の捜索を行っていたことが中央研究院近代史研究所編『中美関係史料』所収の文書から判明する。

(25) 正式の船名は"Japan"、四九〇〇トンの木造外輪船。

(26) 日本号は一八七四年一二月一七日、横浜から香港に向けて航行中に広東省汕頭の南一三〇里、香港から一八〇里の海上において火災を起こして灰燼に帰した。この事故による死者は華人が三九〇人、西人が四人であった、と『申報』は報じていた(『申報』同治一三年一一月九日(一八七四年一二月一七日)「海洋巨患」「再述海洋巨患」)。

(27) 一八七〇〜一八七一年の普仏戦争を指す。一八七二年四月三〇日創刊の『申報』は当時香港の華字日報が掲載していた王韜の『普法戦紀』を同年一〇月より断続的に転載していた。祁兆熙もこれにより普仏戦争についての知識を得ていたと思われる。

(28) 清朝政府による借款は、日清戦争前にはもっぱら在華外国商社と在華外国銀行との間で行われた。それは中国の各地に反乱が広がっていた一八五三年以降、主に国内の大規模な反乱か外国との戦争に際して緊急に軍費を調達する必要に迫られてなされてきた。前者は西北の回民や捻軍の反乱の際に陝甘総督左宗棠が行った西征借款が主なものであり、後者は日本の台湾出兵に際して海防大臣沈葆楨が行った福建台防借款と清仏戦争に際して両広総督張樹声や張之洞が行った広東海防借款が代表的なものである。なお、清朝政府の対外借款契約額は、一八五三年から一八九三年までに四五九二万両（テール）に達していた（徐義生編『中国近代外債史統計資料　一八五三〜一九二七』中華書局、一九六二年）。

(29)　中井英基「清末中国における「清流」と企業者活動――張謇の生涯とその役割――」（阿部洋編『日中関係と文化摩擦』巌南堂、一九八二年、所収）他を参照。

(30)　「普」とはプロイセンを指すが、この復命書が執筆された一八七五年にはすでにドイツはプロイセンによって統一されていた（一八七一年）ので「ドイツ」とした。

(31)　中国の領事が、アメリカのサンフランシスコで、そこに輸入された中国物産に対して関税を課すなどということは、許されるはずがなかった。祁兆煕は外国に居住する「華人」や外国に運ばれた「華貨」にも清朝政府の支配や規制が及ぶと考えていたのであろう。当時の清朝の官僚には祁兆煕と同様な見方をする者が多かった。

(32)　「寄番」については拙著『洋務運動の研究』（汲古書院、一九九一年）二九五頁を参照。

(33)　「汕頭」は香港の誤りある。『出洋見聞瑣述』では、祁兆煕は、太平洋郵船の香港―旧金山（サンフランシスコ）の航路をすべて汕頭―旧金山と記している。

(34)　「官利」が一分とされたのは当時清朝政府が金を貸与する際に年一分（一〇％）を越える利息（利子）を取ることを禁じていたことによる（『申報』同治一二年一一月七日（一八七三年一二月二六日）「放賬不可重利論」）。なお、朱蔭貴「引進与変革――近代中国企業官利制度分析――」（『近代史研究』二〇〇一―四）は輪船招商局に始まる中国の会社企業（公司）において「何故株主（「股東」）に対して配当金（「紅利」）に先立って「官利」という名の固定利子の支払いがなされ、何故その固定利子が「官利」と称されたか」について意欲的な考察を行っている。しかし、この論文は、当時清朝当局が、各衙門所管の公金を商人に貸与する（「発商生息」）場合をも含めて、すべての貸金には年一分を超過する利子を取ることを厳禁していた事実を見落としたため、「官利」の制度がこのような当時の清朝当局による金融政策と深く関連して中国の会社企業に導入されていたという重要な事実を「発見」できずに終わったと思われる。ここに引用した祁兆熙の「官利」についての記述は、こうした「官利」制度についての未解決の課題を解明する際に、十分に参照されるべきであろう。

(35) 周知のようにアメリカでは一八七三年以降、アイルランド系の人々が華人排斥の行動を起こすようになった。しかし、祁兆熙はこれについて全く言及せず、アメリカ政府とアメリカ国民は中国に対して極めて友好的であると力説していた。これは彼が訪米した一八七四年には、その前年にアメリカの西部で広がった華人排撃の動きがかなり沈静化していたためであると思われる。アイルランド系の人々による華人排撃の風潮は一八七五年以降再燃し、その後、年を追って激烈となった。

(36) 遠山茂樹『明治維新』岩波書店、一九五一年、三〇五頁。

(37) 小風秀雅前掲書、四九頁。

(38) 中央研究院近代史研究所編『中美関係史料』(同治朝下)「陳蘭彬到劉翰清函」同治一二年閏六月二九日にも、これに類似した以下のような記述がある。

日本在美肄業者、聞因経費不足、已陸続調回三十九人矣。日本改装、百姓不服、元甫(容増祥)来時、謂有人見其告示、改不改、聴民自便。

(39) 遠山茂樹前掲書、二七一頁、二九一～二九二頁。

(40) 一八六〇年一一月に恭親王らがロシア公使イグナチエフ(Ignatieff, N. P.)らと締結した中俄続増条約と一八七一年に李鴻章らが伊達宗城らと締結した日清修好条規で双務的領事裁判権の規定を設けていたのは、そうした清朝当局の意向を示したものであると思われる。

(41) 清朝政府は中国と国境を接するロシアとは、一八六〇年一一月締結の中俄続増条約において、両国間で自国領に逃れた犯罪人を捕らえて相互に引き渡す規定を定めていた。その後、中国と隣接するベトナムが一八八五年にフランスの属領となり、またマカオが一八八七年にポルトガル領となる際にも、清朝政府はフランスとはその属領ベトナムとの間で、ポルトガルとはその属領マカオとの間で犯罪人を相互に引き渡すことを規定した条項を両国との条約に設定している。

(42) 一八五八年にアヘンの輸入が合法化されてからアヘンに対する「税厘併徴」が実施されるまでのアヘンをめぐる問題につ

いては、W. S. K. Waung, *The Controversy: Opium and Sino-British Relations, 1858–1887* (Hong Kong, Lung Men Press, Ltd., 1977). 坂野正高「馬建忠のインド紀行、『南行記』――一八八一年、アヘン貿易漸減案打診の旅――」(『東洋史研究』八〇－四、一九八〇年、同著『中国近代化と馬建忠』東京大学出版会、一九八五年)、目黒克彦『中国近代における輸入アヘンに対する税釐併徴問題の基礎的研究』(文部省平成七年度科学研究費補助金(一般研究C)研究成果報告書)などの研究がある。

(43) 目黒克彦前掲報告書参照。

(44) 『大清穆宗毅皇帝実録』巻二三一、三四～三五頁。なお、清朝政府は同治六年六月一二日(一八六八年七月三一日)、同治一一年一一月一六日(一八七二年一二月一六日)、同治一二年一二月二三日(一八七四年一月三〇日)などにもケシ栽培の禁令を繰り返しだしていた。目黒克彦「光緒初期、山西省におけるケシ栽培禁止問題について」(『集刊東洋学』六二、一九八九年)はこの問題に関する数少ない専論である。

(45) 『李文忠公全集』奏稿、巻二四、一〇～二四頁。

(46) 呉馨等修、姚文枏等纂『上海県続志』(民国七年刊)巻一八、祁兆熙。

第四章　李圭の訪米と在米華人

はじめに

浙海関の「文牘」李圭[1]は、一八七六年初に、東海関税務司デトリングの推挙によりフィラデルフィア万国博の中国（清朝）政府の委員の一人に加えられ、アメリカに赴くよう命じられた。[2]この時李圭が海関当局から与えられた任務は、フィラデルフィアに赴いて万国博の「会内の情景并びに挙行・見聞する所の者」を「詳細に記載し（それらを）中国に帯回して以て印証に資す[3]」ということにあった。

李圭は一八七六年五月、アメリカへの旅に出発した。この李圭の訪米の最大の目的が海関当局から与えられたフィラデルフィア万国博についての詳細な記録を執筆するという任務を遂行することにあったことはいうまでもない。しかし、李圭の訪米には、彼が公式の記録『環游地球新録』には明記し得なかったいま一つ別の目的があった。

本章では、このような李圭の訪米の非公式の目的を明らかにする。以下、フィラデルフィア万国博への参加を命じられた時からアメリカのフィラデルフィアに到達するまでの李圭の行動をたどり、彼がその訪米の機をとらえて何をなし、何を果たそうとしていたかを、具体的に検討していくこととしよう。

一　李圭の経歴と出国直前の行動

李圭は、字は小池、一字（別の字）は公桓、江蘇省江寧（南京）の人である。彼は一八四二年に江寧城から五〇里ほど離れた楽豊郷の読書人の家に生まれた。彼ははじめ一族の者とともに士人、士大夫となる道を歩んでいたが、一八六〇年に至って太平天国の戦乱に巻き込まれ、三二カ月も太平軍の捕虜として生きることを余儀なくされる。一八六二年に計をめぐらして上海に脱出、まもなく常勝軍の軍営において書信の起草などにあたる「文案」の職を得た。一八六五年、常勝軍の営中で親交を結んだイギリス人ホブソン（Hobson, H. E.）が浙海関（寧海関）の税務司となると、李圭はホブソンの推挙により浙海関の「文牘」に起用された。李圭はこのポストについて一二年目の一八七六年に至り東海関税務司デトリングに推挙されて、フィラデルフィア万国博の中国政府委員の一人に加えられる。[4] この時、李圭は三四歳となっていた。三〇代の半ばという働き盛りの年齢に達していたのである。

ではそのころの彼は周囲の人々からどのような人物であると評されていたのであろうか。これを知る上で重要な史料は一八七六年六月七日（光緒二年五月一六日）に上海の華字新聞『申報』が掲載した次の文章である。

李君小池、名は圭、寧海関に在りて事を司る。性は倜儻（才気すぐれ人に拘束されない）、衣を千仞の岡に振り、足を万里の流れに濯ぐの概を有す。平時崇論閎議し、往々郵筒（郵便）に託して本館に交し諸を日報に登らしむ。閲するものは幾（ほとん）ど五体投地、同声嘆服するに至る。洵（まこと）に今時の有心人為る也。[5]

ここに描かれている李圭の人物像は、筆者が彼の著書『環游地球新録』や『思痛記』、『鴉片事略』などを読んで抱いた彼についてのイメージと完全に合致する。彼は権威に屈さず、直言を好みおのれの信ずる所に従って生きようとした気骨の士であった。彼はまた、中国が抱える困難な問題に深い関心を示し、広く世界に目を向けてこれからの中国の進むべき道を探ろうとした憂国の士でもあった。『申報』は彼に対して「今時の有心人」という最大級の賛辞を呈しているが、この評言はかなり当を得たものと言える。彼がしばしば中国の内政上や外交上の問題を積極的に取り上げた論文を『申報』に寄稿し、それを読む者を驚嘆させていたというからである。

では海関当局からアメリカに赴くよう命じられた時に、彼はこれから訪れるアメリカにおいて何をなそうと考えたのであろうか。自由奔放で不羈独立の人であった彼が、アメリカに赴いたのちには当局から与えられた任務のみを果たそうと思っていたとは、到底考えられない。問題意識が旺盛なうえに胆力、気力、智力、体力のいずれにも恵まれていた彼には、万国博参加のために与えられる訪米の機会をとらえて是非ともなそうとしていたことがあったと考える方が自然であろう。然らば李圭は偶然に与えられた一生に一度の訪米で何をなそうと心に定めていたのであろうか。一八七六年六月七日の『申報』の次の記事はこの点を解明する上で有力な手掛かりを与えてくれる。

前月中旬（光緒二年四月中旬すなわち一八七六年五月初旬）滬（上海）に来たりて謂わく、〝将（まさ）に中華の土物を押送して美国の百年大会（アメリカ建国一〇〇周年記念のフィラデルフィア万国博覧会）に前（すす）み往かんとす。四月二十一日（一八七六年五月一四日）に於いて三菱公司（三菱会社）の火船（汽船）に附して行を啓（ひら）き、日本より花旗（アメリカ）に至ることを定めたり。会事既に蔵蔵（完了）するを俟ちて道を欧羅巴（ヨーロッパ）に取り、埃及（エジプト）の新開の河（スエズ運河）を渉りて印度洋を渡り、香港に抵（いた）り、然る後に滬に回らんとす〟と。蓋し将に東西に地球を繞り行きて一過せんとする也。此の往返を計るに十餘万里は有らん。古人の星を佰海に探り河源を尋ぬるも、恐らく亦此の壮懐無からん。小池の志を顧みるに僅かに其の山川風俗を覧せんと欲するに非ざる也。以為（おもえ）らく、〝通商より以後、華人の出洋して生を謀る者は数十万人を下らず。中国既に領事の外に於いて分駐する無ければ、則ち此の数十万生霊の利病の若何（いかん）、休戚（福と禍）の若何は、究に以て其の隠を深く知る無し。今、賽会（博覧会）の事に借り、藉りて以て其の境を歴覧し、他日帰り来ら俾むれば、亦空言に託して以て芻蕘の献に備う可からん〟と。(6)

ここにはまず訪米に先立って李圭が上海の申報館を訪れ、アメリカの建国一〇〇周年を記念したフィラデルフィア万国博に参加するために日本経由で訪米し、万国博終了後にヨーロッパ経由で帰国することとなったことを『申報』の代表者（編集長）に直接告げていた事実が語られている。このことは以前から李圭と『申報』の代表者との関係がいかに濃密なものであったかを示唆するものといえよう。しかし、この記事のより重要な部分はその後段にあった。すなわち『申報』が李圭の訪米とそれにつづく世界周遊を「星を佰海に探り河源を尋ねた」古人の事業をしのぐ壮挙として讃えたあとの部分、つまり李圭の訪米と世界周遊には、万国博視察に名を借りて海外の華人の置かれた状況を探知することにその真の狙いがある、としたところがそれである。この『申報』の記事は、李圭が在米の華人の困難な状況を探聴することをひそかに期して訪米しようとしていたことをはっきりと示した点で、極めて重要なものであるということができよう。

では李圭の訪米と世界周遊には『申報』の記事が示唆していたような目的が本当にあったのであろうか。この点を確認するために、次に李圭がフィラデルフィアへの旅の途上で行っていたことを彼の旅行記を通じてたどってみることとしよう。

二　長崎、神戸と横浜

一八七六年五月一四日、李圭は広東人の英文通訳陳熾垣とともに、郵便汽船三菱会社の汽船ネバダ号（二五〇〇トン、外輪船）で上海から横浜に向けて出発した。[7]この船の上等船室には、日本の上海領事品川忠道や、任を終えて故国に帰るアメリカの前牛荘領事ナイト（Knight, F.P. 鼐達）[8]、商用でアメリカに赴く呉という姓の広東籍の上海の富商などが乗り込んでいた。

李圭は乗船後、自分と同じくこの船の上等船室の客となったアメリカ人ナイトがフィラデルフィア万国博の中国代表団の「公幹」（委員）の一員となっていることを知り、思いもしなかった幸運にめぐり会えたとひどく喜んだ。以後、両人は互いに意気投合し、フィラデルフィアまでの旅を共にすることとなる。

ところで太平洋を横断してアメリカに赴こうとする李圭が最初上海から日本の横浜に向かったのはなぜであろうか。それは、当時、上海とサンフランシスコとを直接結ぶ定期航路がまだ開設されておらず、上海からサンフランシスコに行くには、ひとまず上海から横浜に至り、そこで香港から横浜を経由してサンフランシスコに赴く太平洋郵船の定期船[9]に乗りつぐのがいちばんの早道であったからである。李圭がこの時に利用した上海・横浜間の定期航路は、一八六七年六月に太平洋郵船がサンフランシスコ・香港間の定期航路の支線として開設したものであった。しかし、この航路には一八七五年二月より日本の三菱会社が進出し、太平洋郵船に激しい競争を挑んだ。両社間の競争は周知のように、日本政府の強力な支援を得た三菱会社の勝利に終わる。一八七五年一〇月、太平洋郵船は上海・横浜間の航路から撤退し、船舶・陸上資産とともに同航路を三菱会社に譲渡した。[10]一八七六年五月に李圭が上海から横浜に向から時に太平洋郵船の定期船を利用せず、三菱会社のそれを用いたのは、以上のような事情によるものである。

李圭の乗った三菱会社の汽船ネバダ号[11]は、翌五月一五日に長崎に、五月一八日には神戸に寄港した。李圭はそのいずれの地においても船内には留まらず、出航までの時間を活用して当地の名勝をめぐり、そこの目新しい施設を視察・見学した。李圭はネバダ号が神戸に寄港した際には、列車に乗って大阪に行き、そこに一泊、翌日、博物館などを見学して神戸に戻っている。[12]李圭は電報局や郵便局、学校、警察署、税関など、当時日本にあらたに導入されていた施設に特に強い関心を示すとともに、明治政府が推進していた近代化政策を基本的に妥当なものと評価していた。[13]

李圭はまた、長崎においても、神戸においても、華人社会の指導者たちとすすんで接触し、彼らを通じて訪問地の概況を知り、またそこに居留する華人の状況を把握しようとした。彼は長崎では広東商人経営の雑貨店〝泗合盛〟を訪れ、その店主梁鑒川と周昭亭の両人から長崎の概況と華人の数、その出身地（広東人約三〇〇人、福建人三〇〇～四〇〇人、江浙人一〇〇余人）、中華会館の数（広肇公所と福建公所各一）、欧米諸国の商人に比べた場合に華人がそこで受けている税負担面や司法面での不利な扱いがいかなるものであるか[14]などを聞き出している。長崎での李圭の遊覧・視察が泗合盛店主の案内の下になされていたことも重要な事実として指摘しておこう。神戸では李圭は粤商（広東商人）〝裕興泰〟を訪れ、見学の案内と神戸についての情報の提供とを求めている。裕興泰の店主は麦鎮南という名の人物であった。李圭は神戸に上陸した日（五月一八日）には裕興泰に宿泊し、麦鎮南の行き届いた接待を受けた。しかし、李圭が麦鎮南から入手した情報にはあまり目新しいことはなかった。それはａ神戸、大阪の両地に居留する華人が七〇〇～八〇〇人であること、ｂ長崎と同様にそこには中華会館が設置されていること、ｃ神戸の貿易量は長崎のそれよりも多いこと、などにすぎない。

五月二〇日の夜、ネバダ号は神戸を出航し、翌々日（五月二二日）の午後には横浜に到着した。その時横浜にはサンフランシスコに向かう太平洋郵船の定期船シティ・オブ・ベイジン（City of Beijing, 以下「北京号」と略記）が一足先に香港から到着していた。李圭は通訳の陳熾垣とともに北京号に乗り換えたが、同船の出航が翌二三日の夜半であることを知ると急いで下船し、横浜の「広号」（広東製の商品や広東回りの舶来品を扱う華商）〝東同泰〟を訪れる。こうして横浜でも李圭は出航までのわずかな時間を華人の有力者からの情報収集に当てようとした。東同泰の店主梁錦霖は李圭の来訪を喜び、彼の期待に十分応えた。李圭はその日は東同泰に宿泊する。同夜、梁は盛大な酒宴を設けて李圭を手厚くもてなした。李圭はその席で梁から貴重な情報を得た。すなわちa横浜の商民が約四万であること、bその貿易量は長崎・神戸のいずれよりも勝るが、上海のそれには及ばないこと、cそこに進出している外国商社は大小合わせると数十もあるが、日本政府がアヘン厳禁の政策を励行しているため、アヘンの取引を行う外国商社は全くないこと、[15] d横浜居留の華人は約一六〇〇人であること、e彼らの間の些細なもめ事（細事）は中華会館（董事は六人、司事は八人）が処理するが、訴訟（訟事）はすべて日本の裁判所の管轄下に置かれて華人はすべてその判決に服さねばならないこと、f欧米諸国はいずれも領事を置いて在留民の保護に当たらせているが、中国のみは領事を派遣していないため、華人は司法などの面で欧米人とくらべると著しく不利な立場に立たされていること、などがその主なものである。これらのなかで注目すべきものはcとe・fであるが李圭にとってcを知り得たことは大きな収穫であった。彼はアヘンに対する日本政府の姿勢の厳格さと日本人（国人）がアヘンについての政府の禁令を敢えて犯そうとはしないことを梁から聞いて感嘆するとともに、中国の惨状に思いを馳せ、「惜しむらくは我が中華、何れの時にか乃ち此の毒焔を熄（け）すこと能うかを知らず」と慨嘆している。[16]

翌五月二三日、天気も良くなく体調もあまり芳しくなかったため、李圭は夕刻近くまで梁の家で寧波の家族に書信を書いたりして休息していたが、午後五時頃に思いきって列車で東京に赴き、日本の首都の中心部を馬車に乗って視察した。出発が遅れたため東京に到着したのがすでに六時をすぎていたため、博物館などの見学などを果たせぬまま彼は無念の思いを抱いて横浜に戻る。その後李圭は東同泰で晩膳についたのち、梁錦霖らに別れを告げて北京号に乗船した。同日夜半、北京号は予定通りサンフランシスコに向けて横浜を出航した。

李圭は横浜を離れる日にそれまでの見聞を紀行文にまとめ、それを上海の『申報』に寄稿する（同日彼が梁の家で夕刻まで休息していたのはこれを書き上げるためであろう）。それは単なる紀行文ではなく、日本では近代化がいかにハイ・ピッチで進められているかを、また、中国が日本に領事を派遣しないでいることが日本に「寄居」する華人にいかに大きな桎梏を課しているかを、訴えたものであった。『申報』は『東行日記』と題されたこの李圭の見聞録を一八七六年六月七日と六月八日の両日に分けて掲載するとともに、それは李圭が出国前に『申報』の代表者と取り交わした約束に従って執筆し送付したものであることを明らかにした。(17) 李圭がフィラデルフィア万国博視察に渡米する機をとらえて海外の華人の置かれた状況を探ろうとしていたことと、彼が最初の訪問国日本においてそのための行動をすでに始めていたこととが、ここに至って『申報』の読者の知るところとなったのである。

三　太平洋横断の船の旅

李圭が横浜で北京号という船に乗り換えたことについてはすでに述べた。では北京号とはどのような船であったのであろうか。それはアメリカの海運企業太平洋郵船が誇る五五〇〇トンの大型の外輪船であった。そのマストは三本、煙突は二個、船身はすべて鉄製であり、その長さは四二丈六尺、幅は四丈六尺もあった。(18) 北京号は東京号、中国号、日本号、アメリカ号などとともに、太平洋郵船がそのころ東洋航路（サンフランシスコ―横浜―香港の航路）に就航させていた一一隻の新鋭船のなかでも最も大きく、最も性能のすぐれたものであった。その定員は第一層の上等船室が六八名（一室の定員は二名）、第二層の中等船室が一〇〇〇名もしくは一五〇〇名であった。

李圭は通訳の陳熾垣とともに上等船室の二四号室の乗客となる。船内の設備と乗組員、従業員の服務態度は、いずれもネバダ号のそれとは比較にならないほどすばらしいものであった。船長はアメリカの武官出身で年齢は六〇歳、マーリー（馬利、英語表記不明）という名の「厚重老成」の人物であった。李圭が乗船した時の北京号の乗客は、上等船室が四一名、中等船室が一二七名であった。そのうち欧米人（洋人）は上等船室が三八名、中等船室が一八名であった。上等船室の客がほとんど欧米人で占められていたのに対して中等船室の客はその大部分が中国人（華人）であった。欧米人はイギリス、フランス、アメリカ、スイス、スペイン、ペルーなどの諸国の人であり、その多くが家族を伴っていた。彼らは中国もしくは日本から帰国する際に、フィラデルフィアに立ち寄りそこで万国博覧会を見学しようとして、太平洋横断の東回りの航路を選んだのであった。

太平洋の船旅は天候のよい日にはすこぶる快適であったが、天気が悪くなると海は大荒れとなり、船は激しく揺れて乗客は遭難の恐怖と船酔いに苦しめられた。李圭も横浜を出て二日目から折り悪く悪天候に遭遇し、ひどい船酔いに苦しめられた。すなわち五月二六日から五日も連続して激しい西北の風が吹き荒れ、船が大きく揺れ、乗客のほとんどすべてが立つことも飲食することもできなくなったのである。

五月三一日、激しかった西北の風は収まり、海面はようやく穏やかになった。欧米人の乗客が三人、四人と連れ立って甲板を歩行したり、食堂や閲覧室などで歓談するようになると、それまで船室で身を固くして臥していた李圭も元気を取り戻し、徐々に彼らの行動を見習うようになる。以後天気は安定し、海面も連日穏やかで、北京号は順調にサンフランシスコをめざして航行をつづけた。その間、李圭は欧米人の乗客が夫婦、親子でほとんど終日「談笑怡悦」しているのを見て、家族と別れてただ一人茫漠たる太洋を異国船で旅する身の悲哀を味わった。

李圭は本来快活で物おじしない人物であったが、連日欧米人に家族の絆の強さを見せつけられて気後れしたためか、船内では欧米人同士の会話にあまり進んで加わろうとしなかった。太平洋を進む船の上で彼が言葉を交わした欧米人といえば、上海から同行したアメリカ人ナイトとアメリカ人の船長マーリー、中国やタイでのキリスト教の布教が成功していないことを嘆き、中国での布教には「教民」(中国人キリスト教徒)による布教が最も有効であると語った五人の宣教師、李圭に「北京に行ったことがあるか」と問いかけ彼が「ない」と答えると、「私たちはすでに一〇日も前から北京にいるではないか」(北京号に乗船しているとの意味)といって笑わせた中国語の堪能な人物などをあげることができるだけである。

ところで北京号にはあわせて一〇九人の華人が第二層の中等船室に乗り込んでいた。彼らの大部分はこの船により香港からサンフランシスコに行き、カリフォルニア各地で仕事を得て自由労働者として働こうとする人たちであった。[19] カリフォルニアの「華工」、「傭工華人」、すなわちカリフォルニアの「中国人労働者」となろうとする人々であったのである。李圭は横浜でこの船の上等船室に収まった時から、ずっとこれら一〇九人の華人に視線を注いできた。第二層の中等船室にいる彼らの人数がその船室の大きな収容能力に見合ったものではないと思った彼は、乗船後まもなく第二層の船室にいる中国人乗客の数が通常の数と同じものであるのか、もしそれと違っていたならば、今回はなぜそうなっているのかを乗組員に問いただした。これに対し彼が得た返答は以下のようなものであった。

毎次、下船(中等船室の意味)、華人は千の数を下らず。三四月間(一八七六年四月から五月)の伝説(情報)に因るに、〝金山(サンフランシスコ)の客籍人、即ち愛爾施人(アイルランド人)、号して会党を為(つく)り、誓いて華工に難を為さんとす〃と。故に此次来る者、甚だ少なき也[20]。

これにより李圭は二つの重要な事実を知ることができた。その一つはつい最近までおびただしい数の華人が北京号に乗ってサンフランシスコに行き、カリフォルニア各地で「華工」として働いていたということである。第二は最近になってサンフランシスコでアイルランド系住民による華人排斥の動き[21]が激烈となったため、香港からサンフランシスコに行こうとする華人の数がにわかに減少したということであった。こうして、李圭は自分が乗った北京号が最近まで多数の華人を香港からサンフランシスコに運ぶ役割を果たしていたことを知るとともに、つい一カ月ほど前からサンフランシスコで華人排斥の動きが激化したことにより、香港よりサンフランシスコに向かう華人の流れが減少してきていることをいち早く察知したのであった。

しかし、李圭にはなお理解しがたいことが多々あった。そもそも香港で太平洋郵船の大型船に乗り込んでサンフランシスコに行くあの多数の華人とは一体どの省の人たちであるのか、彼らはなぜ故郷を離れてあの遠いカリフォルニアに赴こうとするのか、サンフランシスコで華人排斥の風潮が激烈となっているというのに、なぜまだ一部の華人がなおも執拗にサンフランシスコに行こうとしているのか、などがそれである。これらの疑問を解明しようとして、李圭は積極的に行動した。六月七日、彼は中国（清朝）政府の官員としての身分と体面をも顧みず自ら第二層の中等船室に赴き、そこに乗り込んでいた一〇〇余名の華人に直接質問するという大胆な行動をとったのである。彼がその時第二層の華人集団との間でやりとりした問答は、以下のようなものであった。

一七日（一八七六年六月七日）、往きて下船の華客を看る。皆粤省（広東省）の人なり。問う、〃金山に赴きて工と作（な）らんとする者は幾人なるぞ〃と。云う、〃八十人に過ぎず。餘は皆貿易を作（な）す者なり〃と。問う、〃究竟、何の貪図（欲をはる目的物）を有するや〃と。云うに據るに〃謀生頗る易し〃と。問う、〃何を以て此次、人の数大きく減ずるや〟と。云う、〝悪耗（悪い知らせ）の香港に至る有り。（故に）多くは敢えて往かんとせず〟と。問う、〝既に悪耗を聞く。何を以て仍（なおも）人の去（ゆ）く有るや〟と。則ち皆云う、〝飢の駆る所と為り、奈（いかん）ともする無きに出る耳〟と。問う、〝毎人の川資（旅費）は若干ならん〟と。云う、〝香港より金山に抵（いた）るに洋五十元を須む〟と。余、聞きて之を憐（あわれ）めり。[22]

李圭と一〇〇余名の「華客」との間で問題の核心をついた問答がなされていたことがよくわかる。我々はこの問答より李圭がカリフォルニアの華人に関するかなり質の高い情報を北京号の第二層の広東人乗客から入手していたことを確認することができる。すなわちa香港からサンフランシスコに向かう太平洋郵船の定期船の中国人乗客のほとんどすべてが広東省の下層の民衆であったこと、bおびただしい数の広東の民衆（主に農民）がカリフォルニアに赴く目的は純粋に経済的なもの（出稼ぎもしくは故郷の家族への送金のための金儲け）でしかなかったこと、c彼らがサンフランシスコに行く際にアメリカの海運会社太平洋郵船に支払う旅費（船賃）が五〇元という法外な金額であったこと、[23] dカリフォルニアでは広東からの華人渡航者がそのような高額の船賃を償うことができる高収入の仕事を見いだすことができたこと、[24] eそれ故にアイルランド系の住民による華人排撃の動きがカリフォルニアでいかに荒れ狂おうとも、高収入の得られる仕事を求めて広東省の各地からカリフォルニアに赴こうとする者が跡を絶つことはなかったこと、などがそれである。

李圭は北京号の第二層の中等船室を自ら訪れることによって、アメリカへの旅の途上でこのような華人についての重要な情報を取得していたのであった。これらの情報と知見が次の目的地サンフランシスコにおいて彼がなそうとしていた行動にとっていかに有用のものであったかは、あらためて説明するまでもない。サンフランシスコへの船の中でアメリカに赴く広東人の集団と直接問答する機会を設定することによって、李圭は出国前から自らに課してきたサンフランシスコでの非公式の任務を行える見通しを得ることができたのであった。

四　サンフランシスコ

六月一一日、北京号は目的地サンフランシスコに無事に到着した。[25] 前後一八日に及んだ李圭の長い太平洋横断の船旅はここにようやく終結した。一八七一年に日本の岩倉使節団は二三日を費やして太平洋郵船のアメリカ号（四五五四トン、外輪船）で横浜からサンフランシスコに辿りついていたから、[26] 李圭は岩倉使節団より五日少ない日数で同じ海面を同じ会社の別の船（北京号）で進んだことになる。この間、李圭の乗った北京号は一度も別の船に出会わなかったし、「一塊の土」をも見ることはなかった。

サンフランシスコに到着した李圭は、同行したナイトと相談した上で、さながら王宮を思わせるような豪壮なホテル（パレスホテル）に投宿する。このホテルは七層で客室は一一〇〇余あり、どの室にも浴室、洗面所、トイレがついていた。宿泊料は食事つきで一日あたり五元であった。このホテルの豪華さと壮大さに驚嘆させられていた李圭は、そこに設置されていたエレベーターを見て、また大きな驚きの声をあげる。

李圭はサンフランシスコに一一日から一六日まで滞在した。そのなかには到着した日とフィラデルフィアに向けて出発した日も含まれているから、彼のサンフランシスコ滞在は実際にはわずか四日ということになる。その間に彼は市内見物はほとんどしていない。彼はサンフランシスコでは「華人が……愛爾施党の容れざる所と為り、其の岌々として日を終える可からざる情形を探聴」[27] することに自分の有する時間と精力のすべてをつぎこもうとした。サンフランシスコに到着した日の翌日（六月一二日）には、彼は前中国駐在のアメリカ公使ロウ[28]と日本のサンフランシスコ副領事高木三郎[29]とを訪問した。それは両人が日頃から中国と中国人に好意を示し、日々激化していたカリフォルニアの華人排斥の動きに強く心を痛めていると聞いたからである。両人はいずれも李圭の来訪を歓迎し、彼に対し好意に満ちた助言をした。カリフォルニアでの華人排斥の動きに対応するためには、中国政府が速やかにサンフランシスコに領事を派遣してカリフォルニアの華人保護に当たらせることが不可欠であるというのが、両人が李圭に示した共通の見解であった。[30]

翌六月一三日には、李圭はサンフランシスコの「唐人街」（チャイナタウン）に行き、そこで「中華六大会館」（粤人六大会館、すなわち三邑・陽和・岡州・寧陽・合和・人和の各会館）の「董事」たちと会談する。[31]彼はここでカリフォルニアの華人問題を全面的に考察・検討するのに必要な多くの史料と情報を取得する。aカリフォルニアの華人社会の沿革と歴史、b六大会館の成立の由来、cカリフォルニアの華人に対して六大会館が行使してきた影響力、dカリフォルニアの華人の過去の生活と現在の状況、eアイルランド系住民が華人を忌避し排撃する動機とその狙い、fアイルランド系住民が華人の駆逐をもくろんで実際に華人に対して行っている非合法の活動の実態、などがその主なものである。翌六月一四日は「小恙（軽い病気）を得た」こともあって、李圭は終日ホテルで静養した。彼は、サンフランシスコの六大会館の董事たちが彼のために設定してくれたこの夜の酒宴にも、病気を理由に欠席している。[32]しかし、この日彼は一日中ホテルで臥していたわけではない。長い船旅の疲れから体調がよくなかったのは事実であるが、寝込むほどの状態ではなかった。彼はこうして確保したサンフランシスコでのこの一日を、『申報』に寄稿する『東行日記』の第二編、すなわち横浜からサンフランシスコまでの太平洋横断の船旅での見聞録をまとめたり、寧波の家族に手紙を書いたりするのに費やした。『申報』は、彼がこの日に書き上げた『東行日記』の第二編を、一八七六年七月二二日に掲載する。李圭はまた、サンフランシスコで探知したカリフォルニアの華人社会についての情報を「美国寄居華人の縁起並びに近日の情形を叙す」という論文[33]にまとめ、それを『申報』に寄稿する（この論文を最終的に書き上げて『申報』に送ったのは、李圭がフィラデルフィアに到着してからのことであった）。『申報』は彼のこの論文を一八七六年九月二一日と九月二五日の両日に分けて、その紙面に掲載した。李圭が自ら現地に赴き当事者からじかに聴取した情報に基づいて書き上げたこの論文は、中国の経世家がカリフォルニアにおける華人排斥問題について行った最初の研究の成果として特筆されるべきものである。それは、同じ時期にサンフランシスコの六大会館の董事たちが香港の善堂東華医院の董事たちに送付していた、悲痛な内容の書簡や、彼らがサンフランシスコで発行していた華字新聞『唐番公報』の記事[34]などとともに、一九世紀七〇年代のカリフォルニアの華人社会が直面していた困難な状況を生き生きと伝える重要な証言というべきものであった。

むすび

一八七六年六月一六日、李圭はナイト、陳熾垣とともに、セントラル・パシフィック鉄道の連絡船に乗り、同鉄道の西の始発駅オークランドの長桟橋に赴いた。李圭はそこに待機していたセントラル・パシフィック鉄道の列車の一等寝台車に乗り、アメリカ大陸横断の列車の旅を始める[35]。サンフランシスコからフィラデルフィアまでの鉄道の料金は一人一三〇元であり、寝台車利用の場合はその他に一人二一元（一日一人三元）を加算されることとなっていた。李圭はサンフランシスコを出発してから八日目の六月二三日に万国博覧会の開催地フィラデルフィアに到着する。この間、シエラ・ネバダ山脈やロッキー山脈を越え、オグデン、オマハ、シカゴ、ピッツバーグの各駅であわせて四回乗り換えた[36]。フィラデルフィアに到着した後に李圭は、この大陸横断の列車による旅を振り返って次のように総括している。

三藩城（サンフランシスコ）より起程して費城（フィラデルフィア）に至るを計れば、共、一万零七百十五里なり。（その間）車（列車）に在ること八日、車を換えること四次（四回）なり。人は極めて困頓、飲食は均しからず、沙土は身を膩（あぶらじ）ませば、刻、耐える可からざるなり。耳も亦輪機（蒸気機関車）の震わす所と為り、聴かんとするも分明ならず。苦しき哉、此の行。然れども七昼夜の工夫（時間）を以て路を行くこと一万餘里。其の便捷なること、亦極まると謂う可き焉。輪車（鉄道）微（なかり）せば何を以て（この）功を為さん哉。[37]

これは、李圭にとってロッキー山脈を越え広大な荒野を走り抜けるこの旅がいかなるものであったかを、よく表現している。それは未知の異国での長くてつらい苦行の旅であるとともに、欧米近代文明の優越性と鉄道の威力をまざまざと思い知らされる旅でもあった。

フィラデルフィアには李圭は一〇月末まであわせて四カ月近く滞在する。その間、李圭は万国博の会場に毎日のように通い、会場をすみずみまで視察して、フィラデルフィア万国博についての見事な報告書を執筆・作成した。[38] また彼は短期間ではあったが、フィラデルフィアから足を伸ばし、八月にはワシントンとハートフォードを、九月にはニューヨークを、それぞれ訪問している。[39]

フィラデルフィアに滞在して連日万国博の会場に通うようになると、李圭の関心はカリフォルニアの華人問題から万国博とアメリカの近代文明、アメリカの国情へと移って行った。それはアメリカの東部には華人が少なく、そこにはサンフランシスコのような華人排斥の動きが表面化していなかったためでもあるが、海外の華人の置かれた状況を探索するという彼自身が設定していた課題がサンフランシスコでの調査活動によってほぼ達成されていたからでもあった。

フィラデルフィア滞在中にも、李圭は『申報』への寄稿をつづけていた。[40]李圭がフィラデルフィアで執筆した論文や見聞録が主に万国博覧会に関係するものとなることはいうまでもない。しかし、本章では、これらについての検討はすべて割愛した。フィラデルフィア万国博に参加するためにアメリカに赴く機をとらえて李圭がひそかに行おうとしていたことを明らかにする、という本章の目的からはずれるからである。万国博やアメリカの近代文明、アメリカの国情などについての李圭の見方については、稿をあらためて検討することとしたい。

李圭は「環游世界」の大旅行後も引き続き浙海関の「文牘」という閑職にとどめられていた。しかし、清仏戦争前夜の一八八三年に李鴻章のブレーンとして洋務運動・洋務政策に積極的に取り組んでいた無錫出身の経世家薛福成が寧紹台道として寧波に着任すると、李圭はこの薛福成によって寧波洋務局の委員に起用された。[41]寧紹台道薛福成在任時の寧波には、当時の中国が陥っていた半植民地的状況を憂慮する幾多の俊才が薛福成の識見と人柄、実績に引かれて集まっていた。後に外交官として頭角を現す湖州出身の銭恂と胡惟徳、すでに盛宣懐の幕僚として江蘇・浙江両省の「洋務」に意欲的な提言を行っていた無錫出身の楊楷などがその代表である。一九世紀八〇年代には李圭はこのような薛福成門下の若き経世家と親交を深め、彼らと共に中国の危機打開の道を懸命に模索する日々を送ったのである。[42]その後李圭は一八九三年に浙江省海寧州の知州に昇進して任地の統治などに成果を収めたが五年後の一八九八年に脳の障害により辞任を余儀なくされ、一九〇三年に杭州で死去している。[43]晩年の李圭の学術面での最も顕著な業績は彼が一八九三年（光緒一九年）に任地で刊行した『通商表』である。これは楊楷が最初に手がけ銭恂が継承していた光緒年間の中国の通商統計を、彼が苦心して咸豊年間にまで溯らせた中国近代貿易史研究の労作である。[44]一九世紀八〇年代に寧波で親交を深めたこれら三名の憂国の士による中国最初の対外貿易史の研究がいかにして行われいかなる成果をあげていたかについても、今後十分に検討されるべきことと思われる。

註

（1）「文案」ともいう。各通商港の海関（洋関）の税務司が任用する文書係ともいうべき職員。英文ではWritersと表記されていた。

李圭については次の二つの論文が有用である。

a　鍾叔河「李圭的環游地球」（同『走向世界——近代知識分子考察西方的歴史——』中華書局、一九八五年）。

b　王曉秋『近代中日文化交流史』第六章第二節（中華書局、一九九二年）。

aは李圭についての唯一の専論である。この論文は李圭の出身と経歴、フィラデルフィア万国博についての肯定的な見方などをはじめて明らかにした貴重なものである。しかし、一八七六年の李圭の訪米ならびにそれにつづく世界周遊についての研究を彼が帰国後にまとめた『環游地球新録』にのみ依拠して行ったことや、李圭の訪米には海外の華人の置かれた状況を探知するという非公式な目的があった事実を見落とすなど、なお不十分な内容のものとなっている。bは、李圭が訪米の途上で日本に立ち寄り、当時明治政府がすすめていた近代化政策に高い評価を与えていたことを明らかにしたものである。同時期の中国との対比の上に一九世紀七〇年代の日本の近代化を積極的に受け止めようとした中国の開明的な人物の一人として李圭を的確にとらえているが、李圭の日本滞在中における最大の関心が日本に在住する華人とその置かれた状況にあったことに注目していないのは問題であろう。a、bとも、「改革・開放」という二〇世紀八〇年代以降の中国の国策との関連で李圭を取り上げたために、学問的にはかなり重要な部分を見落とすものとなったと見ることができよう。

（2）中国が万国博覧会に参加するようになるまでの経緯については吉田光邦「一九一〇年南洋勧業会始末」（同編『万国博覧会の研究』思文閣出版、一九八六年、所収）（同『日本と中国——技術と近代化——』（三省堂、一九八九年にも再録）ならびに本書第一章を参照。

（3）李圭『環游地球新録』「作者自序」（鍾叔河編『走向世界叢書』第一輯、岳麓書社、一九八五年、所収）。中国政府（清朝政府）が海関への委託という特異な方式でフィラデルフィア万国博に参加することを決定していたことについては、李圭も『環游地球新録』の「作者自序」で次のように記していた。

光緒二年丙子、美国（アメリカ合衆国）百年大会（建国百周年記念万国博覧会）を創設せり。先に其の国の駐京（北京）公使を経て総理各国事務衙門に照請せり。（総理衙門）、南、北洋通商大臣に咨行し、（南、北洋通商大臣）、地方官（各省の長官）に転飭して示を出さしめ、工商人等に暁諭して物を送り会に往かしむ。（総理衙門）、并びに款項（経費）を酌撥し、総税務司赫徳（ハート）に札行して、奥国賽会（一八七三年のウィーン万国博覧会）の例を援照し、海関税務人員を選派して辦理せしむ。是に於いて派委せられ本国（中国）に在りて赴会事宜を管理する者、東海関税務司徳璀琳（デトリング）と閩海関税務司杜徳維（ドルー Drew, E. B.）たり。駐会管理者は、粤海関税務司赫政（ハート Hart, J. H.）、前津海関税務司呉秉文（フーバー Huber, A.）、潮州関税務司哈捫徳（ハモンド Hamond, J. L.）たり。――圭敏ならざるも、嘗て浙海関の案牘を承乏すること十有餘年、徳君（デトリング）相知の雅を得ること尋常の比に非ず。是に於いて薦せられて赫公（ハート）より会所に派赴せられ、会内の情形並びに挙行の聞見する所の者を将て詳細に記載、中国に帯回して以て印証に資するを囑されり。其の周詳を慎重にする所以（ゆえん）の者は他無し、亦交誼を敦くし、人の才を広むるを欲し、利国利民の效を収むるを冀（こいねがう）にあり。

（4）李圭の出身と経歴については、鍾叔河前掲論文、王曉秋前掲論文、李圭『思痛記』（松枝茂夫訳、宝雲社、一九四七年、ならびに中国史学会主編『太平天国』四、上海人民出版社、一九五二年、所収）、中央研究院近代史研究所編『近代中国対西方及列強認識資料彙編』第三輯（民国七五年、一九八六年）、六八七頁などを参照。

（5）（6）『申報』一八七六年六月七日（光緒二年五月一六日）「東行日記」の「本館附識」。

（7）以下、第二節の記述は特にことわらないかぎり、『申報』一八七六年六月七日（光緒二年五月一六日）と六月八日（五月一七日）に連載された李圭の「東行日記」ならびに李圭が帰国後に海関を通じて刊行した『環游地球新録』巻四「東行日記」の「自上海至横浜」（『申報』掲載の「東行日記」を一部加筆・修正したもの）による。なお『環游地球新録』は一八七八年七月一七日（光緒四年六月一八日）に海関の造冊処において三〇〇部印刷、製本されて総税務司の地位を代行していた裴式楷（ブレドン Bredon, R. E.）から総理衙門に一〇〇部だけ奉呈された。なお、この時裴は残りの二〇〇部は海関の総税務司より「施医院」や「書坊」（書店）に交付して代わりに発売させ、民間の人々の見聞を広めるのに役立たせるとの意向を総理衙門に示しその了解を得ている（中央研究院近代史研究所編『中美関係史料』光緒朝一、三九二頁、「総署収署総税務司裴式楷函」光緒四年六月一八日ならびに「総署致署総税務司裴式楷函」光緒四年六月二一日、を参照）。当時駐英公使となっていた郭嵩燾はこの『環游地球新録』を総理衙門より送付されて読んでいたし、康有為はこの本を書店で購入して西洋への関心をかき立てられたのであった。

（8）彼は牛荘駐在のアメリカ領事であるほかに、オランダ、ドイツ、スウェーデン、ノルウェーの牛荘領事をも兼務していた（『中美関係史料』光緒朝一、一二五頁、「総署収盛京将軍崇実文」光緒二年五月二四日）。なお当時の中国の外交文書では彼の名は「甯得」と表記されている。

（9）アメリカの海運企業太平洋郵船がサンフランシスコ・横浜・香港間の東洋航路を開設したのは一八六七年一月のことである。当初同社が東洋航路に投入したのは四〇〇〇トン級の木造外輪船であったが、一八七二年にはあらたに五〇〇〇トン級の鉄製スクリュー船一一隻を投入して速度と安全性を著しく強めた（サンフランシスコから横浜までの所要時間はそれまでの二二日から一六日に短縮された）。同社は一八六七年六月から東洋航路の支線として上海・横浜間の航路をも開設していた。同社は中国では日本名とは全く異なる社名（万昌輪船公司）を用いて営業していた。またこの海運会社は一八七八年一一月八日（光緒四年一〇月一四日）に香港の商社「范中洋行」の名義で香港・厦門・サンフランシスコ間の定期航路の開設を認可するよう清朝の総理衙門に要請したが、総理衙門は南洋通商大臣や福建省当局、総税務司らと協議のすえこの要請を拒否している（『中美関係史料』光緒朝一、四三四頁、「総署収美署使何天爵照会」光緒四年一〇月一四日、五三三〜五三四頁、「総署致美署使何天爵照会」光緒五年三月一五日などを参照）。

（10）小風秀雅前掲書、一三二〜一三四頁。

（11）この汽船も三菱会社が一八七五年一〇月に太平洋郵船から買収した四隻の汽船の一つである。しかしこの船のみは他の三隻とは異なって一八七七年一月までは三菱会社への傭船の形をとり、アメリカ船籍を残していた（小風秀雅前掲書、一三五頁）。

（12）上海でネバダ号に乗船した日本の領事品川忠道はこの時神戸で酒宴を設定して李圭を招待している。李圭が訪米の途上で日本に立ち寄った際に自分を歓待してくれた日本人として「東行日記」に書きとどめていたのは品川忠道ただ一人であった。

(13) 彼は日本では海関（税関）の高級職員には外国人は決して任用されていないこと、租界（外国人居留地の意味）においても上海のそれとは異なって外国人の警官が配置されず、そこにも自国の警察の規制を貫徹させていることに深い感銘を受けていた。明治政府の行っている近代化政策のなかで彼が当を失しているとして批判したのは、「朔望を変えた」こと（暦を太陽暦に変えたこと）と「冠服を易めたこと」（洋装を採用したこと）の二点に過ぎない。

(14) 司法上での不利とは華人が治外法権の特権を欧米人のようには享受することができないこと（条約上では当時中国は治外法権を日本から認められていたが、公使、領事のいずれをも派遣していなかったのでその権利を行使できなかった）、税負担の面では日本在住の欧米人が一切の税の負担を免れているのに対して、外国人でも華人のみは商店の経営者（「商主」）が年に二円、商店の従業員が年に五〇銭、一六歳未満の者は成人の二分の一を賦課される、という不利な扱いを受けていた。

(15) 日本政府のアヘン厳禁政策についての記述は『申報』掲載の「東行日記」（一八七六年六月七〜八日）には見られず、『環游地球新録』巻四の「東行日記」にのみある。アヘンについての記述が『申報』掲載の「東行日記」にない理由は不明であるが、李圭が『申報』に書き送った原稿にはあったにもかかわらず、『申報』の編集者がアヘン貿易を手広く行う上海の有力洋行などに配慮して削除したためと推定できる。

(16) 註(15)と同じ。

(17) 『申報』一八七六年六月七〜八日（光緒二年五月一六〜一七日）「東行日記」。

(18) 以下、第三節の記述は特にことわらない限り『申報』一八七六年七月二二日（光緒二年六月初二日）「東行日記」ならびに『環游地球新録』巻四「東行日記」の「自横浜至三藩城」による。

(19) カリフォルニアの「華工」が自由労働者としての性格をもつことについては『中美関係史料』光緒朝一、六九二〜六九三頁所収の「総署発美使安吉立信」光緒六年九月初四日、附件「照録節略」などを参照。

(20) 『環游地球新録』巻四「東行日記」の「自横浜至三藩城」では、以下のように一部修正されている。

聞下艙毎次由香港至美国傭工華人、率不下千数。今春伝説三藩城之愛爾蘭人（已入美籍者、華人称為会党）、以華人奪彼工作、誓与此為難。故此次往者寥々也。

（21）一九世紀後半のサンフランシスコの社会構造とカリフォルニアにおける排華運動については、内田直作「三藩市唐人街の社会構造（一）〜（六）」（『経済研究（成城大学）』二〇〜二六（一九六四〜一九六八年）、油井大三郎「一九世紀後半のサンフランシスコ社会と中国人排斥運動」（同編『世紀末転換期の世界――帝国主義支配の重層構造――』（未来社、一九八九年、所収）、貴堂嘉之「一九世紀後半期の米国における排華運動――広東とサンフランシスコの地方社会――」（『地域文化研究（東京大学）』四、一九九三年）、Yen Ching-Hwang, *Coolies and Mandarins: China's Protection of Overseas Chinese during the Late Ch'ing Period (1851–1911)*, Singapore U. P., 1985 などを参照。

（22）『環游地球新録』巻四「東行日記」の「自横浜至三藩城」では『申報』掲載の「東行日記」の該等部分が以下のように一部加筆・修正されている。

十六日、往看統艙華客。亦毎人一搨、皆層畳為之。有坐者、有臥者、有立者、有三五聚而賭博者、有携胡琴唱曲者、有在布幰内吸洋煙者。皆粤省人。詢其赴美傭工者幾人？据云不過八十。問究竟有何貪図？云謀生頗易。問何以此次人数大減？云有電信至香港、謂彼處華人為愛利士（即愛爾蘭党人）会党所忌、禍将不測。故不敢往。問彼既得此耗、何以仍有人去？則皆云為飢所駆、出于無奈耳。問毎人川資幾何？云自香港至三藩城、洋銭五十元。圭聞而深憐之。

（23）当時の上海の工場労働者の一カ月の賃金は約五〇〇〇文（三・三両、約四元強）であったとみられるので（上海機器織布局の創設時の事業計画書による）、香港からサンフランシスコまでの船賃は上海の労働者の一年分の給料に相当するものであったことがわかる。またアヘン戦争前夜の一八三六年（道光一八年）に林則徐が「平年作であれば、貧しい者でも一日に銀一銭（一年に銀三六両）あれば十分に生活することができる」（『林文忠公政書』「湖広奏稿」巻四「銭票無甚関礙宜重禁喫煙以杜弊源片」）と述べていたことからも、当時の五〇元の船賃が中国の庶民の一年分の生活費に相当する額であったことがわかる。なお油井大三郎前掲論文と貴堂嘉之前掲論文によれば、広東の農民は米中貿易をも兼営する欧米の海運企業などからサンフランシスコへの渡航費用を前借りしアメリカに到達したのちに四〜五年の契約労働をすることによって返済していたという。

(24) 李圭は一八七六年六月一八日、フィラデルフィアに向かう列車（正しくはユニオン・パシフィック鉄道の列車）がエヴァンストンという駅に停車した際に、同鉄道の労働者として働いていた華人三、四人と言葉を交わしたが、その時に彼らから給料は毎月四〇元であるという返答を得ている（『申報』一八七六年九月七日（光緒二年七月二〇日）「東行日記」、『環游地球新録』巻四「東行日記」の「自三藩城至費城」）。アメリカではこのように中国人労働者が年間五〇〇元もの給料を取得することができたのであるから、生活費がかさむことを考慮しても、アメリカに渡る中国人（広東人）が渡航先で高い船賃を十分にカバーできるだけの収入を得ていたと見ることができよう。

(25) 以下、第四節についての記述は特にことわらない限り、『申報』一八七六年七月二二日（光緒二年六月初二日）「東行日記」、『環游地球新録』巻四「東行日記」の「自横浜至三藩城」による。

(26) 久米邦武編、田中彰校注『特命全権大使米欧回覧実記』（一）（岩波書店、一九七七年）、宮永孝『アメリカの岩倉使節団』（筑摩書房、一九九二年）を参照。

(27) 『申報』一八七六年七月二二日（光緒二年六月初二日）「東行日記」。

(28) サンフランシスコ滞在中の行動については李圭は『申報』に寄稿した「東行日記」では言及していない。前中国駐在のアメリカ公使ロウや日本のサンフランシスコ駐在副領事高木三郎と面談したことについては、彼の『環游地球新録』巻四「東行日記」の「自横浜至三藩城」にのみ明記されている。なお李圭を歓待したロウが中国公使の地位にあったのは一八六九年から一八七三年までのことであった。中国人のアメリカへの自由渡航を承認したバーリンゲーム条約の規定を実行する任務を遂行した人物であっただけに、彼はカリフォルニアにおけるアイルランド系の住民による華人排撃の運動にははっきりと反対する態度をとった。排華運動が熾烈となった一九世紀七〇年代には、アメリカにもロウのような「中国擁護派」が大きな影響力をもっていた。中国人労働者の低廉な労働力を必要とするスタンフォードらの鉄道資本家、各種製造業の経営者、中国人労働者の支払う巨額の船賃をその重要な収入源としていた太平洋郵船の経営者、中国貿易に深い利害関係をもっていた東部の商社やプロテスタントの組織などが「華工」擁護の側に立っていた。なお当時のアメリカの「中国擁護派」の活動については油井大三郎と貴堂嘉之の前掲論文を参照。

(29) 一八五九年に幕府の軍艦操練所に入学、一八六七年、幕府より軍艦の操練の目的でアメリカ留学を命じられて渡米した。明治政府が成立すると帰国したが、まもなく外務省留学生として再度アメリカに赴き、一八七二年にはアメリカ在留弁務使館書記となった。その後一八七三年にサンフランシスコ副領事、一八七六年にニューヨーク領事となった。一八八〇年に外交官生活から退いて生糸輸出を目的とした企業を設立、以後国産の生糸の直輸出に尽力したという（日本歴史学会編『明治維新人名辞典』吉川弘文館、一九八一年などによる）。李圭が彼を訪問したのは彼がサンフランシスコの副領事となっていた時期のことであった。

(30) サンフランシスコに中国（清朝）の領事が駐在するようになるのは、李圭がそこを訪れてから二年半近くを経過した一八七八年一一月八日のことである。サンフランシスコ駐在の中国の初代領事（総領事）は広東出身の陳樹棠であった（Yen Ching-Hwang, *op. cit.*, p. 137）。

(31)(32) 李圭『環游地球新録』巻四「東行日記」の「自横浜至三藩城」。

(33) これとほぼ同一の内容の論文が『環游地球新録』の巻三「游覧随筆」に「書華人寄居美国始末情形」と改題されて収録されている。

(34) これらについては別稿で論ずる予定である。

(35)(36)『申報』一八七六年九月七～八日（光緒二年七月二〇～二一日）「東行日記」ならびに『環游地球新録』巻四「東行日記」の「自三藩城至費城」による。

(37)『申報』一八七六年九月八日「東行日記」。なお『環游地球新録』巻四「東行日記」の「自三藩城至費城」では、以下のように一部修正されている。

由三藩城至此、統計一万零七百十五里。越十省地、在車七日、換車四次、人極困頓。毎食皆倉卒不果腹、飲則冰水或牛乳茶、塵土膩身、刻不可耐。両耳亦為輪機所震、聴不分明。苦哉此行。然以七昼夜工夫、行一万餘里、便捷亦可謂極也。微輪車何以為功哉。

(38)『環游地球新録』巻一「美会紀畧」。
(39)『環游地球新録』巻二「游覧随筆」の「美国華盛頓京城」、「美国哈佛城」、「美国紐約城」などを参照。
(40)李圭がフィラデルフィア滞在中に『申報』に寄稿した見聞録や論文は全部で五篇ある。以下、それらの題名と『申報』の掲載年月日を付記しておく。
a「東行日記」(サンフランシスコからフィラデルフィアまで)(一八七六年九月七～八日)。

b「費里地費城紀畧」(一八七六年九月一四日)。

c「美国寄居華人縁起并叙近日情形」(一八七六年九月二一日と九月二五日)。

d「中国会事紀畧」(一八七六年一〇月一〇日)。

e「記哈佛幼童観会記」(一八七六年一一月八日)。
(41)鍾叔河註(1)引用論文。李圭は一八八三年に薛福成に招聘されて寧波洋務局の委員となったが浙海関の「文牘」のポストとの兼務であった。
(42)楊楷初輯・銭恂再輯・李圭三輯『通商表』光緒一一年海昌官廨本「李圭序」(光緒一九年八月)、楊楷『光緒通商列表』「自序」(光緒一二年六月)、銭恂『光緒通商綜覈表』光緒一四年、楊曾勗『柳州府君年譜』光緒一〇年～光緒一八年、註(1)引用鍾叔河論文などを参照。
(43)註(41)と同じ。
(44)註(42)と同じ。

第五章　醇親王載灃の訪独

はじめに

中国社会科学院近代史研究所が刊行する学術雑誌『近代史資料』の第七三号（一九八九年七月発行）には、これまでその存在の知られていなかった『醇親王使徳日記』[1]という史料の全文が紹介されている。これは、義和団事件中にドイツの駐清公使ケテレル（Ketteler, K. A. von）が北京で殺害されたことに謝罪するために、清朝政府により特命大使（頭等専使大臣）としてドイツに派遣された醇親王載灃[2]（以下、醇親王と略記）の訪独時の日記である。この日記は、その名の通り、親王が北京を出発する一九〇一年七月一二日（光緒二七年五月二七日）に始まり、親王がその任務を果たしてドイツより北京に帰還する一九〇一年一一月一六日（光緒二七年一〇月六日）で終結している。『近代史資料』七三号の編者は、この日記には親王の訪独についての極めて詳細な記述があること、とりわけ他の「史書」では不足しているドイツにおける親王の「訪問参観」活動の「具体情況」を示す記述があることに、史料としての特別の重要性を認めるとともに、この日記を「清廷皇室の成員」がはじめてその目で実際に世界を見た「真実の紀録」であると見なして、久しく海外の動向に背を向けてきた中国（清朝）の皇族の最初の海外渡航、外国訪問の記録としても、貴重なものである、と解説している。

筆者も、以上のような『近代史資料』七三号の編者の見方には基本的に同意する。しかし、この『醇親王使徳日記』の記述の信憑性は、同時期の他の史料と十分に照合する作業を行わない限り、決して証明できないことである、とも考えている。日記には執筆者の主観が入りやすく、そこには執筆者に不利なことは記述されないか、仮に記述されたとしても、事実をある程度歪めたものとなっていることは、よく見られることであるからである。この『醇親王使徳日記』にも、執筆者である親王が、自分に不都合な事については、記述を控えたり、事実を曲げて書いたりした部分があるはずであるが、『近代史資料』の編者の解説には、この点についての言及がない。本章は、こうした研究上の欠落を補うことを目指して筆者が数年前から行ってきた、親王の訪独についての研究の成果[3]をまとめたものである。ここではまず『醇親王使徳日記』の全文を関連資料と比較・照合して正確に読み解き、親王の訪独の全体像を再現させる。この作業を通じて、『醇親王使徳日記』の史料としての有用性と限界、使用上の留意点などを明確にすることが、第二の課題となる。なお、この日記には、外交官、領事など欧米出身の多数の人物の名と欧米諸国の国名、地名がいずれも難解な漢字標記に変えられて登場するが、ここではそれらをすべてカタカナに改め、人名には初出時に可能な限り括弧内にその原語を付記した。この日記の中で漢字により表記された欧米人には、少数ではあるが、特定できなかった者もあることを、あらかじめおことわりしておきたい。

一　出国までの準備

醇親王の訪独の日程は、一九〇一年六月中旬には、ほぼ確定していた。それは、七月一二日（五月二七日）に北京を出発して七月一六日（六月一日）に上海に到着、七月二〇日（六月五日）に上海よりドイツの海運会社ハンブルク・アメリカ・ライン社（Hamburg-Amerika Linie）の汽船バイエルン号でジェノヴァに赴き、そこからベルリンに直行、九月二日（七月二〇日）にドイツ皇帝ヴィルヘルム二世（Wilhelm II）に謁見して光緒帝の国書（親書）を奉呈する、というものであった。[4]当時、西太后と光緒帝（以下両名を表示する時は「両宮」とする）は西安の行在に避難していた。そのため、列国との講和条約の原案に明記されていた親王の訪独とドイツ皇帝への謝罪に関する事項は、[5]すべて、当時北京において列国公使団と講和交渉を行っていた清朝政府の二人の全権大臣慶親王奕劻と李鴻章とにより、処理されることとなった。清朝の皇族の中でも血縁的に光緒帝に最も近い親王を、謝罪特使としてドイツに派遣させようとしていた、ドイツの将軍ワルテルゼー（Waldersee, A. H. K. L. von）とドイツ公使ムンム（Mumm von Schwarzenstein, P. A.）の要求を、[6]両宮に上奏して承認を得ていたのも、両全権大臣であった。

すでに見た親王の訪独日程も、両全権大臣がムンムとの間で北京で取り決めたことであった。彼らは、親王の訪独に関しては、その発端となる準備の段階から親王がその任務を終えて北京に帰還するまで、すべてに深く関与していた。[7]両全権大臣は親王がドイツ皇帝に奉呈する国書の原案を作成していたし、[8]親王が持参してドイツ皇帝に献呈する両宮の礼物の選定・調達をも行っていた。[9]ドイツに赴く際に軍機処が指名した前内閣侍読学士張翼[10]の他に、副都統蔭昌とドイツの陸軍大佐リヒテル（Richter, M.）[11]とを、使節団の「参賛」として同行させようとしていたワルテルゼー将軍と親王の意向を、それぞれ両宮に上奏して裁可を得たのも、両全権大臣であった。[12]その他に、両全権大臣は、親王がドイツに赴く際に立ち寄る天津、塘沽や上海などで官憲、紳商、在留外国人などが準備していた歓迎行事についても、列国への開戦を命じた両宮がまだ西安から北京に帰還していないという当時の状況と、謝罪使としての親王の立場とを考慮して、それらが「華麗舗張」になることを極力避けさせる、という方針を決定していた。[13]これにより、戦火の及ばなかった上海で両江総督劉坤一などが、『大清会典』の規定に基づいて、親王のために大規模で華麗を極めた儀仗を上海道台袁樹勛や蔡鈞に準備させようとしたり、上海の各界が親王の来訪を歓迎する盛大な歓迎宴を開催しようと計画した際に、[14]上海にあって両全権大臣とも密接に連絡を取り合っていた盛宣懐が、袁道台らを説得してそのいずれをも取りやめにさせるということも、[15]可能となった。前年には列強との〃東南互保〃協定の成立に一役買い、また、上海で電報局や招商局、華盛紡織局などの重要企業の経営の実権を握っていた盛宣懐の威厳は絶大であった。彼は、親王の命により先に上海入りして使節団の受け入れ体制を固めようとしていた「参賛」梁誠、麦信堅ら[16]とともに、親王が北京を出発するまでに、新時代にふさわしい親王迎接の質素な儀礼を劉坤一やその配下の上海の官憲に受け入れさせた。かくして親王の訪独は、義和団後の光緒新政[17]の門出を飾る事業として実行され、親王を近い将来に清朝の新政を担う重要人物の一人として登場させることとなる。

二　北京から塘沽・大沽へ

醇親王一行は、七月一二日（五月二七日）早朝に、列車で北京より出発した。一行四〇余人は、この朝早く正陽門を出て天橋より南進し、七時四五分に永定門駅に到着する。[18]そこには清朝（留守政府）の「各部院人員」や各国の公使館員などがそれぞれ「数十餘人」、親王を見送るために来ていた。恭親王溥偉、那桐、胡燏芬、徐寿朋の各侍郎、ドイツ公使ムンム、オランダ公使クノーベル（Knobel, F.M.）、日本公使小村寿太郎、日本公使館書記官橋口直右衛門、川島浪速、総税務司ロバート・ハートなどがその主な人物である。親王がその日記に、当日永定門駅に見送りにきた主要な人物の一人として、川島浪速の名をもあげていたことは注目される。川島浪速は、辛亥革命で清朝が滅亡した後に、清朝の復興を目指す粛親王善耆らと提携して「満蒙独立運動」を推進した人物として知られるが、この時期には北京にあって、「日本の占領区域内の治安を維持する」ために、中国人を訓練して「日本式警察官」を養成することに取り組んでいた。[19] 親王の日記は、彼と川島浪速との関係がいつ、いかにして形成されていたかを確認する上でも有益である。

親王の一行が塘沽行きの列車に乗り込む永定門駅には、ドイツ軍の軍楽隊と川島浪速が組織した北京の「新練中国巡捕」が動員されていた。見送り人が多いだけで清朝政府の儀仗隊もいないという一行の出発の場面では、ドイツ軍の軍楽隊の演奏と日本式の礼装をした警察隊の整然とした隊列がひときわ人目をひくこととなった。「(見送り人に)握手して別れを話（つ）ぐれば情意殷殷たり。徳国軍隊、楽を作して相送る。部伍、整斉たり。日本、亦新練の中国巡捕をして排隊して侍送せしむ。衣械の鮮明なること．亦頗る観る可し」という親王の日記の記述は、彼の北京出発の光景を示す貴重な記録となる。

親王を乗せた列車は八時四五分に発車した。この汽車には親王の二人の弟と一人の甥が親王を大沽まで見送るために同乗した。前者は載洵と載濤の両名であり、[20] 後者は溥侗である。列車は豊台、楊村などの駅を通過して午後一時すぎに天津の老龍頭駅に着いた。そこには天津道張蓮芬と配下の各官、ならびにドイツ人の税務司デトリングが出迎えただけであった。[21] 列車の停車時間もわずか四五分しかなかったから、そこでは親王の来訪に対する歓迎行事は一切行われていない。一行が天津道の用意してくれた昼食をとり、天津の官員と少しばかり話をするうちに、すでに列車の停車時間はなくなっていた。親王が天津を発つ時、デトリングも列車に乗り、塘沽まで見送りに行くこととなった。その後、親王を乗せた列車は軍糧城駅を通過して午後四時には塘沽駅に到着する。そこにはドイツ軍の軍楽隊が待機していて勇壮な演奏によって親王の到着を歓迎した。駅には親王の「行台」(臨時の駐在所)も設けられ、各国の国旗が掲げられていたが、清朝の地方当局による盛大な歓迎と接待はなかった。しかし、街路には親王の到着を一日見ようと内外の多数の「商民」が群がっていた。

その後、親王は「参賛」や「随員」を率いて大沽口の碼頭に赴き、そこに停泊していた招商局の汽船安平号に乗り込んでその特等食堂で夕食をすませた。安平号は招商局の督辦盛宣懐が上海から特別に親王のために差し向けた、招商局の最上等の汽船(22)であり、その特等船室や特等食堂の設備は豪華を極め、客に供する飲料や食事も「精潔」であった。

夕食後、親王は二人の弟と「参議」の張翼、津海関税務司デトリングとともに、小型汽船飛龍号で海上から大沽口をめぐり、口内に設けられていたドック（船塢）などを視察した。海口の形勢をほぼ理解した親王らは午後八時すぎに安平号に戻る。午後九時、安平号は大沽口外に移動してそこに停泊した。親王について北京より大沽まで来ていた二人の弟と甥の溥侗、天津から同行して来ていたデトリングの四人も、この夜は安平号の船室で過ごすこととなる。

翌一三日（五月二八日）朝八時、親王は安平号の船長に命じて船を大沽沖数十里の海中にまで進ませた。彼は、二人の弟と甥とともに、そこに停泊していた各国の軍艦を目にするとともに、北洋の風濤に触れて心を引き締め自分自身を強く鼓舞しようとしたのである。まもなく安平号は大沽口外に戻って出航時刻まで暫時停泊した。

朝食後、親王は二人の弟と甥溥侗に対し、出航の時間が迫っているのでデトリングとともに天津に帰るよう命じる。彼ら四人は一行に別れを告げ、小型汽船飛龍号に乗って大沽口の碼頭へと戻っていった。午前九時、安平号は上海を目指して進み始めた。海洋に出ると行き交う船も次第に少なくなり、見えるものは果てしない青海原と空の雲ばかりとなった。この日は風も波も穏やかで船の揺れはほとんど無かった。夜七時すぎ、海中に大竹島と小竹島が見えて来る。ついで猴磯島の灯台が発する閃光も見えるようになった。これにより親王は自分たちの乗っている汽船がすでに山東省の登州付近にまで進んで来ていることを確認する。翌一四日（五月二九日）の早朝は霧が濃かった。安平号は他の船舶と衝突するのを避けようとして時折警笛を鳴らしながら進んだ。山東省の通商港烟台（チーフー）は前夜に通過して、この日の朝五時には、北洋の航路でも最も深いことで知られる「黒水洋」に到達した。そこでは浪花（しぶき）も墨のような色をしていた。安平号はほとんど貨物を積載していなかったから、船体は軽く船行も速かったが、船の揺れは大きかった。この夜は大雨となったが風はさほど吹かなかった。にもかかわらず船の揺れは激しかったので、一行のなかには早くも船酔いに苦しむ者が出ることとなる。

三　上　海

安平号は七月一五日（五月三〇日）午後二時に呉淞口外に到達した。黄龍旗を掲げた汽船（江海関の汽船）が親王一行を迎えに来ているのを確認すると、安平号は直ちにその船に接近して停泊した。この時上海から呉淞口外にまで赴いて親王を迎えたのは、盛宣懐、蔡鈞（両江総督劉坤一が上海に立ち寄る醇親王を歓迎・接待させるために委員として特派していた人物。[23]当時は駐日公使に任ぜられた直後であった。以前に上海道台（署理）に任ぜられていたこともある）と上海の文武官員を率いた上海道台の袁樹勛、上海の地方当局や各国の領事などが、全権大臣や醇親王の意向通りに、上海で受け入れ体制を整えているかを確認するために、先に上海に派遣されていた、「二等参賛」の梁誠と麦信堅などであった。[24]親王一行と出迎えの上海の各官との挨拶や親王の上海上陸についての打ち合わせがすむと、安平号は、各国の軍艦が礼砲を放つなかを、呉淞口へと進んで停泊した。その後安平号は黄浦江を進んで同日の四時には上海の楊樹浦に碇を下ろす。

翌一六日午前九時、安平号は楊樹浦から黄浦江を溯り、フランス租界にある招商局の碼頭（金利源碼頭）に到着した。この時、黄浦江の各国の軍艦は、いずれも万国旗を艦上に掲げ、盛んに礼砲を放って、親王の到着を歓迎した。碼頭には盛宣懐、蔡鈞、袁樹勛、招商局の鄭官応（鄭観応）、江南製造局の毛応蕃、華盛紡織官局の唐廉など各局の「総辦」、両江総督や江蘇巡撫、江蘇布政司、江蘇按察司などが派遣した各委員、上海道台配下の「文武印委各官」、江海関副税務司レイ（Lay, W. G. 李尉良）、上海の商界の代表（銭業董事の厳信厚と陳淦、糸業董事の施則敬）などが正装して出迎えた。[25]

親王は、上陸後直ちに、彼の宿舎と定められていた洋務局に向かった。この時、親王は「黄緞素褂深藍紗袍を穿ち、黄石頂冬帽子と三眼花翎を戴[26]」き、「四人舁の緑色大轎に坐し[27]」て徐々に進んだ。その風采は「年一九歳と聞こえしに違わでいと若々しく[28]」、光緒帝によく似て「隆准広顙にして儀態は英偉[29]」であった。彼は「会典」の規定する親王用の八人舁の黄緞大轎と白馬四〇頭を用いることを拒み、「一紅傘並びに頂馬（前駆）二、跟馬（後従）三[30]」の他には数十人の「勇丁」を護衛として従えるのみで、「参賛」や「随員」の乗る馬車も四〜五輛しか用意させなかった。[31] 黄浦江一帯や親王一行の通過する街路には、こうした親王の姿を一目見ようと、おびただしい数の群衆が押し寄せていた。このような中を、親王は、はじめはフランス租界の巡査に先導されて進んだ。イギリス租界に入ると、フランスの巡査に代わって、騎馬のインド人巡査が親王の先導役を引き継いだ。[32] 親王の通過するイギリス租界の大馬路（現南京路）の各店舗は、「灯を懸け彩を結ひ或いは新調の黄龍旗を軒高くつる[33]」して彼の来訪を歓迎していたし、「虹口の各機器廠は、皆、灯火を懸け、綵を結び、業を輟めて[34]」、親王に対する歓迎の意を表そうとしていた。中国人がこのように国旗を掲げることは、上海でもこの時がはじめてであったから、上海では戦火で疲弊していた天津や塘沽では予想もできなかった歓迎ムードが高まっていたことがわかる。親王の異例ともいえる質素な服装と乗り物、若々しく高貴な容姿、光緒帝を思わせる面ざしなどは、彼がこの日の朝金利源碼頭に迎えにきた上海の商界の三名の領袖をも清朝の親王として初めて引見したことともに、上海の多数の人々から予想外の好感をもって受け容れられた(35)。

親王が洋務局に到着すると、盛宣懐と袁樹勛は衣冠を整えて、あらためて親王に拝謁した。親王は椅子から立ち上がり手を挙げて二人に答えるとともに、二つの質問をした。その一つは、「今日自分が通過したあの最も闊い路は何路というのか」というものであった。二人が「イギリス租界の大馬路です」と答えると、彼は「そこの路傍に掲げられていたあの黄色旗はどこの国の旗なのか」と重ねて質問した。二人はこれに対して「中国の人民が親王の来臨を聞いて親王に恭順の意を表すために掲げたもので、他国の国旗ではありません」と答えた(36)。両名に対する親王の下問はこれで終わり、二人は洋務局から退出する。午後四時、イギリス総領事バウン（Bourne, F. S. A. 班徳瑞）と副領事メイルス（Mayers, S. F. 梅尔思）が二四名の騎兵隊を率いたイギリス陸軍提督とともに、親王を表敬訪問する。つづいてドイツの総領事クナッペ（Knappe, W. 克納貝）と副領事フォルケ（Forcke, A. 佛尔克）、大英浸礼会主教ティモシー・リチャード（Richard, T.）が親王を表敬訪問した。その後は、蔡鈞をはじめとする官員や、盛宣懐との関係の深い鄭官応、厳信厚などの紳商の訪問が果てしなくつづいた(37)。このとき親王を訪問した約三〇名もの官員と紳商の名は『申報』の記事(38)より確認することができる。

この日の朝、親王が金利源碼頭に到着した時には、上海の外国領事は一人も彼を出迎えていなかった。これは、親王がその前日に上海道台袁樹勛を通じて上海の列国の首席総領事たるポルトガル総領事ヴァルデシ（Valdez, J. M. T. 華徳師）に照会文を送らせ、当日は各国領事の出迎えを辞退して翌一七日の午前九時〜一一時に洋務局で「各西員」の訪問を受けることを通知させていた(39)ためであった。この日、親王は洋務局に到着した後にも、江海関の副税務司レイを通じて、各国の総領事への接見は一七日の午前九時三〇分より洋務局で行うことを重ねて各国領事館に告知させていた。[40] 上海の外国人や官界、商界がそれぞれ親王のために用意していた盛大な歓迎宴などを、両宮がまだ回鑾していないことに配慮して、辞退するという親王の意向は、彼が上海の宿舎に入ってからも変わらなかった。そのため、一七日の夜に予定されていたドイツ総領事主催の大規模な歓迎宴は、親王の希望により、一八日の小規模な午餐会に変更された。一八日に盛宣懐、袁樹勛、蔡鈞の各官が張園で開催しようとしていた上海の官界による盛大な歓迎宴も、この日、正式に中止することが決定された。これにより、上海の商界代表が盛宣懐・袁樹勛らを通じて親王に申し入れてあった、味蒓園における各業の商董による独自の歓迎宴開催の計画も、実現不可能なこととなる。[41]

この日、親王は、経済的に繁栄を極める上海に入って、精神の高ぶりを抑えかねていた。親王のこの日の日記は、その心中の思いを次のように綴っていた。

巳初、開船、法租界金利源碼頭に到る。沿途各国兵艦、皆、列隊声炮して敬を致す。碼頭は支搭彩棚し、督標以下の各軍、隊を列ねて来迎す。執事官員は衣冠斉楚にして旌旗隊伍の間を奔走す。整斉厳粛、頗る観る可き有り。中外人民、万目攅視し、黄童白叟、轂撃肩摩す。中国生歯の繁、及び東南財産の富、此に於いて見る可し。倘（もし）教育に方有る能うれば、何ぞ欧州諸邦と斉駆併駕し難からん哉。

翌七月一七日（六月二日）午前九時半、親王は洋務局で各国領事を接見した。この時、各国領事を代表してポルトガルの総領事ヴァルデシは、「今回各国領事ガ親王ニ会見スルノ機ヲ得タルハ光栄トスル所ニシテ親王ノ此行、清国ノタメニ好結果ヲ来サンコトヲ望ム」[42] と述べた。親王はこれに「各国領事ノ共ニ訪問セラレタルハ深ク謝スル所ナリ」[43] と答え、各国領事一人ひとりと握手した。日本の上海総領事代理小田切萬寿之助は各国領事が退出してから領事館員と軍艦明石、赤城の両艦長を従えて親王に進謁した。[44]

七月一八日（六月三日）は大雨であった。午前中にはロシア、アメリカ、ドイツの各国の総領事が親王を訪問した。正午、親王はドイツ総領事の招待に応じて総領事館の午餐の宴に赴いた。そこには上海の高官盛宣懐、蔡鈞、袁樹勛などと、親王の「参議」張翼、親王の「参賛」の蔭昌、梁誠、麦信堅、上海の各国領事、中国海関の副総税務司ブレドン、ドイツ東洋艦隊司令長官ベンデマン（Bendemann, F. von）以下のドイツ海陸軍将校など、四〇人が同席した。(45) この宴に招かれた日本の小田切総領事代理によれば、食後の談話の際に、親王は彼に対し山口素臣中将や福島安正少将のことなどを語りかけた、という。(46) 宴席では親王はドイツ総領事夫人が自ら宴席で客を款待する姿に心を引かれていた。親王の当日の日記が「徳総領事の夫人、親自、賓を款（待）せり。（その）意、甚だ懇摯なり」と結んでいるのは、このことを示している。

親王はこの日、各領事館に答訪することとなっていた。しかし、この日は終日大雨が降り続いていたためそれを取りやめ、「参賛」の蔭昌に自分の名刺を持たせて代わりに答訪させることとなる。(47)

七月一九日（六月四日）も雨天であった。親王はこの日には当地に停泊中のイギリスの軍艦アレスサ号に赴いて同艦長の主催する午餐の宴に臨席することとなっていたが、突然体調に異常を来したとして出席を取りやめた。(48) 親王の身体を気遣ってか、この日は親王を訪問する者もほとんどいなかった。この日の親王の日記にも「英教士李提摩太（リチャード）、教士多人を率同して来見す」と記されているのみである。

七月二〇日（六月五日）午前八時、親王一行はアメリカ租界の怡和碼頭から江海関所有の小型汽船に乗り、ドイツの大型汽船バイエルン号が待機している呉淞口に向けて出発した。盛宣懐、蔡鈞、袁樹勛など上海の多数の官員と有力な紳商、北洋海軍の副提督（幇統北洋海軍）薩鎮冰、副総税務司ブレドン、イギリス、ドイツ、オーストリア、日本などの各国の領事などが、海関の小型汽船に乗り切れなかった親王の「参随各員」とともに、招商局の安平号に乗って呉淞口まで同行した。親王は内外の見送り人に別れを告げてバイエルン号の乗り込んだ。午後二時、バイエルン号は呉淞口より出航する。この時、呉淞口に停泊していた中国海軍の四隻の軍艦海沂、海濤、保民、寰泰は、いずれも祝砲を発して一行を激励した。この日の夜は上空は暗く風も強かったが、五六〇〇トンの大型汽船バイエルン号の揺れは小さく、一行が船酔いに苦しむことはなかった。この船には香港に向かうドイツの駐タイ（シャム）代理公使と華北から本国に帰還する二八〇名のドイツ兵などが乗っていた。

四　福　州

七月二一日（六月六日）の午前一一時から午後一時の間に、バイエルン号は、浙江省の海域から福建省の海域へと入った。この日の夜八時にはこの船は福州口外に到達したが、潮位が低かったので、そこで潮の満ちるのを待つこととなる。翌二二日（六月七日）昼ごろ潮位が上がったのに乗じて、船は口内に入った。船が長門を通過する時、周囲の砲台から親王の来訪を歓迎する礼砲が発せられた。船が羅星塔に到着したのは午後三時過ぎのことである。そこには福州駐在のドイツ領事ジームセン（Siemssen, G. 司蒙生）と閩海関税務司リヨン（Lyons, F. W.）などが親王一行を出迎えた。当時ドイツのハンブルク・アメリカ・ライン社の汽船は、福州には定期的には寄港していなかった。バイエルン号は、この時にはドイツが輸入する茶を積み込む必要があったために、ここに立ち寄ることとなったのである。親王は「福建省は茶の有名な産地で、そこから輸出される茶は、二〇～三〇年前には、数百万（両）に達していた。その後、インド各地で茶が栽培・生産されるようになったため、福建産の茶の市場は次第に失われた。最近は少し盛り返して来ているが、まだかつての盛況には及ばない。外国人は良質の茶を生産しようとして茶の栽培法の研究に徹底的に取り組んでいる。それなのに福建茶の輸出額がまだかなり多いのは、福建の天賦の条件（自然や気象）が茶の生育や栽培に適しているからである。それ故、中国がこの福建茶の栽培法をよく研究してそのすぐれたものを取り入れれば、福建茶の生産が日増しに発展しないことがあろうか。これが中国の通商と恵工（実業振興）に責任を負う者に私が望む所である」と、福建茶の栽培法研究の重要性を日記のなかで力説していた。ここには、上海で「応酬紛雑ノ間ニ当地ノ重立チタル商人ヲ延見シテ大イニ商務ヲ振興スベキヲ諭サレタ」[49]とされる醇親王の「商務」振興への強い意欲と積極的な姿勢が、示されている。まだ十代後半の少年で任官もしていなかった親王が義和団事件中にどのような行動をとっていたかはよくわからない[50]が、彼が、このように事件直後に、光緒新政の基本方向に合致した積極的な発言を始めていたことは注目される。

この日の夜、親王はバイエルン号でドイツ兵が軍歌を斉唱するのをはじめて聞いた。親王は歌そのものよりも、ドイツ兵が一曲歌い終える毎にこれを聞いていた人々（この船の欧米人乗客）が盛んに拍手することに、より深い感動を覚える。夜一一時過ぎに福建糧儲道の啓約と二人の候補道が親王に謁見しようとして親王の宿舎を訪れたが、夜もふけていたので、親王は彼らを接見することを拒否した。バイエルン号が福州を発つ翌二三日（六月八日）には、朝早くから船が出航する午後一時直前まで、福建省の官界の要人が、親王に謁見しようと、あいついで彼の宿舎を訪れた。日記に明記されているこの日の訪問者は閩浙総督許応騤、福州将軍景月、福州留守都統松秀、福建布政使周蓮、福建按察使呉重熹と福州船政局の洋人総監ドイアル（Doyere, C. 杜業爾）の六名である。午後二時、バイエルン号は福州を離れた。翌二四日（六月九日）の正午前後には、バイエルン号は福建省の海域から広東省の海域へと進む。

五　香港

七月二五日（六月一〇日）朝七時、バイエルン号は香港島の対岸にある九龍口に到着した。そこに停泊していた各国の軍艦は二一発の礼砲を放って親王の来訪を歓迎する。停船後まもなく、親王迎接のために早朝から碼頭に待機していた広東省の官員と香港の紳商が、いち早く親王の船室を訪れて親王に謁見する。広東省の官員とは、両広総督陶模と広東巡撫徳寿が派遣した道員の楊枢[51]などであり、香港の紳商とは、香港の華商の有力者で道員もしくは知府の官銜を有する譚乾初や廖芝山などであった。この時、譚らは香港の華商が設立していた「華商会所」への親王の訪問を懇請して親王から同意を取り付ける。[52]その後、香港総督ブレイク（Blake, H. A.）の二人の息子が総督の親衛隊（中軍）を引き連れて親王を訪問し、「総督の命を奉じてこれからただちに親王を総督府にご案内したい」と申し出る。彼らは、親王を総督府のある香港島に導くために、ヴィクトリア・ハーバーから総督専用の小型汽船で迎えに来ていたのであった。

午前一〇時三〇分、親王は張翼、蔭昌、梁誠、リヒテルらとともに、総督専用の小型汽船に乗って香港島に渡った。総督は、親王の到着するヴィクトリア・ハーバーに多数の「巡捕」（巡査）を配置させて、一行への警備を万全にしていた。親王はそこで食事をすませてから、総督が彼のために手配してあった「肩輿」（セダンチェア、坂道の多い香港でよく使用された乗り物）に乗り込む。しかし、親王は、総督府には直行せず、先に香港のドイツ人クラブ（ドイツ会館）を訪問した。[53]これは、親王がドイツに赴く特命大使でありながら、ドイツへの旅の途上で、ドイツに対し非友好的な行動をした、とドイツの要人に非難されないようにするために行ったことであった、と思われる。

その後、親王はブレイクの待つ総督府に向かった。親王がそこに到着すると、総督は自ら玄関まで出迎えて親王を歓迎した。総督の夫人や娘も親王に親しく挨拶し、シャンペンを供して親王をもてなした。ブレイク夫人は、親王に自分が描いた香港の地図を贈るとともに、親王の帰国時には中国にはない黄色の蓮の花をプレゼントすることを約束した。[54] 親王は、ブレイク夫人の人柄について、日記に「其の情意、極めて懇摯」と記していたし、夫人もロンドンタイムズの記者モリソン（Morrison, G. E.）に送った書簡のなかで、親王について、「私はとても親王が気に入った。親王の人柄は謙虚で親しみやすいものであった」[55]と述べている。総督は自分の家族と親王との会話が一通りすむと、「太平山の山頂に私邸がある。そこで涼を取りながら香港の美しい景色を展望しよう」と語って親王を太平山頂に案内しようとする。しかし、親王は、すでに述べたように、この時「華商会所」（商会）を訪問することを香港の紳商に約束してあった。そこで親王は、後刻太平山頂で再会することを総督に約して「華商会所」に赴く。そこには、譚乾初など二〇余名の香港の紳商が、親王を歓迎するために衣冠を整えて集まっていた。彼らは親王を「会所」に迎え入れ、飲食を供して親王を接待する。[56] その後、親王は汽車で太平山の山頂に登る。山頂駅にはブレイク夫人が迎えに出ていた。太平山の山頂で親王は総督の一家とくつろいだ一時を過ごす。親王はこの時訪れた太平山の山頂について、日記に、「該山は香港の最高なる者たり。港中の諸景、一覧全収す可し。時は熱きに苦しむも、海風徐に来れば、人の気をして爽やかならしむ」と記している。

午後三時過ぎ、親王は総督一家に別れを告げて太平山から下山し、バイエルン号に戻った。親王が自分の船室に入ると、間もなく中国海関の九龍税務司モアヘット（Morehead, R. B. 穆和徳）などが挨拶に来る。

午後五時過ぎには、香港総督ブレイクも答礼のために船に乗ってバイエルン号を訪れた。総督は親王と少し言葉を交わした後、すぐに別れを告げて立ち去った。ついでアメリカの提督（人名不明）がやってきたが、親王はその提督とは会見していない。

午後六時、バイエルン号は次の寄港地シンガポール目指して九龍より出航した。この時香港の紳商は碼頭で爆竹を鳴らして親王一行を見送った。イギリスやフランス、アメリカなどの軍艦もそれぞれ二一発の礼砲を放って親王に対する敬意を重ねて表明した。この夜は天候にも恵まれ、バイエルン号の航行は極めて順調であった。親王はこの日の日記の冒頭に、香港訪問の感想を次のように記していた。

六十年前、此、荒島たり。英人の取去を経し後、之を経し之を営むこと、餘力を遺さざれば、今、一巨埠を成し、欧美商船の必経する所の区と為る。其の地、皆、山なり。而れども、西人は之に依り、以て屋を築く。一切の送往迎来の必需する所の者は（これを）具する焉。蔵書楼（図書館）、養病院（病院・診療所）、学堂（学校）、銀行、議事所、礼拝堂等、有らざる所なし。盛なりと謂う可き矣。

六　シンガポールとペナン

七月二六日（六月一一日）にはバイエルン号は、終日、海南島の東方の海域を南方に向かって航行した。翌二七日（六月一二日）には同号はフランス領だったベトナムの海域に入る。この日も親王は、バイエルン号で中国から故国に帰還するドイツ兵が、軍服を身につけ、隊列を整えて、将校の指揮の下に整然と軍事訓練をしたり、時には実戦さながらの演習を行うのを目撃する。親王は当時の中国の軍隊では見られないドイツ軍兵士の船上での厳しい日課を目にして、この日、日記に次のように記していた。

徳兵の此の船に附して徳に回る者、毎日船に在りて操練すること両次なり。下午、各、槍（銃の意）を洗い、其の管帯官（将校）に呈して験察せしむ。其の他の軍器、軍装も、亦逐日験視し、或いは稍も懈（おろそかに）すること毋らしむ。礼拝休浴日に逢う毎に、其の管帯官、亦必ず兵弁を督率し、戎服列隊して操練せしむ。其の軍中に蓄える所の犬は信を送り傷を被る人を尋覓する能うるも、亦素練して成るなり。徳国陸軍の精、欧州において最を称するは、此に於いて見る可き矣。

親王は、ここで、ドイツ軍の強さの秘密の一端を察知した。しかし、彼はドイツ軍がヨーロッパで他国の軍隊を圧倒できる、より根本的な要因を、まだ把握していなかった。それをつきとめることが自分の訪独の真の使命であると意識していたから、彼はドイツ滞在中に、ハインリヒ親王（Heinrich, Prinz von Preußen）に、ドイツの軍事的優位の根源がどこにあるかを問うこととなる。[57]

七月二八日（六月一三日）、バイエルン号はベトナムのサイゴンの近海に到達した。しかし、当時サイゴンを統治していたフランス当局がサイゴンに寄港する船舶の積み荷に重税を課していたので、同号がサイゴンに立ち寄ることはなかった。サイゴン沖には無数の燕が海草を求めて波の上を旋回していた。親王は、当時中国で燕菜と呼ばれている料理がこの付近の山に産する燕の巣であることを、この時にはじめて知る。

七月三〇日（六月一五日）午後一時過ぎ、バイエルン号はシンガポールに到着した。親王は、自分の乗る汽船が碼頭に入る時、マレー人が小船でそれを追い、船の乗客が小銭を海中に投げるとそこにもぐって拾う光景を見る。バイエルン号が碼頭に碇を下ろすと、そこで待機していた中国の駐シンガポール署理（代理）総領事羅忠堯が最初に乗船して親王に謁見した。ついでイギリス領海峡植民地の副総督が乗船して親王に謁見する。午後二時、シンガポールの多数の華商が中国のシンガポール領事館の「参賛」呉世奇に案内されて親王の船室を訪れた。[58] 彼らが親王に向かって「膝を屈し」て挨拶すると、親王は「半礼（軽い立礼）を以て之に答え[59]」る。この時、親王は彼らに「坡中の商務、如何なるや。商人、処に安んずること能うるや否や」と問いかける。[60] これに対して呉世奇が彼らに代わって「盛音に感謝申し上げます。王の一路安康をお祈り申し上げます」と答える。[61] ついで呉世奇が「当地の華商が同済医院でご来臨をお待ちしております」と告げると、親王は快く彼らの申し出を受け入れて後刻そこを訪問することを確約した。[62]

午後五時前に、親王は張翼、蔭昌、麦信堅とともに、馬車に乗って副総督を答礼訪問した。その後、親王は華商李清渕が用意しておいた「公館」に立ち寄ったあと、多数の華商が待つ同済医院の「会所」に馬車で赴く。[63] そこには中英両国の国旗が掲げられ、華商が門前に「粛立」して親王の到来を待っていた。親王が「会所」に入ると、彼らは親王に向かって膝を屈して「請安」した。親王はそれに半礼を以て答える。[64] その後、中国の総領事館の呉世奇が華商の「頌詞」を親王に捧呈した。[65] 親王はそれを一覧した後、「本爵上海に在りし時に、すなわち坡中の諸華商、歓迎の礼を預備するを聞く。此に到るに洎び、優礼を以て待されるを得たり。感荷、殊に深し。尤も慰む可き者は、我が衆商民、此に於いて安居楽業して擾さるる無く、驚さるるも無きを、親しく見しことなり。願わくは、更に能く一気相聯りて、共に守望相助、出入相扶の誼を敦くせんことを。民の此の如く有るは、此、洵に国家の福なり。茲より以後、尤も望らくは、諸君が益す和協を加え、国家を忘るる毋きこと、外洋に在りと雖も、内地に殊なる無きを。此、則ち本爵の厚く期する所の者也」と「覆答」する。[66] 親王はまもなく「会所」からバイエルン号に戻ったが、その時にも彼を見送る華商に対して、「本爵、此に来たるも、郵程迫促すれば、未だ衷懐を多叙する能わず。心、殊に快々也」との言葉をかけてそこを離れている。[67] この時親王に接した華商は「王の謙徳、実に亘古、罕に逢う所たり」と賛嘆していたという。[68]

その夜、親王は、イギリスのシンガポール支配とその北方に隣接する諸国の置かれた状況について、日記に次のように記していた。

英属の南洋各島、華人の流寓する者、巨万を以て計る。その間の巨商大賈、半は、皆泉、漳、潮の産也。新嘉波（シンガポール）、僅に小島耳。其の方広、三百里に及ばず。（然れども）華民の此に在る、二十餘万を下らざるは、英政府の藩属を治する政策務めて門戸を大きく開きて華工を招来せしむるの故を以てする耳。

坡島（シンガポール島）の北は柔佛国（ジョホール）たり。国は回教を奉ず。其の北方の毘隣、亦た英属也。聞くならく、其の前王（ジョホール王アブ・バカル 在位?～一八九五）、強隣逼処すれば、良策を籌して自存を図らざる能わざるを以て、乃ち親ら英京に赴き、英の士大夫と交歓せり。後、之を招きて国に来らしめ、之をして国政を襄理せしめたりと。柔佛小なりと雖も、以て亡びざる者は、其の前王の力也。嗣王、今年わずかに二十餘歳なり。刻、英、新嘉坡の北より一鉄路を建つ。（その鉄路は）北、檳島（ペナン島）に達せり。明年、即ちに開行する可し。此の路、長、約千里。柔佛を経て英属の尼格里雪璧蘭（ヌグリ・スンビラン）、実蘭莪庇勒（セランゴール）、威勒士利（ウェスレー）の三部（三州）に及べり。

ここに示された、イギリス領海峡植民地とその周辺諸国の置かれていた状況についての親王の認識は、いうまでもなく、列強による分割の危機にさらされていた当時の中国を念頭においたものであった。イギリスに抗して自国の滅亡を阻止しようとして苦慮したとされるジョホール王国の前国王の行動に対して、親王がこのように深く共鳴していたことは、はなはだ興味をそそる。それは、義和団事件により一層窮地に立たされていた中国をいかにして列強に伍すことのできる国家として再生させるかという問題意識が、決して孫文ら革命派の専有物ではなく、彼らによって標的とされていた清朝の若い親王にも抱かれていたことを示している。(69)

七月三一日（六月一六日）午前八時、バイエルン号はシンガポールを発ち、ペナン島に向かった。この日の午後六時には、この船は、クアラルンプール沖を通過した。親王はそこにも一〇余万の華人がいる、と日記に記している。

八月一日（六月一七日）午後一時過ぎに、バイエルン号はイギリス領のペナン島に到着した。そこには大型の汽船の停泊できる碼頭がなかったため、バイエルン号は沖合の海中に碇を下ろした。しばらくすると、イギリスの海峡植民地総督スウェッテナム（Swettenham, F.A. 薛登南）が派遣した高官バリ（巴利、原語不明）と中国のペナン副領事謝栄光、前署シンガポール総領事張振勛などが、いずれも黄龍旗を掲げた小型汽船に乗ってペナン島からやってきた。彼らはバイエルン号に乗り込んで親王に謁見する。午後二時四五分、接見を終えた親王は、張翼、梁誠、麦信堅とともに船を下り、総督の派遣した小汽船に乗ってペナン島に向かう。ペナン島の碼頭では福建・広東両省出身の紳商が「斉集」して親王の訪問を歓迎した。[70] この時彼らは親王に「鞠躬を以て礼を為し、王は挙手して之に答え」ていた。[71] 当時、碼頭には約一万もの華人やマレー人が親王を一目見ようと群がっていた、という。上陸後、親王は総督の派遣した「督帯巡捕官」に先導されて総督府に向かう。親王が通過した街路の家並みは、皆、黄龍旗を掲げて親王に対する敬意を表明していた。総督への表敬訪問を終えると、親王は副領事謝栄光が備えてあった「行台」に入って休憩する。そこには多数の紳商が先に来ていて、親王に茶を献じたり、海を展望できる楼上に案内したりして一行をもてなした。[72] この「行台」はペナンの富商であった謝副領事の「私居」（私邸）であった。謝栄光は清朝の総領事によってペナンの副領事に起用されていたので、それが清朝の高官の来訪時には、「行台」とされていたのである。

午後五時、親王は碼頭に戻り、再び小型汽船に乗ってバイエルン号に帰還した。まもなく、バイエルン号は次の寄港地コロンボを目指してペナン沖から出航する。

ペナンの華商は、シンガポールの華商と同様に、そこを訪れた親王に「頌詞」を捧呈していた。[73] それらは、清朝の親王がはじめてその地を訪れたことを高く評価するとともに、親王の今回の訪独が中国の新政に大きく寄与するものとなることを切望するもの、となっていた。両地の華商がそこに初めて立ち寄った中国の親王に「頌詞」を送ったのは、ペナンの華商の「頌詞」が記すように、「貴介、境を過ぐれば、合に頌詞を献ずべきは、民の志を達し、民風を観さしむる所以なり」[74]とする「列国の通例」[75]に倣ったことと思われる。

しかし、親王はこの華商による前例のない「頌詞」の捧呈については、日記に何らの記述をも残さなかった。

七　インド洋横断

八月二日（六月一八日）、バイエルン号はマラッカ海峡を通過してインド洋に入った。インド洋は「五、六、七、八月の間に至る毎に常に西南の大風有り、舟行均しく顛簸の苦有り」といわれていたから、親王はインド洋をその航行に最悪の季節に通過していたことがわかる。インド洋に入って四日目の八月五日（六月二一日）の夜、バイエルン号はスリランカ（セイロン）西岸の港湾都市コロンボに停泊した。当時コロンボは、周知のように、欧亜航路の中継港として、戦略的にも極めて重要な地位を占めていた。このコロンボで親王は港内に一マイルをもこえる堅固な防波堤が築かれていることに注目する。親王はそれがインド洋の激しい風波から湾内の船舶を防護するためのものであることを理解したばかりでなく、イギリスがコロンボを領有すると直ちに大金を投入してその建設に着手し、堤防の完成後にはコロンボに来航する船舶をいっそう多くさせたことを、「其の計、遠と謂うべし」と高く評価していた。

八月六日（六月二二日）早朝六時、親王は参議の張翼、参賛の蔭昌とともに下船して馬車でコロンボ駐在のドイツ領事を表敬訪問した。その後、親王は一丈余の「臥仏」を安置したコロンボの名刹ボーカハバット（開南寺）に赴いた。親王はそこで多数の僧侶が貝葉に経典を記して参詣者にそれを購入するように勧めている光景を見る。[76]釈迦修道の霊蹟とされるスリランカには依然として仏教寺院が多数あり、仏教が人々に深く信仰されていることを確認した親王は、唐代にインドに赴いた中国の僧が遠くこの地にまで霊蹟をたずねて巡遊していたことを想い起して感慨無量となる。

午前九時、親王がバイエルン号に戻るとドイツ領事とイギリスの軍艦の艦長が親王を訪問した。ドイツ領事の訪問は早朝の親王の訪問に対する答礼であり、イギリス軍艦の艦長のそれは単なる表敬訪問であった。その後、セイロン総督が派遣した親衛隊長（「中軍官」）が親王を表敬訪問した。親王はこの人物から、「朝七時に埠頭で馬車を用意して殿下が船から下りて来られるのをお待ちしておりました」と告げられて恐縮する。

バイエルン号は午前一〇時にコロンボ港を離れた。親王は次の寄港地イギリス領アデンを目指してインド洋を西に進むこととなる。この日、親王はベルリン駐在の中国公使呂海寰から電報を受け取った(77)。それは呂海寰がバイエルン号の到着するジェノヴァまで迎えに行くことを告げるとともにバイエルン号がいつジェノヴァに到着するかを照会したものであった。親王はこれを受けて、同日、呂海寰に次のような返電を打っている。

比来、風浪大作、船行やや遅し。計るに十一日（八月二四日）折奴（ジェノヴァ）に到達すべし。（貴公使に）望む、即ちに義（イタリア）外部（外務省）に電請し該埠の医官に諭せしめて、拝安船（バイエルン号）を随到随査し、即ちに車（列車）に乗りて徳（ドイツ）に往かしめ、（接見の日時に）遅延するを免るることを。期迫るにより、頌辞は尊処に代擬を請い、先に外部（ドイツ外務省）に交さしめて、以て答詞に便ならしむ。国書は義に到るを挨ちて面交すべし。参賛は五、中西の随員並びに翻訳は二十一、護衛は十二、武弁・跟役は十五(78)。

親王はジェノヴァ到着後直ちにベルリンに赴くには、ジェノヴァでの検疫が速やかに行われることが不可欠であると見ていた。そのため親王は呂海寰に急いでイタリア外務省と交渉するようこの電報で指示するとともに、ドイツ皇帝への謁見時に自分が奉読する頌詞（頌辞）の代作を呂海寰に依頼しそれをドイツ側に事前に手交するよう指示していたのであった。バイエルン号が実際にジェノヴァに到着したのは中国暦の七月一一日であったから、この電報で親王は呂海寰にジェノヴァへの到着の日を正確に伝えていたことがわかる。

この日親王はドイツの皇太后が死去したことを船内で知らされた。親王はこの皇太后がさきに逝去していたイギリスのヴィクトリア女王（Queen Victoria）の長女、当時のイギリス国王エドワード七世（Edward VII）の姉であることをこの日の日記の末尾に付記している。

八月七日（六月二三日）から八月一一日（六月二七日）まで、バイエルン号は炎暑のインド洋を連日西に向けて航行した。七日と八日の両日も風が強く船は大きく揺れたが、親王はまだ船酔いに苦しむことはなかった。親王は数え切れないほど多くの飛び魚が波間に出没するのを眺めて、このような光景は中国の海域では見られなかったと思う。バイエルン号では七日と八日に半旗がかかげられ、音楽の演奏などが停止されていた。親王はバイエルン号の船長や乗組員などが自国の皇太后の死去に対し哀悼の意を表すためにこのようにしていることを知らされる。

八月九日（六月二五日）から八月一一日（六月二七日）まで、強い西南の風が吹き荒れ、バイエルン号の「揺蕩」は激烈となった。それまでほとんど疲労の色を見せなかった親王も「余、頗る体の憊（疲）れるを覚ゆる」とはじめて弱音を吐くようになる。しかし八月一一日の夜、バイエルン号がソコトラ島北方の海域へと進むと、激しかった西南の風も幾分和らぐようになる。翌一二日（六月二八日）は光緒帝の誕生日であった。親王は「随使人員」を率いて（船室で西安の行在に向け）皇帝の長寿と健康を祈る「跪拝の礼」を行う。

八　アデンから紅海、スエズ、ポートサイドへ

八月一三日（六月二九日）夜、バイエルン号はアラビア半島南端の港湾都市アデンに到着した。アデンは紅海の南の入り口に近い自然の良港で、古くから欧亜貿易の中継港として繁栄していた。イギリスがここを占領したのは一八三九年のことである。以来、イギリスはここに砲台を築き、貯炭場や貯水池を設置してアデンを欧亜航路の重要な中継港とした。その後、スエズ運河の開通により中継港、軍港、石炭と水の補給地としてのアデンの重要性がいちだんと増大すると、イギリスはアデンの軍備を大幅に増強してそこを紅海地域における最も有力な拠点とした。[79] 親王はバイエルン号で寄港したこのアデンの状況を、以下のように日記に記している。

亥正（午後一〇時）、亜丁（アデン）に抵（いた）る。蓋し亜刺伯（アラビア）最南の地也。山に草木無く、地も亦磽脊たり。蘇彝士河（スエズ運河）の開くより後、此は海船の煤（石炭）を装する必由する所の区と為る。毎年、船の此を経る者、ほとんど千を以て計る。

親王はアデンに実質的にはわずか一日しか滞在していなかった。しかしこの日記の記述から、親王がアデンの風土と歴史、欧亜航路の生命線ともいうべき地理的位置などについてかなり当を得た見方をしていたことがわかる。親王が日記でアデンが各国の船舶の水の補給地となっていたことに触れなかったのは、彼がアデンの山地の谷間に作られていた多数の貯水池[80]を視察することができなかったことによるものであろう。

八月一五日（七月一日）早朝、バイエルン号はアデンを出発、紅海をめざしてアラビア海のアデン湾を西進した。午後一時、バイエルン号は紅海の入り口マンダブ（マンデブ）海峡へと進む。イギリスはこの海峡をアデンとともに

自国にとって死活的意義を有する紅海地域の戦略的な要衝と見なしており、一八五七年以降、この海峡の一小島バリム島（別名ペリム島）を租借・領有してそこに砲台を築き、守備兵を常駐させていた。[81]親王はこのマンダブ海峡についても日記に興味深いコメントを付している。

未初（午後一時）、波林（バリム島）を過ぐ。東北は亜細亜洲の境を為し、南は即ち非洲（アフリカ）の東北壌たり。両山（両岸の山）、英人、皆、炮台を築き、亜丁（アデン）とともに紅海の管鑰（重要な押さえになる所）と為す也。南北あい距つること、一百海里にも及ばざるなり。

親王はイギリスがマンダブ海峡の両岸の山地に砲台を築き、軍隊を配置してこの海峡を通過する各国の艦船を自在に扼殺できる態勢を固めているのを目撃していた。彼は、アジアとヨーロッパを結ぶ国際航路の要衝をこのようにぬかりなく制圧していたイギリスの戦略に圧倒される思いをさせられていたのである。

八月一六日（七月三日）と八月一七日（七月四日）の両日、バイエルン号は紅海を北に向って航行した。親王は、ヨーロッパに赴く際に、紅海とスエズ運河で酷熱の炎暑に苦しめられたと記した清朝の外交使節の旅行記をいくつも読んでいた。しかし、バイエルン号が紅海を北上した時には、涼しい風が静かに吹き、暑さは予期していたほどのものではなかった。紅海で異常な酷暑に苦しめられることを免れた親王は、その日の日記に「伝聞と身歴の同じならざるは、是の如き者有るなり」と記している。

八月一八日（七月五日）午前一〇時、バイエルン号はスエズ運河の南口に到着した。バイエルン号がスエズ港に停船すると、男女各一名の医師が乗り込んできて検疫を開始する。バイエルン号の船長は、乗客名簿と乗客一人ひとりの健康状態を記した書類を提出して、検疫医に乗客全員の身体の状況を速やかに点検させた。親王は船の乗客の中に一人でも疫病に感染している者がいると、その人物が隔離・入院させられるだけではなく、他の乗客もすべて船内に拘留されて一二日間はどこにも行くことができなくされることをすでに熟知していたので、この時もひどく緊張した。しかし、幸いにも、バイエルン号の乗客には、「微疾を有する者」すら一人もいなかった。これによりバイエルン号は予定通り地中海に向かってスエズ運河を北上することが可能となる。

検疫がすむと、イギリスのエジプト総督の命を奉じたスエズ地区担当管理官が親王を表敬訪問した。この人物はエジプト人であったが、英語にもフランス語にも通じていた。やや遅れてスエズ駐在ドイツ領事とスエズ運河会社の社長が親王を表敬訪問する。

午後一時、バイエルン号はスエズ港を出航し、ポートサイドめざして運河を北上し始めた。運河に入るとバイエルン号は速度を時速六海里へと大きく落とした。運河地帯では大地は極度に乾燥しており、空気は塘沽の海河の河口のそれによく似ていた。運河では西岸に浮球が配置され、東岸には木档が並べられて、船舶はその中間をゆっくりと進んでいた。浮球や木档が置かれた部分は浅すぎるため、小型汽船しか航行できないようになっていたのである。

運河会社は運河に河泥が堆積するのを防ぐため、数隻の浚渫船を配置して随時河底をさらう作業を行わせていた。親王は、バイエルン号がこの日運河会社に支払った通行料は三万ドルであり、この運河を往来している船舶は毎年約千隻である、とも日記に記していた。

八月一九日（七月六日）朝六時、バイエルン号はスエズ運河の地中海側入り口ポートサイド港に到着した。この地は一九世紀中葉までは茫漠たる無人の境であったと言われるが、スエズ運河の開通によってめざましく発展し(82)、二〇世紀初頭には国際的な港湾都市に生まれ変わっていた。「洋楼は綿亘、商賈は雲集して、欧亜来往の必ず経る所となる」「河を開きし後十餘年にして、此の如く繁盛せり。今は則ち臻臻として日とともに上る」と親王は当時のこの都市の情景を日記に記していた。午前八時、ポートサイド駐在ドイツ領事、イギリスのポートサイド地区駐在官、同じくイギリスのポートサイド駐在警備隊長などがあいついで親王を表敬訪問した。少し遅れてイギリスの駐エジプト総督の親衛隊長が、親王を招請する総督の文書を携えて、バイエルン号の親王の船室を訪問する。親王はこれに応えて蔭昌、麦信堅の両参賛とともに下船し、総督の差し向けた馬車に乗って総督府を訪問した。その後親王は二人の参賛並びにドイツ領事とともに「小花園」に赴き、さらに地中海に面した人造湖（壩）を訪れる。この湖の堤上で親王はスエズ運河の建設者レセップス（Lesseps, F. M. de）の銅像（フレミエ作）を見学する。この像は一九〇〇年作とされているから、親王はポートサイドの堤上にわずか一年前に建てられていたレセップス像を見学したことがわかる。ポートサイドでの見学を終えた親王が港に戻ると、そこには彼を見送る人々が集まっていた。親王はこれらの人に別れの挨拶をしてバイエルン号に乗り込む。午前一一時、バイエルン号はスエズ運河を出て地中海に入り、イタリアのジェノヴァを目指して航行を開始した。

九　難問の出来と駐独公使呂海寰の対応

八月二〇日（七月七日）、バイエルン号はクレタ島の南を西進した。気候の温和な地中海での船旅は、それまでとはうってかわって、快適なものとなった。親王もこの日の日記に「地中海に入るより、天高く気爽やかにして、あたかも仲秋に入りたるがごとし。もはや長夏の炎蒸は無く、気候は中華と異なる無し」と喜びの感情を率直に表明していた。翌八月二一日（七月八日）の午前、親王はバイエルン号に同乗していたドイツ軍の二〇余人の武官から宴席に招待された。この宴は、バイエルン号での船旅がまもなく終わり親王一行と別れる日も間近になったことから、彼らが特別に上等の酒や料理を用意して、開いたものであった。親王はドイツ軍の武官の好意に感謝して、彼ら一人ひとりに中国より持参してきた「土物」数点を贈る。この夜、親王は、バイエルン号のドイツ軍の兵士が、二等船室の前に舞台を設けて歌を歌い劇を演じるのを見た。遠い中国に派遣されて義和団の民衆や清朝の軍隊と戦ったドイツ兵が目の前でその故国に無事に帰還できることを喜びあっている光景に接して、親王がどのような想いを抱いたかについては日記には記されていない。

八月二二日（七月九日）朝七時、バイエルン号はメッシナ海峡を通過した。海峡の西岸はイタリア本土であり、東岸はイタリア領のシシリー島である。両岸は極めて近接しており、それぞれに家屋が整然と建ち並んでいるのが船上からも展望できた。夜八時、バイエルン号はナポリ港に停泊した。ナポリはイタリアの「陪京」（副都）であり、風光明媚な観光都市でもあった。

親王は海上より眺めたこのナポリの美しい光景を「柏焦維務火山（ヴェズヴィオ火山）、高大無倫、煙雲噴吐、火は其の顛より出る。夜には則ち（これを）望む可し。而も見たり、山に車道有るを。臨岸、洋楼の高峙すること約二十餘里。山脚より海浜に至る、壩（人造湖）一道を修せり。長きこと二里ばかりなれば帆檣雲集するも、以て風雨を蔽う」と見事な筆致で日記に記す。

バイエルン号がナポリ港に停泊すると、中国駐独公使館の翻訳官徳林が親王の船室を訪れた。徳林は、ドイツ駐在中国公使呂海寰の命によりベルリンからナポリに出張し、そこでバイエルン号の到着を待っていた。この時彼に課せられていた公式の任務は、親王一行をナポリで「迎接」し呂海寰が出迎えることとなっていたジェノヴァまで彼らを「前導」することであった。ついで親王は二通の電報を受け取る。それらは呂海寰が八月一九日（七月六日）と八月二〇日（七月七日）にベルリンから発したものであった。船上よりナポリの美しい風景を眺めて心の弾んでいた親王は、呂海寰の電報より、これから訪れるドイツで自分と直接関係する重大な事態が起こっていることを知って暗然となる。

この日親王がナポリで受け取った最初の二通の電報は以下のようなものであった。

電文(一)

逓書礼節、屡（しばしば）詢うも確耗無かりき。[83] 正に（ベルリンより）起身し（ジェノヴァに）来たりて（醇親王を）接（むか）えんとするに、礼官処に於いて悉（し）るを得たり。[84] 廿七（八月二七日）、徳皇、白庁に在りて坐見す、王爺（親王）、三鞠躬の礼を行い、書（国書）を逓し、頌（頌辞）を致す、其の参随の同（とも）に入りて見ゆる者は、均しく中国の臣下が君に覲するの礼に照らして叩首す、と。云うに拠るに、此次、賠礼に係わる。尋常の聘使と比べる可きに非ずと。知らず、曾て穆使（駐華ドイツ公使ムンム）と商及せしや否やを。唯、大局の悠関（関わるところ）、時甚だ迫促せり。海（呂海寰）、現、力争するも、挽回する能うるや否やは未だ敢えて予必せず。王爺暨び燕謀（張翼）、午楼（蔭昌）の諸兄に乞うらくは、速やかに良策を籌して訓示するを盼と為す。[85]

電文(二)

魚電（中国暦七月六日発信の電報）覧せしや否や。参賛の随見する（者）の（ドイツ皇帝に）叩頭するの一節、（ドイツの）外部（外務省）及び大礼官と争辯せしも、未だ就範せしむるに迄（いたら）ず。焦憤万分なり。礼官の云うに拠れば、徳皇、専車一輛を備えて仏郎（フランクフルト）に在りて迎接せしめんとすると。併せて聞けり、餘（その他のこと）は面稟を容すと。[86]

電文(一)の冒頭にある「逓書礼節」とは、ドイツ皇帝が皇宮で醇親王を接見する際に採用する方式や儀礼の意である。また「礼官処」とは当時ドイツ皇帝に近侍していた「大礼官」（侍従長）の執務室であり、「白庁」とはベルリンの宮殿にある白大理石の接見室であると思われる。二通の電文から呂海寰がドイツ側から聞き出した醇親王に対する接見方式にいかに激しく憤慨し、それを変更させようとしていかにいらだち焦っていたかがよくわかる。呂海寰が痛憤していたのは、ドイツ側が中国の使節団に対してことさらに「常例」に反した「礼節」を強要しようとしていることであった。呂海寰は、ドイツ側の醇親王に対する接見方式には次の二点に重大な問題があると見なしていた。

第一はドイツ皇帝が醇親王を接見する際に、欧米の「常例」たる「立見」を採用しないでことさらに「坐見」に変更していることであった。呂海寰は、ドイツ皇帝が「宝座」（玉座）に坐したまま、中国の「専使大臣」（特使）醇親王から「三鞠躬の礼」（三度の最敬礼）を受け中国皇帝の「国書」を受理し、さらに中国の「専使大臣」醇親王が「頌辞」を奉読するのを聞くということが、中国の国家と皇帝の威信を傷つけるとして大きく問題にしていた。[87]

第二は醇親王に同行する「参随」（参議と参賛、随員）がドイツ皇帝に対して「叩頭の礼」をさせられることであった。ドイツ当局は、使節団の謁見時に、醇親王がドイツ皇帝に対して「鞠躬の礼」をするたびに、親王の「参随」が跪いてドイツ皇帝に「叩頭の礼」を行うという異例の方式を中国側に受け入れさせようとしていた。呂海寰はこの方式も中国の皇帝と醇親王の尊厳を著しく損ねるとして重大視していたのである。[88]

八月一九日（七月六日）と八月二〇日（七月七日）、醇親王に「礼節」問題の出来を二度にわたって打電した呂海寰は、同日、上海の中国電報局の督辦盛宣懐にもほぼ同文の電報を発していた。[89]呂海寰はこの二通の電報を、当時の清朝政府の政策決定に大きな発言権を有していた北京の両名の全権大臣慶親王と李鴻章、西安の軍機処、北京の総理衙門、南京の両江総督劉坤一、武昌の湖広総督張之洞にも転送するよう依頼した。[90]呂海寰より醇親王の謁見時の「礼節」についてドイツ当局が突然中国に不当な要求を強要しようとしている事実を知らされたこれらの人物は、いずれも強く反発した。彼らは、ドイツ政府の今回の要求は、醇親王が謝罪使として訪独した際には手厚く歓待するとしたドイツ政府の事前の約束に反するし、中国の国家と皇帝の尊厳と威信を大きく傷つける、とする呂海寰の見方を、一致して支持していた。[91]

しかしドイツ皇帝が醇親王を接見する日は目前に迫っていた。他方ドイツ政府も当初は「礼節」については中国側といっさい交渉に応じないという強硬な姿勢を貫こうとしていた。その上、北京議定書の締結をめぐる列強と清朝政府との交渉がすでに最終段階に到達していたので、清朝政府の首脳も、「礼節」問題でドイツと決定的に対立することを避け、ドイツの要求のなかでより強く自国の威信を損ねる項目をドイツ政府に撤回させる方向で妥協しようとするようになる。

呂海寰は、このような事情を理解しつつも、「礼節」問題でドイツ政府に一定の譲歩を迫るには、中国側が何らかの強硬な措置を取ることが不可欠であると考えた。かくて呂海寰はドイツ当局との交渉を駐独公使館の参賛賡音泰に委ねて、八月二〇日（七月七日）にベルリンを離れる。呂海寰は翌八月二一日（七月八日）にスイスのバーゼルで親王一行がしばらくそこに滞在できるよう宿舎の手配をするとともに、八月二四日（七月一一日）の早朝にジェノヴァに到着する親王一行が当日の夜にスイスのバーゼルに向かう列車に乗車できるよう、列車の座席をも予約した。こうして呂海寰はジェノヴァに上陸した親王一行がそこからドイツに直行しなくてもすむように周到に手を打った後、八月二二日（七月九日）、バーゼルからジェノヴァに到着する。[92]この間、呂海寰には駐独公使館の翻訳官李徳順などが同行していた。

呂海寰はジェノヴァでも、親王到着時の検疫を素早くすませるようイタリアの官憲に要請することをはじめとして、処理しなければならないことが多々あった。その上、この日のジェノヴァは異常に暑かったので、連日の過労と心労で疲れ切っていた呂海寰は、ジェノヴァにつくと間もなく、激しいめまいに襲われる。二日後の醇親王一行の到着を迎えるとができなくなった呂海寰は、やむなくスイスのローザンヌに赴いて静養することにした。呂海寰は親王一行の迎接とバーゼルへの誘導などの任務を李徳順に委ね、北京の慶親王とナポリに到着している醇親王に電報を発した後、この日の夜おそく、列車でスイスのローザンヌに向かう。[93]

醇親王はこの夜、呂海寰がジェノヴァから発した電報を受け取った。その文面は以下のようなものであった。

　海（呂海寰を指す。ここでは私の意）、頃（今しがた）折奴阿（ジェノヴァ）に到りて駕（親王）を迎えんとせしも、突然暑に中（あた）り旧症を触動せらる。眩暈異常にして起立する能わず。此処、天気太（あまりに）熱ければ、瑞士（スイス）に赴きて調理せんと擬せり。叩（頭）して王爺（親王）に罪を恕さんことを乞う。現、翻訳（官）李徳順を留めて此に在りて伺候せしめ、一切を面稟せしむ。義（イタリア）より徳（ドイツ）との交界（国境）に赴くの専車（専用車輛）は已（すでに）訂定せり。桟房（旅館）も亦妥を看たり（周到に手配してある）。[94]

この電報で呂海寰は、ドイツの不当な要求をはねかえすために、親王をジェノヴァからドイツに直行させず、しばらくスイスに滞在させてドイツに譲歩を迫る策をとることを、暗に親王に告げていた。しかし、醇親王は呂海寰の真意を正しくとらえていなかった。この夜受け取った呂海寰の電報については、親王は日記に次のように記すのみであった。

　少頃、呂使、又、電の来らせる有り。渠（彼）、折奴阿（ジェノヴァ）に抵りし後、病を患い瑞士の魯生（ローザンヌ）地方に赴きて頤養すれば、折奴阿に在りては相い候たざるを知る。

醇親王には呂海寰が苦心して親王一行のためにスイスで宿舎を確保したり、ジェノヴァからバーゼルまでの列車の座席を押さえたりしていたことには関心を示していなかった。ドイツ皇帝への謁見問題をめぐるドイツと中国との対立の詳しい経緯を知らない親王は、呂海寰のこの電報が暗示していた深い意味を読みとることはできなかったのである。

十　交渉の難航と醇親王の苦悩

八月二四日（七月一一日）午前一〇時、バイエルン号はジェノヴァに到着した。この時親王は、リヒテルを先にベルリンに赴かせドイツ外務省に「礼節」の変更を要請させる件について、張翼や蔭昌、梁誠、麦信堅らと協議中であった。バイエルン号がジェノヴァの埠頭に停泊すると、親王はすぐに電報を受け取る。それはベルリンの中国公使館の参賛賡音泰が転送した北京の全権大臣慶親王と李鴻章の「卦電」（中国暦九日発信の電報）[95]であった。親王は、この電報に記されていた「礼節」問題に対する全権大臣の見解と指示が、当時自分が考えていたものと一致していることを知って、大いに勇気づけられる。その後、呂海寰から親王一行の迎接とスイスへの誘導を命じられていたベルリンの中国公使館翻訳官李徳順、イギリス駐在の中国公使羅豊禄より親王迎接のためにロンドンから派遣されていた陳貽範、ジェノヴァ駐在のドイツ総領事とドイツ領事などが、あいついで親王の船室を訪問した。親王はこれらの訪問者の挨拶を受けた後、張翼、蔭昌、梁誠らとの協議を再開した。この席では親王がジェノヴァから全権大臣に送る返電をどのような内容のものにするかということも、討議されたものと思われる。

午後四時、親王は張翼、蔭昌を伴って船を下り、ドイツ総領事を答礼訪問する。総領事は茶と菓子を出して親王らをもてなした。その後親王は張翼、蔭昌とともに馬車でジェノヴァ市内をめぐり、午後六時にバイエルン号に戻った。親王はこの時海岸で「洋人」が海水浴をして楽しむ光景を目にする。

この夜、親王一行はバイエルン号で夕食をとった。親王は帰路にはアメリカ経由で帰国することを予定していた[96]ので、この日の夕食を長い船旅の間に慣れ親しんできたバイエルン号の食堂で取ることにしたのであろう。夕食後、親王一行はバイエルン号の乗組員に別れを告げてジェノヴァ駅に移動した。一行はこの夜一一時発の列車でジェノヴァを発つ。この時には親王をジェノヴァ港に出迎えたドイツの総領事やジェノヴァのイタリア当局も、親王がこの列車でベルリンに直行し、八月二七日（七月一四日）にドイツ皇帝に謁見するものとばかり思っていた。この夜、親王はジェノヴァから全権大臣に次のような電報を送る。

澧、十一日（八月二四日）、折奴窪（ジェノヴァ）に抵る。正に李希徳（リヒテル）を外部（ドイツ外務省）に向けて設法挽商せしむるを籌議しつつ在りしに、適（折良く）、卦電に接せり。意、相い符合せり。もし挽回し難ければ、自ら当に電に遵わん。辧理の如何は徳の辺界の巴在爾（バーゼル）に到るを挨ちて奉告す。応に電奏すべきや否や、酌を祈る。(97)

この電文より、親王が全権大臣の発した電文での指示に全面的に賛同していたこと、また遅くともこの電報をジェノヴァで発するまでには、親王が呂海寰の謀略に従って、ベルリンに向かう列車からスイスのバーゼルで途中下車するという方針を固めていたことを、確認することができる。すでに見たように、親王はナポリで呂海寰の計略を電報で知らされたとき、それに応ずるという態度を表明していなかった。その親王がジェノヴァで呂海寰の謀略支持へと態度を変えたのは、ジェノヴァに向かう船中で張翼、蔭昌らに助言されたためと、ジェノヴァ到着時に受け取った全権大臣の電報に刺激されたためであったと思われる。こうして親王はドイツが強要する異様な「礼節」を拒む決意を固め、翌二五日（七月一二日）には決然と大胆な行動を起こすこととなる。

この日、呂海寰も静養先のローザンヌで賡音泰がベルリンから転送した全権大臣の「卦電」を受け取った。(98) 呂海寰はこの電報を読み終えると、直ちに次のような返電を全権大臣に送る。

海、瑞（スイス）に赴きて病を養さんとせり。頃（いましがた）、卦電を読みたり。藎籌（忠義のはかりごと）、極めて是なり。海、瑞に在りと雖も、柏林（ベルリン）に電達すれば、頃刻にして到るべし。当に賡音泰に機宜を授けて其に囑して設法挽回せしむべし。惟、海、外部（ドイツ外務省）及び礼官と反復争辯して已に言う所を尽くせば、彼、堅執して以て理喩し難きを恐る。但、穆使（駐華ドイツ公使ムンム）、助を肯んずる[99]を盼すれば、或いは転圜する可からん。又、頃、電に接せり。〝外部、徳皇の諭を伝う、駐徳の呂使、一員を随帯して随行覲見すべし〟と。礼は居然、公法に違えり。之を聞きて気憤に勝えず。病は更に劇しさを増せり。[100]

全権大臣が示した対抗措置を呂海寰も高く評価していたことがこの返電から読みとれる。またドイツ皇帝が、ジェノヴァに親王を迎えに行ったままベルリンに戻っていなかった呂海寰をも醇親王に同行させて接見しようとしていたこと、その際に公使であるはずの呂海寰にも、親王の参賛や随員と同様に、「跪拝礼」を行わせようとする、という異常な要求をしていたことが、この電報から確認することができる。[101]「礼節」をめぐるこうした両国の指導者の行動は、両国間の関係の修復をめざしてなされるはずであった醇親王の訪独が、逆に両国間の溝をいっそう深めるものへと変わりつつあることを示していた。

八月二五日（七月一二日）、親王の乗る列車は、早朝、イタリアを通過してスイスに入った。親王はこの日、早朝より、車窓から目に入るスイスの美しい風景に見とれていた。この日は親王が不安をおさえつつ思い切った行動にでた日であったから、列車の車窓から見えるスイスの風景も親王の目には入らず、それが日記に記されることもなかっただろうと筆者は予測していたが、予想は大きくはずれた。親王はこの日、日記にスイスについて次のような名文を記していた。

瑞（スイス）、大山多し。車（列車）、山洞（トンネル）中を出入せり。（山洞）、大小四十餘処、長き者は百里なれども、瞬息に経過して、人をして目眩み神移らしむ。今早（今朝）より六処に停車せり。（されど）過ぐる所の魯生（ローザンヌ）地方を以て、風景、最佳と為す。魯生に大湖（レマン湖）有り。方広、約数十里なり。山青く水碧（青緑色）なり。秀色の餐す可きこと、中華の名勝に亜（おとら）ざるなり。

午後二時、列車はバーゼルに停車した。バーゼルはドイツとの国境に近いスイスの西北部の都市である。親王は呂海寰の筋書き通りにこの駅で突然体調が悪くなり、休息・静養を要すると称して慌ただしく下車した。バーゼル駅には親王をベルリンに誘導する任務を課せられていたドイツの二名の「内務官」フォン・ホフェナー少将とフォン・リュトヴィッツ少佐が出迎えていたが、親王はこの二人に会釈すらせずに呂海寰の手配した宿舎「三王桟」に急行した。[102]この突然の行動について親王は「余、連日、船車の顛簸するを以て頗る疲倦を覚えれば、即ちに下車し、バーゼルに在る三王桟に遇して休息す」と日記に記していたが、これが事実に反したことであることは、すでに引用した親王の全権大臣に対する返電などから明らかであろう。

親王が投宿した「三王桟」はバーゼルでも最高級のホテルであった。親王はこのホテルに一〇日間も滞在することになるのであるが、彼はそこをひどく気に入っていた。親王はこのホテルについて日記に「桟、巴在爾（バーゼル）に在りて第一と為す。欧州の王族の往来するもの、常に之に住（宿泊）せり。其の後面は来因河（ライン川）に面臨すれば、景物絶美にして、河流、終日、声を有せり」と記して、そこから眺める高ラインの風景を絶賛していた。「三王桟」に入った後、親王は休む間もなく、ベルリンの中国公使館参賛賡音泰に以下の電報をおくる。

船に坐すこと月余、辛苦万状なり。昨、勉強（無理して）道に就くも、益（ますます）疲倦を覚えれば、（しばらく）巴在耳（バーゼル）に駐さんとす。已に李希徳（リヒテル）に請いて徳京（ドイツの首都ベルリン）に前往し、本爵の一切の情形を外部（外務省）に面達せしめんとす。現、未だ徳皇の定めし期に按じて柏林（ベルリン）に到ること能わざるは甚だ歉なり。請うらくは、即ちに外部に婉告されんことを。[103]

ここでも親王は、自分がバーゼルに途中下車してベルリンにドイツ皇帝の指定していた日時に到着できなくなるのは、長旅の過労に起因する病気のためである、と説明していた。しかし呂海寰から彼が仕組んだ謀略の筋書きを事前に詳しく知らされていた賡音泰は、この日、突然、親王がドイツへの入国を拒否してバーゼルのホテルに投宿したのは、謁見時の「礼節」の変更をドイツに迫るためであることを、直ちに理解する。この電報によりすでに親王が予定通り行動を起こしたことを確認した賡音泰は、直ちに外務省に赴いて副大臣ミュールベルク（Mühlberg, Otto von）と会い、親王がベルリンに向かう途中で体調に異常を来したため、バーゼルで途中下車してホテルで静養しなければならなくなつた、と告げる。賡音泰は前日にも外務省で副大臣と会い、ドイツの求める「礼節」には慶親王や李鴻章、劉坤一も強く反対していることを告げていたし[104]、この日も、すでに外務省を訪れて副大臣に「礼節」の「更改」を強く要求していた[105]。

賡音泰がこの日再び面談を求めてきたことを知ったドイツの外務当局は、副大臣に代わって局長（「大司員」）が会見に応ずる。この時の局長の発言内容を賡音泰は会見終了後直ちに親王に打電した。次はその全文である。

侵電（中国暦一二日発の電報、ここではバーゼル発の親王の電報をいう）、遵いて密かに外部に告ぐ。大司員の称するに拠るに、徳皇、十四日礼拝二（火曜日）午時に接見す。事、業已（すでに）予備斉全なれば、定めし期、諒うに更改し難からん。且つ親王、宰相、及び各大臣、均しく飭して伺候せしむ。如し王爺、病に因り到らざれば、徳皇、以て藐視と為し、益す中国に旧好を重敦するの意無きを見ん。深く恐る、別に枝節を生ずるを、と。且つ謂う、此の事、両国の交誼に関わり有り云々と。慶邸に転電す可きや否や。鈞裁を乞う。礼節単[106]、已に見たり。王爺、三鞠躬の礼を行う。餘（他）は跪拝礼を行う。辯論すること再三なり。並びに大司員に私談として其が従中相助し、以て両国の体面を全うするを求めたり。通融するや否やは正外部（外務大臣[107]）に見えるを挨ちて即速

（直ちに）電稟せん。[108]

ここより、親王の行動は「礼節」の変更を迫ろうとする謀略であることにドイツの当局がすでに気づいていたこと、ドイツ当局がことさらに恫喝的な発言を行って親王を翻意させようとしていたこと、にもかかわらず賡音泰が親王は病気のためいつベルリンに来ることができるかわからないと平然と応対し、逆にドイツ側の弱みをついてドイツ当局を譲歩させようとしていたことなどが明らかとなる。呂海寰から事前にドイツ側との交渉のための「機宜」を授けられていた賡音泰は、臆することなく堂々とドイツの外務当局とわたりあっていたのである。

この間、親王はバーゼルのホテルで次第に心中の不安を抑えられなくなっていた。賡音泰に電報を打った後、親王は間もなく彼から電報[109]を受け取るが、それが彼のこの日の行動に対するドイツ外務省の反応には何も触れていなかったからである。その後、親王はドイツの内務府の高官がドイツ皇帝による接見時の「礼節単図」を届けるためと称してホテルにきたことを知らされる。彼らがホテルに来たのは、親王が本当に病気になっているのか、仮病を使っているにすぎないかを探るためでもあることは見え透いていたから、親王の心中はいよいよ穏やかではなくなった。不安と焦燥感に駆られた親王は、このような状況下で全権大臣に次のような電報を発する。

十二日未の刻（午後二時）、巴在爾（バーゼル）に到る。賡音泰の来電に接するに云う、跪叩一節、更改無きに迄る。蔭昌は仍（なおも）参賛を以て看待すれば、免れること能わず、と。[110]頃、徳皇遣わす内務府来たり、並せて定める所の礼節単図を交す。十四日午刻、柏林（ベルリン）の宮内に在りて接見し、専使の三鞠躬の礼を坐受す。参随は三跪拝礼、並せて跪きて頌詞を宣読するを聴く、と。此、西国、向に無きの礼を為す。大体の悠関（関するところ）、万、遷就し難し。澧、一路輪船顛簸、火車の炎熱に因り、眩暈異常、飲食も進むは少なし。刻下、只、巴在爾に在りて養息を為すを得るのみ。柏林より尚十六点鐘（一六時間）の路有り。十四（中国暦七月一四日）の接見、已に来たらんとするも及ばざれば、当に李希徳（リヒテル）に命じて先に徳京に到らしめ、外部に代達せしめて、並せて法を設けて力めて転圜を為さしめんとす。済くること有る能うれば、自ら当に趕速前進すべし。若し竟に挽回すべき無かりせば、灃、碍ありて専主し難し。務めて代奏を祈る。旨を候ちて遵行す云々。[111]

リヒテルをベルリンに急派してドイツ外務省と交渉させ、「礼節」の修正にドイツ政府が応じれば、ベルリンに駆けつけて国書を奉呈し任務を果たす、ドイツ当局がこれに応じない場合に自分がどう行動すべきかについては、その時点で必ず朝廷に指示を仰ぎ、それに従って行動する、というのが、親王がここで表明していたことであった。これは、親王がこれ以上は危険な謀略的な行動にでる意志のないことを全権大臣に告げたものであった、と見なせよう。

その後かなり時間が経過してから、親王は蔭昌からこの日二度目の電報を受け取る。これはすでに見たように、蔭昌がドイツ外務省の局長（「大司員」）に親王のバーゼルでの途中下車と病気静養を告げた際のドイツ当局の反響を報告したものであった。[112] 親王はこの蔭昌の電報を見ていっそう不安をつのらせる。ドイツ外務省の高官の恫喝的な発言を真に受けた親王は、ドイツ当局がこの日の自分の行動に著しく態度を硬化させて重大な事態を引き起こしかねない、と考えたからである。その後、リヒテルがベルリンに向かって出発した。この夜、親王は出国時には予想もできなかった重大な事態への対応策を考えあぐねて、深夜まで煩悶しつづける。

十一　ドイツ皇帝による接見の中止

八月二十六日（七月一三日）、親王は朝早く蔭昌が前日の深夜にベルリンから送った電報を受け取った。その全文は以下の通りである。

正外部（外務大臣）に晤いて期を定めし接見、跪礼を更改する能わざるを知る。辯論すること再三にして其の通融するを求むれば、渠（彼）云う、〝或いは改めて請安と為すは如何。但し、此、私意に係われば、尚𤾣相が照准する能うるや否やは未だ知らず。明晨（明朝）、信を聴く云〟と。[113]

親王はこの電報により、ドイツの外務大臣が皇帝による接見の日時の変更を絶対に認めない意向であることを確認した。同時に彼は、外務大臣が廕音泰に対して「参随」の「跪拝」を「請安」[114]に変更するという私案を示して中国側の意向を探ろうとしたことを知る。この電報を読んだ親王は、朝八時前に廕音泰に以下のような返電を送る。

礼節、改めて請安と為すは向例と符さざるに属せば、本爵、擅専すること能わず。乃ち旨を請いて行うを須てば、接見の期を誤るを恐る。事、両難に属す。本爵、只、力疾速来して覆（返電）を候ち、以て我が国家の至誠修好の意を表するを得るのみ。外部の格外の原諒を婉懇して以て両国の交誼を顧みるを祈る。若し俯允すること能わば、電復（返電）を望む。[115]

親王は前日バーゼルのホテルに入ってからかなり慎重になっていた。自分が事前に訓令を受けていないことに対しては、必ず全権大臣を通して朝廷に裁断を仰ごうとするようになったのである。この日の朝、「参随」の「跪拝」を「請安」に変更するというドイツの外務大臣の私案への対応を廕音泰から電報で問われた時、親王は当然朝廷にその可否についての指示を仰いだ後にベルリンに向かおう、と考える。しかし、親王は、朝廷の返電を得てからバーゼルを出発すると、予定されている接見の時刻までにはベルリンの宮殿に到着できないことも起こるし、ベルリンに行くには列車で一六時間も要するから、遅くとも夕刻五時には列車に乗らなければならないと考えて、朝廷からの返電が来なくても、とりあえず午後五時に列車でベルリンに向かうことを決意する。以上がこの朝廕音泰の電報を得てから彼にこの返電を発するまでの間に親王が思い巡らしていたことである。

午前八時、親王は全権大臣に電報を送った。その全文は次の通りである。

頃、賡音泰の侵（一二日）子（深夜一二時）電に接す。（中略）灃、当ちに已に復電せり。（中略）灃、大局を保全する為に見を起こせば、未だ敢えて事に過ぎて拘泥せず。今、五点鐘（午後五時）、力疾して即ちに徳京に赴き、信（電信）を得て辦理せんとす。即ち代奏して旨を請うを祈る、と。(116)

電文中の（中略）とした部分には、すでに引用した賡音泰と醇親王の電文がそのまま引用されている。電文にある「力疾」とは〝病をおして〟という意味であるから、前日親王がベルリンに直行せずバーゼルで途中下車したのは、病気のためであった、という説明を親王がこの日も強引に押し通そうとしていたことが判明する。その後、午後二時近くまで、親王は電報を待ち続けたが、北京からもベルリンからも来電はなかった。午後二時、親王は、ドイツ政府が「跪拝礼」を「請安」に変更する決定をしたか否かを確認しようとして、再び賡音泰に電報を発する。

電悉く已に接到せり。礼節の更改、畢竟如何。立ちどころに（即刻）電覆せられるを候つ。(117)

ベルリンに向かう列車の出発まで二時間もなくなった時点で打ったこの電報は、この時の親王の強い苛立ちをよく示していた。しかし、この時、賡音泰も外務大臣からの知らせが入らないことに焦っていた。賡音泰はこの電報を読むと、直ちに外務省に赴き、親王が病をおして午後五時の列車でベルリンに向かおうとしていると外務省の高官に告げる。しかし、この時、ドイツ政府は、皇帝の「訓条」に従って、すでに翌日の接見の中止を決定していた。ベルリンへの親王の出発時刻が迫っていることを確認した賡音泰は、慌ただしく親王に打電する。この時の賡音泰の発した電報は、以下のようなものであった。

電に遵いて速やかに外部に告げたり。称するに拠るに、徳皇、已に訓条有り。十四の礼節、一律停止す。王爺（親王）、祇（ただ）病に因り来たらずと説う（いう）可し、と。請安一層、能く通融するや否やは、尚宰相の回音を得ず。恐らく亦辦じ難からん。李希特爾（リヒテル）、已に往きて徳皇に見（まみ）えたり。王爺の力疾来徳、暫し緩辦（延期）するを祈る云と。政府に電達す可きや否やは鈞裁を祈る。後に事、如何に局を結ぶやは、想うに李希得爾、必ず徑（直接に）電稟せん。[118]

ここには、廕音泰がドイツ外務省でドイツの高官より告げられたことと彼がドイツの高官に問いただして得た情報、さらには彼がこの時に得た情報に基づいて、親王がとり急ぎ為すべき事として伝えたり、確認を求めたりしたことなどが短い文章のなかに盛り込まれていた。こうした多くの重要事項を短時間に簡にして要を得た電文にまとめる能力を身につけていたことからも、廕音泰がかなり有能な外交官であったことが確認できる。かくて親王はこの日の早朝に決断したベルリン行きを見送り、ドイツ側からも公式に病気と認定されて、引き続きバーゼルのホテルで静養することとなる。跪拝礼を「請安」に変更して「礼節」問題で中国側と妥協しようとしたドイツの外務大臣の構想も具体化する見通しがないことが判明したため、親王は当面はリヒテルの報告を聞いてから今後の進退を決めようと考える。

この夜一〇時すぎ、親王は北京の全権大臣とベルリンの廕音泰に打電して、自分がこの朝いったんは決断したベルリン行きを、最終的には中止したことを報告した。次は親王がこの時におくった二通の電報である。

（全権大臣宛の電報）

正に力疾して徳に赴き、以て大局を全うせんとするに、適、廕音泰の電に接せり、称す、徳皇、已に諭せり、十四の礼節を停止す、と。請安、更改する能うるや否やは、未だ宰相の回音を得ざるも、恐らく亦辦じ難し。並びに称す、暫、宜く徳京に赴くを緩（延期）するべし。李希徳爾（リヒテル）、徳皇の行宮に在りての召見を蒙むれり、と。現、其の電復の情形を候ちて再び進止を定む。代奏を乞う。示に並せて遵行せん。[119]

（蔭音泰宛の電報）

元電（中国暦一三日の蔭音泰の電報を指す）を悉る。本より力疾赴徳を擬せり。惟、病勢、未だ減ぜず、実に支持し難し。只、暫し前来を緩（延期）する可きのみ。望むらくは外部に婉達せんことを。事とする所、已に電奏せり[120]。

この電報は、接見の中止が確定した時点では、親王にはベルリンから戻るリヒテルの復命にとりあえず期待するしか打つ手がなくなっていたことを示していた。

八月二七日（七月一四日）、この日の正午に予定されていたベルリンでの接見は、ドイツ皇帝の指示通り完全に中止となった。この日、親王は一通の電報をも受け取っていないし、一通の電報をも送っていなかった。日記もこの日は空白となっているから、歴史に残るこの重要な日に親王が終日何をしていたかはわからない。

この日、全権大臣は前日醇親王から受け取った二通の電報を軍機処に転送するとともに、以後、親王にどのような行動をとらすべきかについて打診した電報を軍機処に送った。この電報は、接見が中止となった時点での全権大臣の事態の受け止め方や、彼らが当面とろうとしていた方策などを知る上で、重要なものである。

査するに李希徳（リヒテル）、巴帥（ワルテルゼー元帥）が前に帯来せし兵官に係わり、曾て北洋学堂の教司に充つ。派されて醇邸に随い徳に回える。代達転圜せしむると雖も、未だ必ずしも済くること有らざらん。呂、蔭、前に力争し、臣等、又、（総理衙門の）徐寿朋、聯芳を派して穆使（駐華ドイツ公使ムンム）に囑して転致せしむるも、未だ更改を允さず。徳主、已に定むる所の礼節単図を送る。使気（意気込み）、強に恃むは、恐らく解免し難からん。原約第一款（北京議定書第一条）の〝国家慚悔の意を代表する〟は、自ずから亨利（ハインリッヒ親王）の来華覲見[121]の事無き（の時）と同じならず。但し、屈辱甚しきに過ぎ、人をして堪え難からしむ。現、計るに十四接見の期、已に過ぎる。醇邸をして李希徳の回報の時を挨たしめ、如し徳廷、期を改むるを肯んずれば、仍（なおも）前み謁えるを須ち、以て約款を完うし、大信を昭らかにす。事畢（おわれ）ば促して華に回らしめ、必ずしも再び各国に往かしめざれば、訾笑を免れるに庶からん。示を請いて遵行す。代奏を乞う。[122]

全権大臣はそれまでのドイツ側の動向を根拠として、リヒテルのベルリン訪問が事態の改善に大きく寄与することはないと判断していた。彼らは醇親王の訪独は謝罪のためであるから、一八九八年のハインリッヒ親王訪中時のような厚遇を期待するのは無理と見なしながらも、それにしても接見時の醇親王に対する処遇はあまりに中国の体面を傷つけるものであると見ていた。しかし、彼らは、ここでは局面を中国に有利となるように転換させる具体的な対抗措置を提起していなかった。この電報で全権大臣が提出していた最終的な事態収拾の道とは、リヒテルの報告によってドイツ皇帝が一度中止した接見を行うことに応ずることが判明したならば、親王はベルリンに赴いて国書奉呈の使命を果たす、その際に屈辱的な「礼節」の変更にドイツ側がどうしても応じなければ、屈辱に耐えて事を終えさせる、その後は親王一行に各国を巡遊させず、そのまま帰国させて、彼らが各国の笑いものにされるのを防ぐ、というものであった。接見中止という重大な局面を迎えて、それまでドイツに対して強硬な姿勢を貫いてきた全権大臣も、ドイツと妥協する意向を強めていた。彼らは、最終的にはドイツ皇帝とドイツ政府の要求を受け入れざるを得なくなると決断して、西安の皇太后と皇帝の意向を打診するに至っていたのである。

十二　中国政府首脳による最終的対応策の模索

八月二八日（七月一五日）、この日の醇親王の日記には「呂使、魯生（ローザンヌ）より来る。礼節を籌商し電音を酌発せり」という短い記述があるだけである。しかし、これによりそれまでローザンヌにひそんでいた呂海寰がこの日に初めてバーゼルに来て醇親王と会い、以後両名が協力して礼節問題に取り組むようになったこと、また両名がバーゼルからいずこかへ電報を発信していたことが判明する。この日両名が「酌発」した電報とは北京の両全権大臣慶親王と李鴻章に発したものであった。この電報は両名が望みを託していたベルリンにおけるドイツ政府首脳とのリヒテルの折衝が不調に終わって彼らには当面打つ手がなくなったことを報告するとともに、西安の朝廷がドイツとの行き詰まった局面を打開する「良策」を「妥籌」して取るべき道を指示するように「懇請」したものであった。

> 坐受国書、参賛跪拝の礼節、屡（しばしば）海寰の磋磨を経るも、万、更改する無し。即ち通融請安の説も、亦罷論と作（な）る。昨晩、李希徳（リヒテル）柏林（ベルリン）より回える。云うに拠るに、僅かに内、外部（内務省と外務省）の諸大臣に見（まみ）え、中国の親王の難を為す情形を業経（すでに）詳達（詳しく伝達）、併せて代りて転圜を為すを懇えども、諸大臣はいずれも堅く前説を執り、糸毫も移易せず、と。此、中外向に無きの礼を為す。一たび応允を経れば、将来何を以て継を為す。灃、万分焦灼するも、曷（いづくんぞ）敢えて擅便せんや。祈るらくは、情に拠り代奏し、朝廷に懇請して良策を妥籌せられんことを。謹んで電示を候ち遵行せん。
> 灃、海。咸（一五日）。辰（午前八時）[123]。

ここには、万策つき北京の全権大臣と西安の朝廷に今後の取るべき道について指示を仰ごうとしていた醇親王と呂海寰の苦しい心のうちがよく示されている。

八月二九日（七月一六日）と三〇日（七月一七日）の醇親王の日記は空白で一行の記述もない。しかし、この両日にも醇親王はバーゼルで全権大臣の返電を心待ちしつつ、呂公使や参議の張翼、参賛の蔭昌、梁誠、リヒテルらと礼節問題の解決策について協議を重ねていた。それを通じて翌八月三一日（七月一八日）には醇親王らは自分たちの当面の行動方針を次のように決定した。それは、中国の皇帝の特使としてドイツ皇帝に心より謝罪して自分たちに課せられた使命を全うしようとする思いには微塵も変化がないことを強調しつつも、謁見の際に親王の参賛・随員がドイツ皇帝に対して跪拝礼を行うことは、中国の体面を著しくそこねるため、どうしても認めることはできないと重ねてドイツの外務省に申し入れる、その際には、以上の二点を明記した文章を蔭昌がドイツ語に翻訳し、ドイツ当局への照会の文書として、それをベルリンの公使館参賛賡音泰に届ける、賡音泰はそれを活用してドイツの外務当局と交渉する、また賡音泰はこの文書による要請が醇親王自身の発意によるものであることをドイツ外務当局に強調してドイツ皇帝に礼節問題での特段の譲歩（「寛免」）を行うよう「懇請」する、[124]というものであった。

ここで留意すべきは、現地における醇親王らの局面打開のための活動が参賛・随員の跪拝礼の問題にのみ絞られていたことである。これは「坐受国書」はさほど問題とせず、「参賛等叩首」こそが「国体に関係」する最も重大な問題であると主張していた全権大臣の卦電（八月二二日（中国暦七月九日）発信の電報）による指示[125]に従ったものであった。しかし、西安の軍機処（軍機大臣は栄禄、王文韶、鹿伝霖と瞿鴻禨）は礼節問題についての全権大臣の卦電に示された見解には賛同せず、八月二五日（七月一二日）付全権大臣宛の電報でも「徳主の坐見、尤も交好の礼に協（あわ）ざれば、務めて設法力争するべし」[126]という方針を堅持していたので、醇親王と呂海寰は当初北京と西安の双方に配慮して礼節問題に取り組まなければならなくなっていた。八月二八日に両名が連名でバーゼルから全権大臣に送った電報がドイツ政府の提示した「受書礼節」の問題点を「坐受国書」と「参賛等跪拝」としていたことがこのことを示している。しかし、これでは局面打開の道は開きようがなかった。かくて両名は全権大臣の卦電における指示に立ち戻って「坐受国書」の問題を棚上げすることを決意する。八月三一日に醇親王がベルリンに戻る呂海寰に託したドイツ文の照会がもはや「坐受国書」を問題とせず、専ら「参賛等跪拝」のみを問題としてその「寛免」をドイツ側に懇請するようになっていたのは、こうした事情によるものであった。こうした現地当事者の交渉方針の転換は、中国政府の内部で礼節問題打開の方策をめぐって対立していた全権大臣と西安の軍機処との力関係にも微妙な影響を及ぼすこととなる。

　こうして作成された醇親王のドイツ文の親書を携えて八月三一日（七月一八日）の夜、呂海寰は列車でバーゼルからベルリンに向かった[127]。しかし呂海寰もこれでドイツ政府当局が「参賛跪拝」の要求を撤回するとは思っていなかった。それ故、呂海寰はベルリンに戻る日の前々日（八月二九日、七月一六日）に単独でバーゼルから西安の軍機処と北京の全権大臣に至急電を発信した。その電文は以下の通りである。

　礼節の事、已（すで）に騎虎を成す。愈（いよいよ）辯ずれば愈（いよいよ）堅し。刻下、外部（外務省）再商（これ以上の協議）を容さず。若（もし）徒に徳（ドイツ）に在りての争論に恃るならば、恐らく決裂を致し、日後即ち再往すること難とならん。焦憤万分なり。各国の公約（義和団事件を終結させる辛丑条約）を原議せし使臣（北京の列国公使団）に交して受書礼節を別に平（公平）を持して訂定するを行わしめ、以て公論の処を昭らかにする可きや否や。愚見、仰ぎて鈞裁を祈る。事、大局に関われば迫切の至なり。海（呂海寰）。諌（一六日）[128]。

　この電報で呂海寰は醇親王らの一行が屈辱的な礼節を強いられるのを回避するための新たな方策を提示していた。それは、義和団事件処理のための辛丑条約を取りまとめつつあった北京の列国公使団会議に中国政府が全権大臣を通じてドイツでの礼節問題を持ち出すことであった。呂海寰は各国の公使に醇親王らに対するドイツ政府の不当な要求を訴えれば、ドイツ政府も国際社会で孤立することを恐れて礼節問題を穏当に処理するようになるだろうと考えたのである。西安の軍機処はこの呂海寰の提言に賛同したが、これによって北京の列国公使団と新たな交渉をすることを余儀なくされる北京の両全権大臣は、これに同意しなかった。全権大臣は列国の中にはロシアやフランスなどドイツを強く支持する国もあるため、この問題が義和団事件の最終的処理にまで波及することを警戒して呂海寰の提案に応じようとはしなかったのである。

八月三〇日（七月一七日）の醇親王の日記が空白となっていることについてはすでに述べた。しかし、この日、西安の軍機処は礼節問題の打開を企図して、北京の全権大臣と中国の駐英・駐美（米）・駐日の三公使にいずれも重要な電報を発信していた。この二つの電報は軍機処が礼節問題の打開のために最終的にいかなる措置を取ろうとしていたかを明らかにするものであるので、十分に検討することが必要となる。ここではこの日軍機処が北京の全権大臣に送付していた電報から先に検討することとしよう。

醇王の此の行は過に謝す為にして享利（ハインリヒ親王）の前の来華覲見が事無きの時なるとは固り稍（やや）間あると雖も、徳皇の定める所の礼節、中国を屈し辱かしむること甚しきに過ぐ。坐受国書は尤も軽侮に属し、両国修好の意に実に未だ允協せず。現、既に李希徳（リヒテル）等をして外部（外務省）に向いて設法挽回せしむれば、想うに能く転圜せん。（全権大臣に）仰ぎて醇王に転復するを祈る、〝相機因応（機を見て対応）せよ、大局を顧全し仍（なおも）国体に傷つくる無きを期（ま）つ（期待する）。事畢（おわ）るの後に再に（さらに）他国に往くや否やは、亦則ち（朝廷が状況を）酌みて定むれば、旨（勅旨）を請いて辦理せよ〟と。[129]

この軍機処の電報は、八月二五日（七月一二日）発信のそれと同様に、全権大臣が卦電で表明していた礼節問題に対する認識を厳しく批判したものであった。軍機処はここで「坐受国書」をさほど問題としない全権大臣の認識とそれに基づく対応策には大きな誤りがあると断定していた。また軍機処は、全権大臣が一八九八年のハインリヒ親王の訪中と今回の醇親王の訪独とでは両親王の置かれた状況と立場が異なるとみなすことに同意しつつも、ドイツ政府の醇親王に対する処遇は中国をひどく侮蔑するものであると主張して全権大臣の批判に反論していた。軍機処はさらにこの電報の末尾に「相機因応、期於顧全大局、仍於国体無傷」という醇親王に対する重要な指示をも付記、それを醇親王に「転復」（転電）するよう全権大臣に要請していた。軍機処はこの電報で礼節問題に関する自らの認識と問題処理の方向を明確に示すことによって全権大臣と醇親王、呂海寰らがドイツ当局と安易な妥協をすることを阻止しようとしたのであるが、全権大臣や醇親王からは徒に実行不可能なことを要求してかえって局面打開の道を閉ざすものとしか受けとめられなかった。

この日、西安の軍機処が発信したもう一つの重要な電報は、イギリス・アメリカ・日本の各国に駐在する中国の公使に出された光緒帝の勅旨を伝達するためのものであった。その全文は以下の通りである。

　旨を奉ず。〝徳主の醇親王を接見する礼節、三鞠躬を坐受し、参賛以下をして皆跪叩せしめんと擬すは、倨傲（高ぶり侮る）過甚なり。各国向に此の礼無し。殊に敦睦の道に非ず。前歳の徳（ドイツ）亨利王（ハインリヒ親王）の覲見、（朕）、曾経（かつて）位（御座）を出でて延接、併せて陛上に納めて坐を賜う。（これ）、極めて優礼を為すなり。今、醇親王、道歉（遺憾の旨のお詫びを述べる）に因り前往すると雖も、亦応に中国を屈し辱かしむること此に至る可からず。該大臣（中国の出使英・美（アメリカ）・日本各国大臣）に着して切に（各任国の）外部（外務大臣）に託し徳（独）外部に電達せしめ、婉切に商改して務めて通礼に循いて旧好を修むるを期（ま）つ。想うに英、美、日本は篤く（わが中国との）邦交を念（思）えば、必ずや能く代わりて転圜を為す也。此を欽（つつし）め。〟即（ただちに）欽遵して辦理するを希う。枢（軍機処）。篠（一七日）[130]。

軍機処が送付した光緒帝の勅旨は、イギリス・アメリカ・日本のみを中国の友好国と見なしてそれら三国による調停に局面打開の道を求めようとするものであった。ここで注目すべきは、イギリス・アメリカ・日本を中国の友好国と見なしてロシアとフランスの両国を非友好国視していたことと、冒頭に記された礼節問題に対する光緒帝の特異な認識である。前者は当時の軍機大臣が全権大臣李鴻章らの親露政策に批判的でロシアとフランスはドイツと共謀して義和団事件で巨大なダメージを受けた中国の「瓜分」を秘かに企んでいると警戒していたことを反映したものであるし、後者は軍機処の礼節問題についての認識が皇太后と皇帝の承認をも得ていたことを示すと思われるからである。

しかし、この勅旨に対して全権大臣から異論が出たことを記す史料は見当たらない。それはこの電報が正式な勅旨として発せられていた以上、全権大臣にも公然と異を唱えることはできなかったことによるものと思われる。

翌八月三一日（七月一八日）、軍機処は前日に引き続いて全権大臣に打電し、礼節問題打開のためにさらに新たな措置をとることを通告した。以下はその全文である。

呂使（駐独公使呂海寰）の別電に、〝各国の原議公約使臣に交して受書礼節を平を持して訂定し、以て公論を昭らかにせんと擬す等の語〟あり。此の事、関係すること至要なり。現在、正に邦交を聯ねるに、各国皆情誼を重んず。望むらくは、即（ただちに）各公使に堅く託して出でて調停を為さしめ、併せて穆使（駐華ドイツ公使ムム）と婉切に商議し、其の転圜を託し、一面、呂使に電知（打電）して徳外部（ドイツ外務省）と再び（再度）磋磨（粘り強く協議・交渉）せしめ、総じて磨（磋磨）して一分を得れば一分を是とするを以てすべきことを。（かくするも）如（もし）実在（本当に）挽回すること能わざれば、応に（ドイツ政府に）照会を与えて議明せよ、〝此次の専使は原（もともと）道歉を為すためのものなれば、姑（しばらく）通融・酌允を為す。以後は仍（なおも）各国通行の礼に按照すれば、此次を援いて例と為すを得ず〟と。尊処、各公使に調停を託するに、応に此の意を告知すべきや否や、裁酌を祈る。枢。嘯（一八日）[131]。

軍機処はこの電報で全権大臣に礼節問題についての新たな二つの策を提示していた。その一つは呂海寰の提言を容れて辛丑条約を協議している北京の列国公使団に礼節問題の調停を依頼するということであった。軍機処は、ベルリンに戻る呂海寰に再度ドイツ外務当局と交渉を行わせることとともにこれを中国政府がなし得る礼節問題解決のための最終的な措置と説明して、全権大臣が列国公使団との交渉に全力をあげて取り組むよう要請していた。これに対して全権大臣は列国がすべてドイツを支持して中国を支援しないと応答し、軍機処の要請には全く応じようとしなかった。

第二は呂海寰の交渉と北京の列国公使団の調停がいずれも不調に終わった場合には、中国政府は今回限りという条件を付した照会をドイツ当局に発した上で、醇親王にドイツ皇帝への「逓書礼節」を「姑らく通融・酌允」させてその使命を果たさせるということであった。これは軍機処がそれまで強く拒んできた「坐受国書」と「参賛等跪拝」という屈辱的な礼節を「顧全大局」を最優先させて受け容れようとしたことを示すものであった。

この軍機処の電報を受け取った北京の両全権大臣は激しく反発した。全権大臣は直ちに軍機処の方針に次のような強い異議を唱えた返電を送った。

頃（今しがた）、篠電（七月一七日発信の軍機処の電報）を奉じて醇王に転復せり、〃機を相て因応せよ、大局を顧全するを期（ま）つ〃とは、是必ず約（辛丑条約）に照らして（徳皇に）覲見し（皇帝に）代わりて懺悔の意を表するのことならん。（また）〃仍（なおも）国体に傷つくる無き（をも期待する）〃に至りては、尊意は坐受国書に注重せり。査するに丙申（光緒二六年、一八九六年）、鴻章、俄（ロシア）に使いするに、徳皇、員を派して徳に赴くを邀請するも、即ち（接見時の礼節は）国書を坐受するに係わる。蓋し其の傲慢の性生ずるも、計較する（気にする）には足らず。嗣後の歓宴・閲兵、均しく礼を失すること無ければなり。此次、過を謝する為に来れば、実は享利（ハインリヒ親王）の往日に比べる可きに非ず。尊処の辯ずる所の者は坐受なり。醇意（醇親王の意向）の怪（いぶか）る所の者は参賛跪拝なり。（両者）応に酌中（中をとりて）定論すべきに似たり。如し徳が期（接見の日時）を改むるを肯んずれば、醇王は進みて見（まみ）え、金楷理（ベルリンの中国公使館勤務の「洋参議」クレイヤー Kreyer, C.T.）、賡音泰等を酌帯して訳を伝えしむ可し。張翼、蔭昌等は、仍（なおも）前電に照らして或いは病に託し、或いは暫く他処に避け、以て拝跪させられ辱を受くるを免れしむ。醇王は年幼にして識寡なりと雖も、已に酌辦を電達せり。呂使の各使に交し平を持して礼節を訂定せしめんと擬するは、各使、多く徳を助けて華を抑えれば、断じて益無し。先に代奏するを請う。奕劻、李鴻章。嘯（一八日）。[132]

この全権大臣の電報の主要な論点は、彼らがすでに卦電において呂海寰・醇親王と西安の軍機処に提示していたものと基本的に同一であった。しかし、前者には軍機処に対する配慮が十分になされていたのに対して、ここではそれがあまりなされず、軍機処の指示の問題点をきびしく指摘してその修正や撤回を迫るものとなっていた。軍機処が醇親王に「全局の顧全」と「国体損傷の回避」との双方を至上命令として遵守せよと指示したことを、両立させることの不可能なことを行えと命じるものと非難したのがその最たるものである。全権大臣はこの電報において、中国がそれまでのドイツとの交際で強要された屈辱的な事例にも敢えて言及していた。それは、ロシア訪問後にドイツを訪れた李鴻章に対する一八九六年六月一四日のヴィルヘルム二世の接見も、この時軍機処が最も問題としている「坐見」であったということである。[133] 全権大臣李鴻章は自分がドイツ訪問時に強いられた屈辱的なドイツ皇帝への謁見を持ち出して、軍機処があくまでも「坐見」を撤回させようとすることを非難し、完全に前例のない「参賛等の跪拝」の方が中国の威信をより深く傷つけると主張、いかなる手段を用いてでも後者だけは阻止すべきだ、と説いていたのである。

かくして全権大臣は、軍機処がこの日の電報において、北京駐在の列国公使団への調停依頼やベルリンに戻る呂海寰によるドイツ外務当局との再交渉などがすべて不調に終わった時には、醇親王一行がドイツ政府の示している「逓書礼節」を「通融・酌允」してドイツ皇帝に謁見するよう指示したことを痛烈に非難し、その指示の撤回を迫ったのであった。全権大臣がここで軍機処に対して中国が取るべき最終的な対応策として提起したことは、すでに卦電において示していた強行突破という謀略であった。それは、醇親王が「国書」を奉呈する時に、それまでのドイツ当局との交渉で「跪拝」の免除を拒否されていた張翼、蔭昌、梁誠らの参議・参賛を帯同せず、ドイツ当局にも「跪拝」を強いることが困難なアメリカ人クレイヤー[134]と賡音泰を通訳として同行させる、そうすることによって、醇親王使節団はドイツ当局による「参賛等跪拝」要求に応じぬ姿勢を貫き通したまま、ドイツ皇帝への「国書」奉呈の任務を達成する、ということであった。全権大臣は、この謀略的な方策実行への皇太后と皇帝の裁可を取りつけようとして、軍機処に自分たちの主張と提案とを先に代奏するよう要求していたのである。

西安の軍機処は全権大臣のこの強硬な姿勢に圧倒されてしばらく沈黙することを余儀なくされた。こうして中国側は八月末日までには全権大臣の主導下で礼節問題への最終的な対応策を固め、ドイツ当局の出方を窺うようになる。

十三　ドイツ当局の譲歩と醇親王使節団の使命達成

九月一日（七月一九日）、この日、醇親王の『使徳日記』は空白となっている。しかし、醇親王はこの日も礼節問題処理に関する重要な電報の受理と発信などを行っており、無為に過ごしていたわけではなかった。親王はまず早朝に、全権大臣が前日の夜に北京から発信した嘯電（八月三一日（七月一八日）付の電報）を受け取っていた[135]。この電報は、すでに見たように、全権大臣が礼節問題処理についての最終的な方針と以後の醇親王の取るべき行動を具体的に指示した極めて重要なものであった。醇親王は直ちにこの電報をベルリンの中国公使館に転電させた[136]。醇親王はこの電報で呂海寰が速やかに全権大臣の嘯電に従ってドイツ外務省との交渉を行うよう指示していたのである。

前夜遅くバーゼルを発った呂海寰がベルリンの中国公使館に帰着したのはこの日の夜一〇時前後のことであった(137)。当時はバーゼルからベルリンに行くには列車で一六時間とされていたから、当日呂海寰はベルリン到着後中国公使館には直行せず、途中でベルリンにいる腹心や自分の理解者に会ってドイツ側の動静についての情報を集めていたと思われる。その後公使館に戻った呂海寰は、醇親王が転送した全権大臣の嘯電を初めて見る。この時、呂海寰は礼節問題の解決を北京の列国公使団の調停に委ねるよう要求した自分の提案を全権大臣が拒否していたことを知って落胆したと思われるが、それをはっきりと示す史料はない。夜遅くベルリンに戻った呂海寰には、公使館内部の状況確認など急いで為さねばならないことも多く、この日のうちに醇親王に返電を送ることはできなかった。こうした事情を理解できない醇親王は呂海寰から電報が来ないことを訝り、夕刻にははっきりと苛立ちの感情を示した電報を呂海寰に発していた。

効（一九日）に転ぜし嘯電、諒鑒（御了察）せしや。並びに昨談（昨日協議した問題）の各節、均しく台駕（貴下）に請いて外部（ドイツ外務省）に設法婉商せしめんとせり。如何なる情形なるや。即（ただち）に示復（返事）し以て全権（全権大臣）に電復（返電）するに便ずるを祈る。醇親王。皓（一九日）。酉（午後六時）(138)。

九月二日（七月二〇日）、醇親王の苦悩の深さを熟知する呂海寰は、長旅の疲れを癒す間もなく、早朝からドイツ外務省に赴いた。その時彼はすでにある人物から、皇帝が九月六日に陸軍の大演習観閲のために遠隔地(139)に旅立つ、ここ数日中であるならば皇帝は接見も可能である、という二つの重要な情報を入手していた。その後、呂海寰は外務省の高官コルメイ（外部大員克勒梅、ドイツ語表記不明）と会い、醇親王の謁見について打診した。この時コルメイは、醇親王がベルリンに来れば、皇帝は必ず親王を接見する、と答えた。呂海寰は「焦急に勝えず」、つづけて「参賛等跪拝」の「免去」を「懇請」する醇親王の親書を皇帝に取りつぐようにコルメイに要請した。これに対してコルメイは、中国側からの要望は正規の照会として提出されない限り受理できないと述べて呂海寰の要求を拒否したが、呂海寰はドイツ側との対立の局面にも「転機」が訪れていると見て、ひとまず公使館に戻る。呂海寰はこの日午前の以上のようなコルメイとの交渉の状況を正午すぎに公使館から醇親王に打電した。[140]

午後四時、バーゼル駐在のドイツ領事アイスウエイ（艾士威、ドイツ語表記不明）がドイツ外務省の指示に従って醇親王を訪問した。アイスウエイは醇親王に会うと、「現、外部（外務大臣リヒトホーフェン Richthofen, O. F. von）の来電に接せり」と述べて持参した電報を醇親王に手交した。その電文は「王爺（親王）に問う、起身（出発）する能うるや否や。速きを以て宜しと為す。徳皇、其の接見を允せり。逓書には只（ただ）午楼（参賛の蔭昌）一人のみを帯し、餘（その他の参賛と随員）は均しく別殿に伺候させる」というものであった。この電報によってドイツ政府が接見時の「参賛等跪拝」を「免去」したことを確認した醇親王は、夜一一時すぎの列車でバーゼルを発ってベルリンに向かうことを決断、ベルリンの呂海寰にその旨を打電した。[141] 醇親王はこの夜、呂海寰からこの日二度目の電報を受け取る。それは呂海寰が酉刻（午後六時前後）に公使館から発信したものであった。

> 頃（いましがた）外部司員克勒梅（コルメイ）に晤（あ）う。云うに拠るに、徳皇の諭を奉ぜり、格外に恩を加えて跪拝礼を免去す、惟国書を逓する時、蔭昌一人のみを帯して藉りて翻訳（通訳）を作（な）さしむ、其の餘の参随等も、亦同来して等しく坡次達姆（ポツダム）の皇宮に住す（宿泊す）可し、時、促（迫）れば務めて今晩十一鐘（一一時）に行を成せ、明午（明日午後）三鐘（三時）に柏林（ベルリン）に抵（到達）すれば、稍（しばらく）息（やす）み往きて外部（外務大臣）に晤（あ）い一切を面商すべし、と。併せて云う、如し西本月四五両号（西暦九月四・五の両日）を逾（こ）えれば、則ち接見せざる矣、云々、と。外部に照会するの文（醇親王の親書）、

時迫れば、亦蹔（しば）らく（提出を）緩（延期）す可し。両全権に電するを除くの外、啓節（出発）、先に電示されんことを祈る。海（呂海寰）。号（二〇日）。酉（午後六時）。[142]

醇親王一行は、アイスウエイによって伝達されたドイツ外相リヒトホーフェンの指示と呂海寰の新たな電報による指示とに従って、この夜一一時すぎの列車に乗り、バーゼルからベルリンへと向かった。醇親王一行がバーゼルで途中下車してからずっとバーゼルで待機していたドイツの二名の「内務官」フォン・ホフェナー少将とフォン・リュトヴィッツ少佐も、この時ようやく親王一行をポツダムまで誘導する任務を果たせることとなる。[143]

醇親王は、バーゼルで列車に乗り込む直前に、跪拝礼問題でドイツ政府が譲歩したことを北京の全権大臣に報告する電報を発信した。その電文は以下の通りである。

嘯電悉（し）る。跪拝、已（すでに）免れり。灃（載灃）、本日十一点晩間（夜十一時）、柏林（ベルリン）に赴く。時迫れば、餘（その他のこと）は到（到着）を俟（まち）て詳（つまびらか）にせん。先に代奏されるを祈る。[144]

全権大臣は翌九月三日（七月二一日）の早朝にこの電報を受理した。両大臣は直ちにこれを西安の軍機処に転電した。[145] この時には軍機処もこの電報に「坐受国書」についての言及がないことを、もはや問題にしようとはしなかった。

同じころ、中国政府の有力者は中国電報局の督辦盛宣懐から転送された呂海寰の電報を受け取っていた。ここで云う呂海寰の電報とは、彼が九月二日の夜にベルリンから盛宣懐に発信したものであった。次はその全文である。

跪拝礼、屡（しばしば）磋磨に与（あずか）るも、未だ範に就くに迄（いたら）ず。聞く、徳皇西（西暦）九月六号（六日）に出巡す、期を過ごせば即ち接見せず、と。醇邸、十分焦急す。今朝また外部司員克勒梅（コルメイ）に見（あ）い、凱切に婉商すれば、（克云う）、已に徳皇の諭を奉ぜり、跪拝礼は允免す、逓書時には蔭昌一人を帯し、倶に三鞠躬礼を行え、餘は均しく見（あ）わざるも、仍（なおも）皇宮に駐するを請う、と。已に醇邸に電して今夜に啓節（出発）させ、明日（午後）両点鐘（二時）に柏林（ベルリン）に到らしむ。先に電にて聞（し）らしむ。海（呂海寰）。晉（二一日）。酉（午後六時）。請う、慶（慶親王）、李（李鴻章）、劉（劉坤一）、張（張之洞）、並びに枢（軍機処）、訳（総理衙門）、羅（羅豊禄）・伍（伍廷芳）・李（李盛鐸）の三使に転ぜんことを。(146)

電文の末尾に加えられていた「三使」とは礼節問題での調停をそれぞれの任国の外相に依頼するよう軍機処より命じられていた中国の駐英・駐米・駐日の三公使である。また、ここに蔭昌が行うこととされた「三鞠躬礼」とは三度の立礼（最敬礼）をいう。この電報を呂海寰が醇親王に送っていた同日夕刻発信の電報とあわせ読めば、「参賛等跪拝」の免除に同意したドイツ政府とドイツ皇帝が、新たにいかなる方式で醇親王への引見を行おうとしていたかがよくわかろう。

同日夜一一時すぎ、醇親王一行はドイツの「内務官」フォン・ホフェナー少将とフォン・リュトヴィッツ少佐に先導されて列車に乗り込み、ポツダムへと向かった。先に醇親王らがバーゼルで途中下車してその地のホテルに籠った時よりずっとバーゼルに待機していたドイツの両名の「内務官」が、醇親王一行をバーゼルからベルリン、ポツダムへと案内していくこととなったのである。夜行の特急による旅は醇親王にとって厳しいものであった。親王はこの夜「車行（列車の速度）甚だ疾（はや）く、（また）夜間は極めて冷（寒）し」と日記に記している。

九月三日（七月二一日）午後三時三〇分、醇親王一行はポツダム駅に到着した。当初の予定では、醇親王一行はベルリンで下車してドイツ外務省を訪問、そこで外務大臣リヒトホーフェンとドイツ皇帝への謁見についての「一切を商（協議）する」こととなっていた。しかし、ドイツ政府は、醇親王一行が前日から長時間の列車の旅をつづけて疲れていると判断して、当日になって予定を変更した。一行はベルリンでは下車せずにポツダムまで直行することとなったのである。

ポツダム駅ではポツダム衛戍司令官モルトケ少将、ポツダム市警部長シュヴェリン伯、ポツダム連隊区長ベルンスドルフなどの高等官が迎接官（「大礼官」）として醇親王一行の到着を出迎えた。ドイツ駐在の中国公使館員一同も呂海寰に従ってポツダム駅で醇親王を出迎える。醇親王一行はモルトケ少将らに案内されて直ちにドイツ皇帝の賓客用の四頭立先駆付馬車（「朝車」）に乗り、ドイツ皇室（プロイセン王家）の夏の離宮サンスーシー宮（Schloß Sanssouci, オランゼリー宮、「奥蓮格理行宮」、「旧皇宮」、「橘宮」）へと向かう。[147] ドイツの高等官に出迎えられた醇親王は気分良く、ポツダム到着後の行動と見聞を日記に次のように記していた。

> 宮は徳皇が賓を款するの所なり。車站（駅）を去ること約二英里（二マイル）にあり。沿途、聚観する者、甚だ擁擠を形（あらわ）す（混み合う）。余（私）の（通り）過ぎる時、老幼を分かつ無く、均しく脱帽して礼を為す。宮に抵（到着）せし時は已に戌正（夜八時）なり。宮の前は、皆大花園にして樹木叢茂せり。其の雅（みやび）にして（清）潔なること、極めて喜ぶ可きなり。聞く、前の法皇（フランス皇帝）拿破崙（ナポレオン一世 Napoleon I）、嘗て此に居せり云々、と。

醇親王一行に対するこの夜のドイツ側の「供応」は「優渥」であった。しかし、食事の後にも、醇親王にはまだ為さなければならないことがあった。それは「次日の進見（皇帝への謁見）と故徳后（前月に死去したドイツの皇太后、先帝フリードリヒ Friedrich の皇后）の墓前に花圏（花輪）を送る（捧げる）礼節（儀礼）」についてドイツ側の担当官と「商訂」（協議・確認）するということであった。

この夜呂海寰は上海の盛宣懐（中国電報局督辦）に醇親王のポツダム到着を報告する電報を発していた。その電文は以下の通りである。

醇邸、今日申刻、徳国の波斯達姆（ポツダム）に安抵（安着）、宮（宮殿）に住（投宿）せり。明午（明日正午）書（国書）を逓す。再電を容（許）されよ。慶（慶親王）、李（李鴻章）、劉（劉坤一）、張（張之洞）、並びに枢（軍機処）、訳（総理衙門）に転ずるを請う。海（呂海寰）。箇（二一日）[148]。

九月四日（七月二二日）、醇親王は午前一〇時に張翼と蔭昌とともに花輪を持参してポツダムのフリーデン教会にある先帝フリードリヒとその皇后（死去当時は皇太后）の墓に赴く。親王らは前夜迎接官から教えられたドイツ式の礼法に則って墓前に花輪を捧げ、両名の冥福を祈った。

正午、醇親王一行は迎接官モルトケ少将らに案内されて「朝車」に乗り、ドイツ皇帝らの待つノイエパレー（Neue Palais「新宮殿」）に赴く。ドイツ皇帝による醇親王の接見は正午からノイエパレーの大謁見室「貝の間」（Muschel-saal）で行われた。この時、皇帝は近衛連隊の軍服と軍帽を着用、元帥のスタープ（バトン）を手にして玉座に坐していた。皇帝の左側には皇族や国務大臣その他の文武高官が正装して整然と並び、右側には外務大臣リヒトホーフェンと皇帝のための通訳をつとめるドイツの元天津駐在領事ゼッケンドルフ（Seckendorff, E. von）が直立して控えていた。醇親王が大謁見室の入り口近くで鞠躬礼（最敬礼）を行うと、皇帝は坐したままスタープを動かして醇親王をさし招く。醇親王は「国書」[149]を手に捧げつつ玉座に近づき玉座の一メートルほどの所で立ち止まって二度目の鞠躬礼を行った。その後醇親王は粛然として「頌詞」[150]を読み、親王に随同した蔭昌が親王の後方に立ってそれをドイツ語に訳す。ついで醇親王は皇帝の前面に進んで恭しく「国書」を奉呈した。皇帝はこれを受理した後、外務大臣リヒトホーフェンが捧持する「答詞」（勅答）[151]を受け取って朗読する。この「答詞」をゼッケンドルフが中国語（漢語）に訳して醇親王に伝えた。こうして醇親王はその使命を果たして退出したが、退出時には三度目の鞠躬礼を恭しく皇帝に対して行う[152]。こうした引見式の状況を醇親王は、自ら日記と九月五日（七月二三日）発信の全権大臣宛の電報、ならびに自分の母親（前代醇親王奕譞の正夫人那拉氏）[153]宛ての九月五日（七月二三日）付の書簡において、それぞれ以下のように書き記していた。

日記

午正（一二時）、蔭侍郎（蔭昌）並びに参随各員を率同し、賚（たまわ）りし国書を恭（たてまつ）りて新宮に往き、徳皇に謁（まみ）える。宮は奥宮（オランゼリー宮）を去ること僅か（一）里許なり。余、三鞠躬礼（を為し）、国書を遞し、頌詞を読む。徳皇は答詞を為して礼を成す。徳皇、馬隊（近衛フザール騎兵一隊）二百名を遣わして（余の一行を）奥蓮格里（オランゼリー宮）に送り回せしむ。

全権大臣宛て電報

十二鐘（一二時）、（徳皇）復た朝車並びに提督を遣わし、迎えて新行宮に至らしむ。澧（醇親王載澧）、蔭昌を随帯して進見し、内殿にて国書を送遞、頌詞を読む。張翼以下六人は外殿にて侍立せり。礼成るや、徳皇、馬隊を遣わし送りて旧宮（オランゼリー宮）に帰らしむ。[154]

前代醇親王夫人那拉氏宛て書簡

午刻、蛤蜊庁（貝の間）に於いて徳皇に見（まみ）える。只蔭昌のみを帯し、同じく三鞠躬の礼を行う。澧、頌詞を読む、蔭昌、徳語に翻（訳）し畢（おわ）れば、澧、国書を遞せり。徳皇坐受し、併せて頌詞に答える。徳礼官（ゼッケンドルフ）、漢語に翻（訳）し畢（おわ）れば、遂に退く。彼（徳皇）兵隊を派して送回せしむ。[155]

これらの醇親王の日記や電報、書簡から、この日のドイツ皇帝による醇親王の引見が式の数日前にドイツ側が示した方式通りに行われたことが確認できる。醇親王の「参随等」は、皆外殿に待機することを許されて、ドイツ皇帝に跪拝礼をすることを確かに免れていた。只一人醇親王に同行したドイツ語の堪能な参賛蔭昌も、通訳の役目を果たすためとの理由により、皇帝に対し醇親王と同様に三度の鞠躬の礼をすることを許容されていた。これにより、醇親王は、中国と中国皇帝の体面を大きく損ねることなしに、自分に課せられた最大の任務を果たすことができたこととなる。しかし、醇親王にはその後にも心に重くかかることがあった。それは、この日、やはりドイツ皇帝が坐したまま自分の三鞠躬礼を受け、また中国の皇帝の親書を坐したまま自分から受け取った、ということである。ドイツ側の強硬な態度に抗しきれずに事前にやむを得ぬものとして黙認することとしていた「坐受国書」、これがこの日の引見式において実際に行われたことに、醇親王はこだわっていた。醇親王が日記においても、式の二日後に北京の全権大臣に送った電報においても、謁見時にドイツ皇帝が「坐受国書」したことには言及していなかったことは、彼がこのことにいかに強くこだわっていたかを示している。ドイツ皇帝への謁見後にも、醇親王は最終的には自分が西安の朝廷の意に反した行動を取ったことが帰国後にいかなる災禍をもたらすかを考えて不安になっていたと思われる。醇親王は自分の母親宛の書簡ではドイツ皇帝による「坐受国書」の事実をはっきりと記していたが、このことも筆者には醇親王の苦悩と精神的な葛藤の深さを際だたせているように思われるのである。

午後二時、ドイツ皇帝がオランゼリー宮で休養する醇親王を答礼訪問した。皇帝はこの宮殿では醇親王に自分と向かい合わせに腰掛けさせ、二刻（三〇分）ほど談笑してノイエパレーに戻った。帰り際に皇帝は醇親王に「廿三早（九月五日早朝）の看操（軍隊の観閲式の見学）を約（約束）」させるとともに、「船や馬車などを用意させてあるので、（これから）宮殿近郊の名勝ハーフェル湖や孔雀島などを遊覧するように」と醇親王に告げて立ち去る。公式接見時とは異なった皇帝の親しみやすい言動に醇親王も好感を抱いて、この日の皇帝の自分に対する扱いを「意、極めて殷勤」、「接待、尚優なりき」と、全権大臣への電報や母親への書簡に記すこととなる。[156] その後、醇親王はホフェナーとリヒテルに案内されて、張翼、蔭昌らとともに、ポツダム近郊のヴィルヘルム一世（Wilhelm I）の別宮バーベルスベルヒとハーフェル湖に赴き、夕刻まで「臥薪嘗胆期」（ドイツ統一前）のプロイセン王室とその臣下たちの質素な生活ぶりを偲ぶこととなる。

この日も呂海寰はベルリンから上海の盛宣懐に電報を送る。それはドイツ皇帝による醇親王引見の儀式がポツダムの宮殿でいかに行われたかを正確に伝えたものであった。その電文は以下の通りである。

> 今日十二点半（十二時半）、醇邸、蔭昌を帯して翻訳（通訳）と為し、国書を呈逓して頌詞を致す。徳皇坐受せり。その餘の参賛等六人は旁殿に在りて伺候せり。礼畢（おわ）れば、醇邸に随同して出る。徳皇、当即回拝せり。明日、徳后（皇后）に見えた後、宮（宮殿）を出る。慶、李、劉、張、並びに枢、訳に転ずるを乞う。海。養（二二日）[157]。

九月五日（七月二三日）、醇親王は、前日の皇帝との約束に従い、早朝六時に張翼と蔭昌の両名を伴って宮殿近郊の演習場に赴き、軍隊を観閲した。演習場には一二〇〇名もの兵士が整然と隊列を整えて醇親王の到着を待っていた。醇親王はこの時もドイツ軍の威容に圧倒され、「余の至る時、（兵）均しく刀（剣）を献げて敬を示す。軍装は鮮潔にして歩伐（歩調）も整斉なり。大閲（軍隊の大検閲）に非らざると雖も、即（ただち）に此より徳（ドイツ）陸軍の大概を知る可き矣」と日記に記してドイツ軍を賛美している。この日の正午には、醇親王は再びノイエパレーに赴き、皇后を表敬訪問した。この時も前日と同様に蔭昌が通訳として同行し、醇親王とともに皇后に対して鞠躬の礼を行っている。皇后は醇親王に「多く柏林（ベルリン）に居住（宿泊）して各廠院（工場や博物館などの公共施設）を閲看されよ」と述べると共に、「丹西（ダンチッヒ、ドイツ海軍の根拠地）に赴いて亨利親王（ハインリヒ親王）に会晤し（会い）、其の水師（海軍）の各事を看る」ように懇切に勧告した[158]。午後四時、醇親王一行はポツダムを離れ、列車でベルリンに向かう。ベルリン駅では呂海寰が中国公使館の「参随各員」を率同して醇親王を出迎えた。醇親王はドイツ皇帝が用意させた馬車で布勒威客寓（ブローウェイホテル）に行き、そこに一泊することとなる。醇親王はホテルに着くと、直ちにドイツ外務省に赴いて外務大臣リヒトホーフェンを表敬訪問した。醇親王は本来ポツダム訪問前に行うこととなっていた外務大臣への訪問をこの時ようやく果たすことができたのであった。醇親王はホテルに戻ると、程なくリヒトホーフェンの答礼訪問を受ける。この夜、数日間の極度の緊張と重い任務から解放された醇親王は、ベルリンのホテルから全権大臣に打電してバーゼル出発以後の自分の行動を詳しく報告すると共に、北京の醇親王府の母親にもバーゼル到着以降の自分の行動を報告した書簡を書く。醇親王はこの電報と書簡において、全権大臣等の適切な指示により、「参随等跪拝」問題を解決して「国書」奉呈の任務を果たすことができたことを喜ぶとともに、ドイツ皇帝による引見時に「坐受国書」を阻止し得なかったことの無念さをも抑えきれずにその行間に滲ませていた。醇親王の喜びと怒り、苦悩と不安などの感情のこめられたこの電報と書簡はいずれも醇親王の人となりを知る上で重要な史料となる。

九月六日（七月二四日）、この日も、醇親王はドイツの首都ベルリンで二つの儀礼を行った。その一つは、午前九時に張翼、蔭昌、リヒテルらを伴ってヴィルヘルム一世の墓に赴いて花輪を捧げたことである。その墓上には四人の人物の石像が建てられていた。その四人とはヴィルヘルム一世とその皇后、並びにヴィルヘルム一世の父フリードリヒ・ヴィルヘルム四世（Friedrich Wilhelm IV）とその皇后である。他の一つは義和団事件鎮圧のために訪れていた北京の紫禁城で火災に遭って焼死したドイツの将軍シュヴァルスホフ（Schwarzhoff）少将の墳墓に花輪を捧げてその冥福を祈ったことである。[159] シュヴァルスホフ少将は八カ国連合軍総司令官ワルテルゼー元帥の参謀長として敏腕を振るったドイツ軍の有能な将官であった。こうした醇親王の行動はドイツ国民に好意的に受け止められ、義和団事件で高まったドイツ国民の中国に対する敵対的な感情を和らげるのに有効であった。[160] その後、醇親王はベルリンの中国公使館を初めて訪問する。この時公使館員がいかに親王を迎え、親王が公使館員の積年の労苦をいかにねぎらっていたかなど、確かめたいことがいくつもあるが、遺憾ながら親王の日記にはそれらについての記述がない。公使館訪問を終えた醇親王は、つづいて呂海寰が自分のベルリン滞在中の行台とするように賃借しておいてくれた邸宅に赴いてその内部を見る。「房屋は甚だ清潔」で「四面には花木もある」こと、日本公使の公邸も近くにあることなどを確認した醇親王は、この邸宅が自分のベルリン滞在中の行台とするにふさわしいと判断して近日中にホテルからそこに移ることを決断する。以後、九月二九日（八月一七日）に帰国のためベルリンを発つまで、醇親王のベルリンにおける行動は、この行台を拠点としてなされることとなる。

むすび

以上、本章では、醇親王の訪独のハイライトとも云うべき部分について、中国側の史料に即して詳しく検討した。中国政府の謝罪使節としてドイツに向かっていた醇親王一行が、中国の駐独公使呂海寰からドイツ皇帝による引見時に屈辱的な儀礼を強いられることを知らされて一〇日間もドイツへの入国を拒否していたこと、また中国政府も、内部でドイツへの対応策をめぐる西安の軍機大臣と北京の全権大臣との対立を抱えつつも、最終的には足並みを揃えて醇親王一行の抵抗を強く支援、ドイツ政府を追いつめて遂に譲歩を勝ち取っていたこと、などを明らかにした。この間、中国側の抵抗のシンボルとして脚光をあびていたのは、云うまでもなく中国の謝罪特使醇親王であったが、現地での抵抗の方策を実際に案出してドイツ政府と激しく渡り合っていたのは、駐独公使呂海寰であった。[161] 醇親王一行の帰国後、呂海寰は、義和団事件中に自分がドイツで遭遇した苦難の歳月を回想して、次のような一文を書き残している。それはかなりの長文ではあるが、「義和団事件をめぐるドイツと中国」という問題の本質に迫るものでもあるので、最後に煩を厭わずに提示しておこう。

上年（昨年）、中外（内外）交（こもごも）閧（さわ）ぎ、変（事変）の倉卒に（慌ただしく）起こるは、逆料（予想）する所に非ず。初め警報を聞くも、猶（なお）疑信参半（半信半疑）して以て謡伝（デマ、風説）と為せり。比（程なく）京津（北京と天津）の電（電信）も断つに因り、専ら江鄂（江蘇と湖北）等の省に恃（たのみ）て消息（情報）を遣採し（選び採り）、各使館（欧州諸国の各中国公使館）に分致、互相（たがいに）転告するも、終（つい）には重洋を以て阻絶されれば、必ず再三（にわたり）印証（事実と符合することを証明）して始めて確切（確認）すること能えり。是に因り、（中国との連絡は）益（ますます）遅滞を形（あらわ）す。而も新報（新聞）の議論は厖雑（錯雑）、偽を以て真（真実）を乱せば、事機を揣測（おしはかる）せんとするも、其の要領を得る能う莫（な）きに苦しむこと、往往鶏鳴（夜明け）の失なわれしことの若（ごと）し。且つ使（公使、ドイツ公使ケテレル）を戕（ころ）して衅（戦争）成り、聯軍（八カ国連合軍）北犯（中国北部への侵犯）、（皇帝）輿に乗りて西（陝西）に狩し（落ち延び）、拓臣（落ちぶれた臣）痛憤するに至るに及びては、竟日（終日）旁皇す（茫然自失となる）。是より徳（ドイツ）も亦防範（防備・警戒）愈（いよいよ）厳となり、遂に密電（暗号電）の禁有り。間（まま）他の使処（他国にある中国公使館）より紆回して逓達すれども、中事（中国の事態）に於いては、声気、究（結局）隔閡（へだたり）多く、古の蝋書（蝋丸につめて送る秘密の通信）や雁帛（帛に記し雁に付した書簡）よりも審（つまびらか）ならず。其の難、孰（いずれ）か鬱鬱に似たるや。此に居りて已に死生を度外に置き、幾（ほとんど）身の復た何（いずこ）に在るやをも知らざる矣。克使（ドイツ駐華公使ケテレル）戕されるの信（知らせ）柏林（ベルリン）に到るに当たりては、挙国譁然（騒然）となれり。無識の民、中国の使館（公使館）に向かいて時に不遜な言を出せば、日に厳しく随員、翻訳（通訳）等に諭して戸を閉ざして出でざらしめ、以て兇鋒（悪者の鉾先）を避け、再（さら）に意外な交渉を啓（ひら）くを免れり。旋いで旨命（皇帝の命令）を奉じ徳廷（ドイツの宮廷）に向かいて慰唁（弔問）せんとして、遂に外部（ドイツ外務省）に赴き歉（遺憾・恐縮の旨のお詫び）を道（い）わんとせり。途中、人、（余を）指さす。之を目にする者、均しく怒容（怒りの表情）有り。外部（外務副大臣リヒトホーフェン）、初め（会見を）拒みて（余を）納めず（入室させない）。継いで謂う、向（さき）に欽差（貴公使）と好（誼）を交（か）わせば、今日は只私見する可し、と。（余）告げていう、克使（ケテレル公使）の不幸の事、皆乱民の為す所に係わり、寔（誠）に国家の意外に出る。今、旨（皇帝の命令）を奉じ特に来たり歉を道（い）う、と。渠（彼）謂う、公使は君（君主）に代わりて事を行う。公使を傷つくるは、ただに君を傷つくるのみならず、野蛮の至りと謂う可し、と。（余）告げていう、克使も亦是ならざる処（正しいとは言えない行動）有り、と。渠（彼）怫然（むっとして）悦（よろこ）ばず謂う、業已（すでに）戕さるるも、尚咎を帰する耶、と。（余）告げていう、彼の時、北京大きく乱れり、中国の大官にありても、死する者甚だ多し、克使先に（事前に）知照（照会）せず、険を冒して前往、護衛をも帯さざるは、太（あまりにも）自軽（用心不足）なるところ無からんや、然れば（これより）亦中国の素（平素）より克使を待するの優厚なるを見る可き也、と。渠（彼）色を作（な）して曰く、之を殺して尚も優厚と謂う耶、と。（余）當に告げていうべし、克使、平日相（あい）待すること優厚なるに因り、故に深く信じて疑わず、以て中国決して我に難を為さざると為し、遂に不幸にも此の難に遭う耳、現在、本大臣（本公使）、亦危険の中に在り、貴国の人民、時に信（書簡）を使館（中国公使館）に投じて毀詈（口ぎたなくののしる）威嚇する者、日に数を起こす有る有り、若し本大臣を以て克使と為し（その）命を償わんとすれば、本大臣、国の為に咎を負えば、毫も怨言無し、ただ恐れるは、他国も亦貴国を嗤（さげすみ笑）いて野蛮と為すことを、と。外部大臣（外務副大臣リヒトホーフェン）愕然感悟（なるほどと悟る）して（余の言の）転奏（ドイツ皇帝への上奏）を為すを許すに似たり。旋（その後ただち）に許多（非常に多く）の巡捕（警察官）を派出して暗に（中国公使館の）保護を為すを聞けば、乃ち恙（つつが）無きを得たり。醇邸（醇親王）の徳（ドイツ）に抵（至）りて過を謝さんとするに、又拝跪礼節の為に屢次（何度も）辯論、舌（した）敝（やぶ）れ唇（くちびる）焦（こげ）るに迨（およ）びては、幾（ほとんど）外部（外務大臣リヒトホーフェン、一九〇〇年一〇月二三日、副大臣より昇任）と決裂せんとせり。（されば）已むを得ず去就を以て力争、遂に居を瑞士（スイス）に避け以て意（決意）を示すも、仍（なおも）参賛廕音泰と洋員金楷理（クレイヤー）に機宜（その場にふさわしい対策）を密授して暗に（ドイツの）教士（聖職者）と学界に対し（跪拝礼問題についての中国の主張と見解を）鼓吹せしむ。輿論も亦徳皇（ドイツ皇帝）の為す所を直（正しい）とせず。又、前駐津（天津）徳領事司根徳（ゼッケンドルフ）に（徳皇への）相機勧導（機会をとらえて勧告誘導すること）を托せり。正に徳皇が司根徳を召見するに値（あ）うや、（司根徳）機に乗じて（徳皇に）閲説（とりな）して謂う、〝跪拝は乃ち天（天主、エホバ）を祀（まつ）り耶蘇（イエスキリスト）を祀る礼なり、此の外には此の礼を行う者は無し、若（も）し人をして跪拝せしむれば、是、木偶人（木で作った人形、デク）を以て相（あい）待すれば、重きを為すに足らずして反って以て辱と為す、并せて聞く、中国の官員、彼の国の体面ある所の為に之を持すること甚だ堅なり、倘（もし）之に逼ること太（過度に）緊なれば、恐らく性命（生命）（を損ねる）虞（おそれ）有らん、且つ他国がその後を議するをも恐れる、と、小に因り大を失うは、殊に甚だ動聴を覚ゆるを得るに値せず〟、と。徳皇、漸く醒悟の意有り。幸い醇邸も亦病に託して進まざれば、乃ち転圜して礼を成す（謁見して国書を奉呈する）を得たり。然れども、已にすこぶる経営を費やす矣。現在、（辛丑条約の調印もすんで中国と列国との）和議も緒に就けり。従前の歴する所を迴溯すれば、直（まことに）夢境にあるが如し。痛み定まりて痛みを思えば、曷（なんぞ）憮然に勝（た）えんや。此次の変故（事変）、危うきこと累卵の如し。幸いに我国家の深仁厚澤、寰区（天下）に洽（あまね）し。顛沛流離（一家離散）すると雖も、人心固結すれば、衆志城を成す、四境安堵すれば、風鶴の警（怖じ気だってちょっとしたことにも驚くこと）も無し。尤も廟謨（朝廷の方針）勝算（を操り）、措置も宜しきを得、而（しか）も内外諸臣、亦能く相（あい）與（ともに）協力すれば、（危機を）挽回して卒（つい）に克（よ）く大局を全うするを獲（え）たり。微臣（余）、使を奉じて状（功績）無きも、幸い愆（あやまち）を免れ、尤も（死するに）代わりて生還するを得たり。(162)

この迫真の名文は、一九〇一年一二月下旬（光緒二七年一一月上旬）に呂海寰が公使の任務を果たし終えて帰国する際に、ベルリンの中国公使館において書き上げたものである。ここには、呂海寰が義和団事件中のドイツ駐華公使ケテレル殺害時に、敵地同然となっていたベルリンで、死を覚悟しつつ中国側の主張すべきことをドイツの外務副大臣リヒトホーフェンに堂々と主張していたことと、義和団事件の終結時に、彼が謝罪使節醇親王一行へのドイツ当局の不当な要求を撤回させようとして、いかにきびしくドイツ側と対決し、いかに周到にドイツ側を追いつめていたかが示されている。ここで筆者が特に注目することが一つある。それは呂海寰がはなはだ論戦に長けた外交官であっただけでなく、状況に見合った絶妙な対応策（機宜）を提起できる有能な策士（謀略家）でもあった、ということである。呂海寰は、ドイツ当局の策謀を見破って、醇親王一行をスイスのバーゼルに誘導する策を極秘裏にうち立て、それを迅速・果敢に実行していた。また、側近を通じてドイツの聖職者や学者たちに、ドイツ皇帝（カイゼル）が中国の謝罪使節団の随員に天主（エホバ）や耶蘇（イエスキリスト）に対してしか行ってはならないはずの跪拝礼を強要しようとしている、と訴えさせて、ドイツの世論の動向をも中国側に同情的なものへと変化させていた。さらに呂海寰は、中国の使節との会見の場でカイゼルの言葉を中国語に訳して伝える元天津領事ゼッケンドルフと秘かに連絡をとり、醇親王の参賛や随員に跪拝礼を強いることをカイゼルに断念させる活動まで行わせていたのである。筆者はこうした呂海寰の行動を彼が帰国直前に書き記していた上記の文章から確認したのであるが、このようなことが実際に行われていたか否かをドイツ側の一次史料によって検証することはできなかった。今後、ドイツ側の重要な史料をも十分に利用できる研究者がこうした作業を行って本章の欠落部分を補ってくれることを期待したい。

註

（1）この日記の原本は、現在、北京の首都博物館に所蔵されている。原本は標点を付さずに毛筆で旧字を使用して縦書きされていたものであると思われるが、『近代史資料』に収録するために、横組みで簡体字を使用し、標点を付したものに、改められている。このように日記の原本を「整理」したのは中国社会科学院近代史研究所の丁山氏である。

（2）醇親王載灃については、荘練『中国近代史上的関鍵人物』所収の「大小醇王」（台湾：四季出版、一九八〇年）、凌冰『愛新覚羅・載灃――清末監国摂政王――』（北京：文化出版社、一九八八年）、愛新覚羅・溥儀著、小野忍他訳『わが半生――「満州国」皇帝の自伝――』（筑摩書房、一九七七年）、R・F・ジョンストン著、入江曜子・春名徹訳『紫禁城の黄昏』（岩波書店、一九八九年）、入江曜子『溥儀――清朝最後の皇帝――』（岩波書店、二〇〇六年）などを参照。

（3）一九九九年一〇月一六日に中京大学で行われた東アジア近代史学会第三七回研究会における筆者の報告「醇親王載灃の訪独――ドイツ皇帝への謁見儀礼をめぐる両国間の紛議の検討――」（報告要旨は『東アジア近代史』第三号、二〇〇〇年三月に掲載）がその主なものである。この他に醇親王の訪独に比較的詳しく言及した論文や著作には、李学通「醇親王載灃使徳史実考」（『歴史档案』一九九〇年二期）、ウッドハウス暎子『北京燃ゆ――義和団とモリソン――』（東洋経済新報社、一九八九年）、Hetz, Stefanie Feinbild und Exotic-Prinz Chun zur "Sühnemission" in Berlin. [in: Kuo, Heng Yü (Hrsg.) mit Beitragen von Harald Brauner. *Berlin und China: drei hundert Jahre wechselvolle Beziehungen*. S. 79–88] Colloquium Verlag 1987, Klaus Mühlhahn Zwischen Sühne und nationaler Schande: Die Sühnebestimmungen des Boxerprotokolls 1901 und der Aufstieg des chinesischen

Nationalismus, [in: Susanne Kuß / Bernd Martin (Hg.). *Das Deutsche Reich und der Boxeraufstand*. S. 245–270] IUDICIUM Verlag GmbH München 2002 などがある。なお、本章では、史料上の根拠を『醇親王使徳日記』のみにおく叙述には、繁雑になるのを避けるため、出典を註に明示することを省略した。

（4）故宮博物院明清档案部編『義和団档案史料』（中華書局、一九五九年、以下、『史料』と略記）一二〇四頁、「全権大臣奕劻、李鴻章（以下、〝全権大臣〟と略記）電報」光緒二七年五月二日、『史料』一二四六頁、「全権大臣電報」光緒二七年六月四日。

（5）『史料』一二八七頁、「全権大臣電報」光緒二七年七月七日。なお列国公使団がこれより約八カ月前に提示した講和条約の当初の原案では「欽派親王専使、前赴徳京、代表中国皇帝慚悔之意」とされていた（『史料』八三八〜八三九頁、光緒二六年一一月三日）。

（6）『史料』九七七〜九七八頁、「軍機処致全権大臣電信」光緒二七年一月一三日、『史料』九八三〜九八四頁、「全権大臣電報」光緒二七年一月一五日、『史料』一一七一〜一一七二頁、「全権大臣電報」光緒二七年四月一六日、『史料』一一八七頁、「軍機処寄醇親王載灃等電旨」光緒二七年四月一八日、Alfred Heinrich Karl Ludwig, Conut von Waldersee, *Denkwürdigkeiten des General-Feldmarschalls Alfred Grafen von Waldersee*, Deutsche Verlags Anstalt, Stuttgart und Berlin, 1923, S. 89–90.

（7）『申報』光緒二七年五月二八日（一九〇一年七月一三日）、「賢王謙抑」に引用されている「以年少不敢自主、須憑両全権大臣酌定去留」という親王の発言などを参照。ただし、親王がドイツでの任務を果たして上海まで戻っていた時点で（一九〇一年一一月七日）、李鴻章は北京で死去している。

（8）（9）『史料』一一七一〜一一七二頁、「全権大臣電報」光緒二七年四月一六日、『史料』一一八七頁、「軍機処致全権大臣電信」光緒二七年四月一八日、『史料』一一八八頁、「全権大臣電報」光緒二年四月一九日。

（10）『史料』九七七〜九七八頁、「軍機処致全権大臣電信」光緒二七年一月一三日。なお、軍機処によって親王の「参賛」とするよう指名されていた張翼は、まもなく李鴻章がロシアに派遣された際の先例に倣って特に「参議」に任ぜられ、親王の使節団において特別に重きをなす存在となる（「醇親王載灃摺」光緒二七年五月一七日、『近代史資料』七四号所収『醇親王使徳往来文電選』)。

(11)　リヒテルは駐ドイツ・オーストリア・オランダ・イタリア公使李鳳苞の要請に応じて一八八七年に訪中、天津武備学堂の総教習に任ぜられた。一八九一年に帰国したが、義和団事件が起こると、一九〇〇年にワルテルゼーに従って再び中国に赴任した。このリヒテルを「洋員参賛」として親王に同行させるに際しては、慶親王奕劻の主宰する総理衙門が、ベルリン駐在の中国公使呂海寰と北京駐在のドイツ公使ムンムとを通じてドイツ政府に照会文を送り、その了解を事前に取り付けていた(『史料』一一七一～一一七二頁、「全権大臣電報」光緒二七年四月一六日、「奕劻致呂海寰電」光緒二七年五月二日、「総理衙門致醇親王咨文」光緒二七年五月一二日(後の二つはいずれも『醇親王使徳往来文電選』、『近代史資料』七四号所収)、並びに『申報』光緒二七年五月二一日(一九〇一年七月六日)「徳将偕行」などによる)。

(12)　註(11)と同じ。

(13)　『史料』一二二七～一二二八頁、「醇親王載灃摺」光緒二七年五月一九日、*Decennial Reports, 1892–1901*, Shanghai, 12.

(14)　陳旭麓、顧廷龍、汪熙主編、『義和団運動』盛宣懐档案資料選輯之七(上海人民出版社、二〇〇一年、以下、『運動』と略記)六二五頁、「盛宣懐致李鴻章電」光緒二七年五月一〇日、同、六二八頁、「張翼致盛宣懐電」光緒二七年五月一七日、同、六三〇頁、「盛宣懐致張翼電」光緒二七年五月二〇日、『日本外交文書』第三三巻、別冊三、北清事変下、明治三四年七月二〇日、「上海在勤小田切総領事代理ヨリ曾禰(荒助)外務大臣宛」「醇親王上海滞在中ノ状況報告ノ件」(以下、「小田切総領事代理　明治三四年七月二〇日」と略記)、『申報』光緒二七年五月二八日(一九〇一年七月一三日)、「論預備儀仗挙」、同、光緒二七年六月二日(一九〇一年七月一七日)「邸駕蒞申」、『東京朝日新聞』明治三四年七月二七日、「惇親王入滬の光景」。

(15)　「張翼致盛宣懐電」光緒二七年五月二五日(『醇親王使徳往来文電選』所収)。

(16)　『運動』六二五頁、「盛宣懐致李鴻章電」光緒二七年五月一〇日、同、六二八頁、「張翼致盛宣懐電」光緒二七年五月一七日。なお、梁誠については羅香林『梁誠的出使美国』香港大学亜州研究中心、一九七七年、坂野正高「張蔭桓著『三洲日記』(一八九六年刊)を読む――外交家の西洋社会観――」(『国家学会雑誌』九五―七・八)などを参照。

(17) 我が国の研究者の近年の研究成果では、中村哲夫「日本における中国人亡命政客と留学生」(『講座世界歴史』一九、岩波書店、一九九九年、所収)が傑出している。
(18) 『申報』光緒二七年六月七日(一九〇一年七月二二日)、「補述醇邸出京事」。
(19) 弘谷多喜夫「北京警務学堂と川島浪速」(『国立教育研究所紀要』第一一五集、昭和六三年三月)、中見立夫「川島浪速と北京警務学堂・高等巡警学堂」(『近きに在りて』第三九号、二〇〇一年八月)。
(20) 載洵と載濤のその後の活動と兄載灃との関係については、註(2)引用の文献より知ることができる。
(21) この人物に言及した文献は多いが、欧陽躍峰『人材薈萃——李鴻章幕府——』(岳麓書社、二〇〇一年)四〇〇〜四〇九頁には、彼についてのまとまった記述がある。
(22) 『運動』六二五頁、「盛宣懐致李鴻章電」光緒二七年五月一〇日、同、六二七頁、「盛宣懐致張翼、蔭昌電」光緒二七年五月一五日。
(23)(24) 『運動』六二五頁、「盛宣懐致李鴻章電」光緒二七年五月一〇日、同、六二八頁、「張翼致盛宣懐電」光緒二七年五月一七日。
(25) 『申報』光緒二七年六月二日(一九〇一年七月一七日)、「邸駕涖申」。
(26)(27)(28)(29)(30)(31)(32) 『東京朝日新聞』明治三四年七月二七日、「惇親王入滬の光景」による。「小田切総領事代理報告　明治三四年七月二〇日」、*Decennial Reports, 1892–1901*, Shaghai, 12 などにもこれに近い記述がある。
(33)(34) 註(25)と同じ。
(35) 註(26)と同じ。
(36)(37)(38)(39)(40)(41) 註(25)と同じ。
(42)(43)(44)(45)(46)(47)(48)(49) 「小田切総領事代理報告　明治三四年七月二〇日」。
(50) 義和団事件中における親王の行動については、日本の上海総領事代理小田切萬寿之助と中国の全権大臣慶親王、李鴻章らとでは見方が異なっていた。前者は「謝罪使醇親王並ニ参謀官蔭昌ノ如キモ、或ハ拳匪ノ設立セシ祭壇ニ蟆拝シ、或ハ天津居留地ヲ攻撃セシ者ニ有之候」（明治三四年八月二日、「上海在勤小田切総領事代理ヨリ曾禰外務大臣宛」「謝罪使那桐ニ対スル新聞投書ノ件」）と見ていたが、後者は「査醇親王年歳雖軽、志向尚好。上年拳匪内訌、莫賛一詞、尚守家教」と見なしていた。親王が義和団の最盛期に北京で義和団が設立した祭壇を「蟆拝」したのは事実かもしれないが、筆者には、それは親王が状況に押し流されて身の安全を守るためにやむを得ず行ったことであって、本心からなされたことではなかった、と思われる。

(51)　楊枢は漢軍正黄旗人。一八九一年から一九〇二年まで中国の駐長崎領事、一九〇三年から一九〇七年まで駐日公使、一九〇八年から一九一〇まで駐ベルギー公使となった人物である。

(52)　『申報』光緒二七年六月二一日（一九〇一年八月五日）、「詳紀醇王抵香港情形」、同、光緒二七年七月二日（一九〇一年八月一五日）、「記新加坡華商迎謁醇邸事」。

(53)(54)(55)　Lo Ho-min ed., *The Correspondence of G. E. Morrison I 1895–1912*, pp. 170–171, the letter from Edith Blake, Hong-Kong, 1 August 1901, Cambridge University Press, 1976.

(56)　『申報』光緒二七年六月二一日（一九〇一年八月一五日）、「詳記醇王抵香港情形」。

(57)　註(2)引用の醇親王関係文献を参照。

(58)(59)(60)(61)(62)(63)(64)(65)(66)(67)(68)　『申報』光緒二七年七月二日（一九〇一年八月一五日）、「記新加坡華商迎謁醇邸事」。

(69)　「欧州諸邦と斉駆併駕」できる強国として中国を再生させることが当時の親王の悲願であった。しかし、彼はドイツで〝皇族による支配なくして国家が強大となることはなく〟、〝皇族による兵権掌握なくして皇族による国家支配は維持できない〟とするハインリヒ親王の主張に心を動かされて帰国する。満族の皇帝が大元帥として全国の軍隊を掌握すべきであるとする彼の主張は、彼が摂政王となった一九〇八年以後に実行されるが、袁世凱ら漢族の大官や紳商を離反させて、逆に清朝の滅亡を早めることとなる。

(70)(71)(72)　『申報』光緒二七年七月八日（一九〇一年八月二一日）、「記邸駕蒞檳榔嶼情形」。

(73)(74)(75)『申報』光緒二七年七月一〇日（一九〇一年八月二三日）、「僑氓作頌」。
(76)このボーカハバットには一八七三年八月九日に日本の岩倉使節団が帰国の途上でたちよっている（久米邦武編『特命全権大使米欧回覧実記』五、岩波文庫、二八六～二八七頁）。
(77)呂海寰『庚子海外紀事』巻一「上醇親王電」光緒二七年六月一九日。
(78)『醇親王使徳往来文電選』「載澧致呂海寰電」光緒二七年六月二二日。
(79)(80)久米邦武編前掲書、五、二七一～二七六頁。
(81)久米邦武前掲書、五、二六九～二七〇頁。
(82)久米邦武前掲書、五、二五二～二五五頁。
(83)これは呂海寰『庚子海外紀事』巻三所収の光緒二七年五月一六日における「外部大臣李和芬」（外務大臣リヒトホーフェン）との会談記録と、光緒二七年六月一六日における「副外部大臣米爾伯西」（外務副大臣ミュールベルク）との会談記録によって確認できる。
(84)これも呂海寰『庚子海外紀事』巻三所収の光緒二七年七月四日と七月六日の両日における外務副大臣ミュールベルクとの会談記録、ならびに同年七月七日における侍従長「愛倫布」（オイレンブルク Eulenburg P. zu.）との会談記録によって確認できる。
(85)呂海寰『庚子海外紀事』巻一「上醇親王電」光緒二七年七月七日、『醇親王使徳往来文電選』「呂海寰致醇親王電」光緒二七年七月六日。
(86)呂海寰『庚子海外紀事』巻一「上醇親王電」光緒二七年七月七日。
(87)註(84)引用の光緒二七年七月六日の会談時における外務副大臣ミュールベルクに対する呂海寰の反論を参照。
(88)註(84)引用の光緒二七年七月七日の会談時における呂海寰のオイレンブルクに対する反論を参照。この特異な儀礼を強いることを発案したのは当時のドイツ駐華公使館勤務の外交官フォン・デル・ゴルツ（der Goltz, von）であった。
(89)『史料』一二九一頁、「盛宣懐転出使徳国大臣呂海寰電報」光緒二七年七月八日、同、一二九三頁、「盛宣懐転出使徳国大臣呂海寰電報」光緒二七年七月九日、呂海寰『庚子海外紀事』巻一「致鉄路大臣盛電」光緒二七年七月六日、同「致鉄路大臣盛電」光緒二七年七月七日。

(90)　註(89)引用『史料』の二通の電報を参照。

(91)　全権大臣の見解は、『史料』一二九四頁所収の「全権大臣電報」光緒二七年七月一〇日、軍機処の見解は、『史料』一二九五頁所収の「軍機処致全権大臣電信」光緒二七年七月一三日、両江総督の劉坤一と湖広総督張之洞の見解は、『史料』一二九四頁所収の「両江総督劉坤一等電報」光緒二七年七月一一日を参照。

(92)(93)　呂海寰『庚子海外紀事』巻一「上慶親王電」光緒二七年七月九日、『醇親王使徳往来文電選』「呂海寰致載灃電」光緒二七年七月九日。

(94)　『醇親王使徳往来文電選』「呂海寰致載灃電」光緒二七年七月九日。

(95)　『史料』一二九四頁、「全権大臣電報」光緒二七年七月一〇日、『李文忠公全集』、「電稿」巻四〇「寄柏林呂使」光緒二七年七月一〇日、『醇親王使徳往来文電選』「載灃致呂海寰電」光緒二七年七月一一日。以下、この電報の全文を書き下し文にして提示する。

　魚陽電均しく悉る。坐受国書、姑らく置きて論ぜず。其の参賛等をして叩首せしむるは、欧州向来無き所なり。未だ意を欺辱に有するを免れず、国体にも関有れば、断じて遷就し難し。此次、我朝廷、特に近支の親王を簡びて専使に派充し往かしむれば、徳廷正に宜しく嫌を棄て好を修めて優礼接待すべし。何ぞ此の如く礼に違いて相欺くを得んや。殊に意料の外に出るなり。已に穆使（駐華ドイツ公使ムンム）に請うて該国政府に電達し転圜せしむるを除くの外、如（もし）彼仍（なおも）堅執すれば、祇好（ただ）執事（貴殿）より醇邸に転告し、蔭昌一人のみを帯して（ドイツに）往きて（皇帝に）見えよ、張翼には病と称さしむ可し、その餘の各参賛等は均しく先に別国に赴きて等候せしむるも、亦已むを得ざるの辦法なり。否ならば、則ち国書は以て遁するを緩（延期）す可し。最も（為す）能わざるは（絶対に為してはならないことは）此の大辱を忍ぶことなり。（されば）以後、各員等、将に何の顔をもって再び別国に赴く乎。穆使の電、挽回すること能うるや否や（は知らざるも）、仍（なおも）大いに辯争に力（つと）め稍も勁を鬆（ゆるめ）

ることなかれ。枢廷に電するの外。慶（慶親王）李（李鴻章）。卦（七月一〇日）。

(96) 親王はドイツでの任務終了後、ベルギー、イタリア、イギリス、アメリカ、日本の五国を訪問して帰国することとなっていた。しかし、ベルギー、イタリア、イギリス、アメリカなどでは、国家元首や政府首脳の政治日程が込み入っていた事情もあって、親王の訪問を要請しながらも実際にはそれを受け入れにくい状況にあった。

(97) 『史料』一二九八頁、「全権大臣電報」光緒二七年七月一四日、『醇親王使徳往来文電選』「全権大臣致行在軍機処」光緒二七年七月一四日。

(98) 呂海寰『庚子海外紀事』巻二「収全権大臣慶親王李鴻章電」光緒二七年七月一〇日、『李文忠公全集』「電稿」巻四〇「寄柏林呂使」光緒二七年七月一〇日。

(99) 一九〇一年八月に駐華ドイツ公使ムンムが、全権大臣と総理衙門の要請に応じて、ドイツ政府に打電し、接見時に醇親王の「参随」に「叩首の礼節」を求めるのは妥当ではないと上申していたことをいう。

(100) 呂海寰『庚子海外紀事』巻一「上慶親王李傅相電」光緒二七年七月一一日。

(101) 呂海寰はこのドイツ皇帝の要請を病気による静養を理由として拒否した。呂海寰の意向は、一九〇一年八月二四日に、賡音泰よりドイツ外務省の高官に告げられている（呂海寰『庚子海外紀事』巻一「参賛官賡電」光緒二七年七月一一日）。

(102) 『日本外交文書』第三三巻、別冊三、北清事変下、明治三四年九月六日、独国駐劄井上勝之助公使ヨリ曾禰外務大臣宛、「清国特派使節醇親王来独始末報告ノ件」、機密二一号。

(103) 呂海寰『庚子海外紀事』巻二「収醇親王電」光緒二七年七月一二日、『醇親王使徳往来文電選』「載灃致使徳参賛賡音泰電」光緒二七年七月一二日。

(104) 呂海寰『庚子海外紀事』巻一「上醇親王電」光緒二七年七月一一日、『史料』一二九五頁、「盛宣懐転出使徳国参賛賡音泰電報」光緒二七年七月一二日。

(105) 呂海寰『庚子海外紀事』巻一「上醇親王電」光緒二七年七月一二日、『史料』一二九六頁、「盛宣懐転出使徳国参賛賡音泰電報」光緒二七年七月一三日。

(106) これは、ドイツ皇帝による接見の日時や場所、式次第、参列者の名前や参列者に求められる儀礼などを説明・解説した小冊子を云う。呂海寰はこれを早く入手しようとドイツ外務省と交渉していたが、ドイツ側は宮廷の式典担当の機関による準備が遅れていることを理由として、呂海寰の要求に応じていなかった。

(107) この時の外務大臣はリヒトホーフェンである。

(108) 呂海寰『庚子海外紀事』巻一「上醇親王電」光緒二七年七月一二日。

(109) 呂海寰『庚子海外紀事』巻一「上醇親王電」光緒二七年七月一一日と一二日の同じタイトルの電報。

(110) 呂海寰は、全権大臣の光緒二七年七月一〇日発の電報での指示に従って、接見時には「参随」を親王に同行させず、ドイツ語に堪能な「参賛」蔭昌のみを「翻訳」(通訳)として同行させることによって「参随の跪拝礼を免れ」ようとしていた。この謀略を成功させるには、少なくとも「参賛」として訪独していた蔭昌を、接見時には「参賛」としてではなく、「翻訳」として親王に同行させることを、事前にドイツ当局に了承させておくことが必要となっていた。呂海寰が親王迎接のためスイスとイタリアに赴いた後に、この件については賡音泰がドイツの外務省と交渉していたのであるが、ドイツの外務当局はこの時になって、それを認めないとの意向を、はじめてはっきりと表明するに至っていたのである。

(111)『史料』一二九八頁、「全権大臣電報」光緒二七年七月一四日、『醇親王使徳往来文電選』「全権大臣致行在軍機処」光緒二七年七月一四日。

(112) 註(108)と同じ。

(113) 呂海寰『庚子海外紀事』巻一「上醇親王電」光緒二七年七月一二日(子刻発)。

(114) 清代における目上の人に対する敬礼の一種。右足をやや後ろに引き、膝を曲げて腰を低くし、右手を少し前方に垂らすことによって敬意を表す礼法をいう。

(115) 呂海寰『庚子海外紀事』巻二「収醇親王電」光緒二七年七月一三日。

(116)『史料』一二九九頁、「全権大臣奕劻等転専使大臣載灃電報」光緒二七年七月一四日、『醇親王使徳往来文電選』「載灃致全権大臣電」光緒二七年七月一三日(辰刻発)。

(117) 呂海寰『庚子海外紀事』巻二「収醇親王電」光緒二七年七月一三日（未刻発）。
(118) 呂海寰『庚子海外紀事』巻一「上醇親王電」光緒二七年七月一三日。
(119) 『醇親王使徳往来文電選』「載灃致全権大臣電」光緒二七年七月一三日（亥刻発）、同、「全権大臣転載灃電」光緒二七年七月一四日。
(120) 呂海寰『庚子海外紀事』巻二「収醇親王電」光緒二七年七月一三日。
(121) 一八九八年五月一五日（光緒二四年閏三月二五日）、ドイツのハインリヒ親王は頤和園の楽寿堂において西太后に謁見した後、紫禁城の玉瀾堂で光緒帝に謁見した。この時、光緒帝はハインリヒ親王に対して「御座を出て相見え、並びに陛上に坐を賜う」という異例の厚遇をしていた。当時の清朝の首脳は、ドイツ皇帝がこのような事実を知りながら、醇親王を接見する際には、坐したまま親王の鞠躬礼を受け、またその「参随」に対しては跪拝礼を行わせようとしていたことを、激しく非難していたのである。
(122) 『史料』一二九八頁、「全権大臣電報」光緒二七年七月一四日、『醇親王使徳往来文電選』「全権大臣致行在軍機処電」光緒二七年七月一四日。
(123) 『醇親王使徳往来文電選』「載灃等致全権大臣電」光緒二七年七月一四日。『史料』一三〇〇頁、「全権大臣奕劻等転専使大臣載灃等電報」光緒二七年七月一六日。
(124) 『醇親王使徳往来文電選』「載灃致全権大臣電」光緒二七年七月二三日。
(125) 『史料』一二九四頁、「全権大臣奕劻李鴻章電報」光緒二七年七月初一〇日。
(126) 『史料』一二九五頁、「軍機処致全権大臣奕劻李鴻章電報」光緒二七年七月一二日。
(127) 呂海寰『庚子海外紀事』巻一「上醇親王電」光緒二七年七月二〇日。
(128) 呂海寰『庚子海外紀事』巻一「致鉄路大臣盛電」光緒二七年七月一六日。『史料』一三〇三頁、「盛宣懐転出使徳国大臣呂海寰電報」光緒二七年七月一七日。
(129) 『醇親王使徳往来文電選』「軍機処致全権大臣電」光緒二七年七月一七日。『史料』一三〇三頁、「軍機処致全権大臣奕劻李鴻章電信」光緒二七年七月一七日。
(130)『醇親王使徳往来文電選』「軍機処致出使英国大臣羅豊禄等電」光緒二七年七月一七日。『史料』一三〇三頁、「軍機処致出使英国大臣羅豊禄等電信」光緒二七年七月一七日。
(131)『醇親王使徳往来文電選』「軍機処致全権大臣電」光緒二七年七月一八日。『史料』一三〇四頁、「軍機処致全権大臣奕劻李鴻章電信」光緒二七年七月一八日。
(132)『醇親王使徳往来文電選』「全権大臣致行在軍機処」光緒二七年七月一八日。『史料』一三〇四頁、「全権大臣奕劻李鴻章電報」光緒二七年七月一八日。前者には誤記、誤植、標点の付け方などの誤りがあるのでここでは後者に依拠したが、この史料を完全に正しく読み解くには档案の現物との照合が不可欠となる。
(133)呂海寰『庚子海外紀事』巻三、光緒二七年七月四日、外務副大臣ミュールベルクとの会談時における呂海寰の発言、林楽知・蔡爾康等編『李鴻章歴聘欧美記』、「徳軺日記」光緒二二年五月四日を参照。
(134)一八六六年にアメリカ浸礼会宣教師として訪中、一八七〇年、教会職を辞し上海の江南製造局に通訳として奉職した。一八七七年以後多年にわたりベルリンの中国公使館に通訳や「洋員参議」などとして勤務した。醇親王の訪独当時には公使館の参議（参議官）として呂海寰の活動を支える重要な役割を果たしている。
(135)(136)呂海寰『庚子海外紀事』巻二「収醇親王電」光緒二七年七月一九日。
(137)呂海寰『庚子海外紀事』巻一「上醇親王電」光緒二七年七月二〇日。
(138)呂海寰『庚子海外紀事』巻二「収醇親王電」光緒二七年七月一九日。
(139)ドイツ皇帝の赴く遠隔地とは、ドイツ軍がロシア皇帝ニコライ二世（Nikolai II）を迎えて大演習を行うこととなっていたダンチヒであった。
(140)呂海寰『庚子海外紀事』巻一「上醇親王電」光緒二四年七月二〇日。
(141)呂海寰『庚子海外紀事』巻二「収醇親王電」光緒二七年七月二〇日。
(142)呂海寰『庚子海外紀事』巻一「上醇親王電」光緒二七年七月二〇日。

(143)『醇親王使徳往来文電選』「載灃致全権大臣電」光緒二七年七月二三日。
(144)(145)『史料』一三〇五頁、「全権大臣奕劻等転専使大臣載灃電報」光緒二七年七月二二日。
(146) 呂海寰『庚子海外紀事』巻一「致鉄路大臣盛電」光緒二七年七月二〇日。『史料』一三〇五頁、「盛宣懐転出使徳国大臣呂海寰電報」光緒二七年七月二一日。
(147)『日本外交文書』第三三巻、別冊三、「北清事変」明治三四年九月六日、独国駐箚井上勝之助公使ヨリ曾禰外務大臣宛「清国特派使節醇親王来独始末報告ノ件」。
(148) 呂海寰『庚子海外紀事』巻一「致鉄路大臣盛電」光緒二七年七月二一日。『醇親王使徳往来文電選』「呂海寰致軍機処等電」光緒二七年七月二三日。
(149)「国書」は軍機処に依頼されて李鴻章が原案を作成、皇帝の「御覧」を経て「酌定」された（『醇親王使徳往来文電選』所収の光緒二七年四月一九日発信の「全権大臣致行在軍機処電」）。「国書」の全文は以下の通りである。

大清国大皇帝敬致書於大徳国大皇帝陛下、朕維中国与貴国訂約以来、信使往還、輯睦無間。前歳貴国親王来京、朕疊次接見、情誼尤為款洽。乃上年五月、義和拳匪闌入京師、兵民交訌、貴国使臣克林徳竟至被戕殞命。該使臣銜命来華、辦理交渉事件、悉臻妥協、朕甚嘉許、不意変生倉卒、遽爾捐軀。朕自維薄徳、未能先事予防、保護多疏、疚心曷極。已於該使臣死事地方、勅建銘志之坊、用以旌善癉悪、昭示後来。茲派醇親王載灃為欽差頭等専使大臣、親賚国書前往貴国呈遞。該親王分属近支、誼同休戚、特令竭誠将命、以表朕惻悔之意。又、此次貴国労師遠渉、戢匪安民。和議早成、生霊無恙、尤徴大皇帝顧全大局、并令該親王代朕道達謝忱。惟望大皇帝尽棄前嫌、益敦夙好、従此我両国共享生平之福、永聯玉帛之歓、惟大皇帝鑒察焉。

(150) 醇親王の「頌詞」は親王の要請に従って呂海寰が作成した。それは『醇親王使徳日記』の冒頭に「国書」、「徳国皇帝答辞」と併せて収められている。その全文を以下に示す。

我聖主中国大皇帝特派本爵奉使貴国、親賚国書、躬自呈遞。上年中国肇乱、甚至有違公法、殃及貴国使臣、我国大皇帝尤為軫惜。遣使致歉、我大皇帝早有此意、而適与公約不謀而合。本爵誼属宗親、茲奉朝命、専使来徳、面達我中国大皇帝実心抱歉之忱、可以表白於天下。所以派及本爵者、更見格外鄭重之意。

此次中国遘斯巨禍、変起倉卒、累及貴国、君臣焦労、商民虧耗、実非我国朝廷意料所及。然我国大皇帝仍援引古語〝万方有罪、在予一人〟之義、帰咎聖躬。故遣本爵前来、用伸此意、并奉我国大皇帝特諭、恭頌貴国大皇帝、大皇后暨嫡親諸人身体安善、天降百祥。且望両国邦交弥加敦篤、有如雨霽天晴気更清爽。而両国人民情通意洽、益相親睦、共享昇平之楽、此本爵誠意切祝者也。

(151) ドイツ皇帝の「答詞」の日本語訳は以下の通りである。

殿下ガ茲ニ来ラレタルハ慶賀祝典ノ為ニスルニ非ズ、又単純ナル礼節ヲ表セラルル為ニモ非ズ、誠ニ悲シムベク且ツ極メテ重要ナル事故アルガ為也。清国皇帝陛下ノ朝廷ニ駐箚セシ朕ノ公使男爵フォン・ケットレルハ清国ノ首府ニ於イテ上官ノ命ニ依リテ行動シタル兵刃ニ斃レタリ。是レ実ニ国際公法及ビ万国の通慣ニ悖ル未聞ノ暴行ニ属ス。朕ハ今殿下ノ口ヨリ親シク本件ニ関スル清国皇帝陛下ノ誠実深厚ナル惋嘆ノ意ヲ領セリ。此ノ兇行並ビニ不可侵権ヲ有スル公使館及ビ無辜ノ外民ニ加ヘラレタル暴行ハ殿下ノ皇兄（清国皇帝）ガ親シク関知セラルル所ニアラザルコトハ朕ガ欣然信憑セントスル所、随ツテ輔弼者及政府ノ責愈々大ナルヲ致ス所以ナリ。彼等ヲシテ自ラ欺キテ其ノ罪責ハ謝罪使節ニヨリテ已ニ宥恕免除セラレタルモノナリト思料セシムベカラズ。其罪責ハ彼等ガ今後国際法ノ条規ト文明国ノ通義ニ遵ヒテ行動スルニ拠リテ初メテ免除セラルベキモノ也。若シ夫レ将来清国皇帝陛下ニシテ其ノ大帝国ノ政事ヲ此ノ条規ト通義ノ精神ニヨリテ統治セラルルニ於イテハ、陛下ノ希望ノ如ク客歳ノ事変ニ伴ヒテ生ジタル悲シムベキ結果ハ其跡ヲ絶チテ独清両国ノ間ニハ再ビ平和友好ノ永久的干係成立スベク、其ノ干係ハ延ヒテハ両国及文明人類全般ノ福祉ヲ来スベキモノナリ。朕ハ其ノ斯ノ如クナランコトヲ切望シテ爰ニ殿下ヲ歓迎ス。（『日本外交文書』第三三巻別冊三「北清事変」下より標点を付して引用）。

(152) 註(147)に同じ。

(153) 載灃の生母は那拉氏ではなく劉佳氏であった。光緒帝の生母は那拉氏である。

(154) 『醇親王使徳往来文電選』「載灃致全権大臣電」光緒二七年七月二三日。

(155)『醇親王使徳往来文電選』「載灃致北京醇王府函」光緒二七年七月二三日。

(156)註(154)・(155)に同じ。

(157)呂海寰『庚子海外紀事』巻一「致鉄路大臣盛電」光緒二七年七月二二日。『醇親王使徳往来文電選』「呂海寰致軍機処等電」光緒二七年七月二三日。

(158)註(154)・(155)に同じ。

(159)『醇親王使徳往来文電選』「照訳徳提督李希徳来函備述」並びに『醇親王使徳日記』光緒二七年七月二四日。

(160)『醇親王使徳往来文電選』「照訳徳提督李希徳来函備述」。

(161)呂海寰がドイツ駐在中国公使の任にあったのは、一八九八年一月七日から一九〇一年一二月一三日までであった。彼はオランダ駐在中国公使をも兼務していた。オランダ公使在任期間は、一八九八年四月一二日から一九〇一年一二月一三日までであった。この間に呂海寰は、オランダ領東インド（今日のインドネシア）に中国から領事を派遣して華人を保護できるようにしようとオランダ政府と交渉を重ねたが、義和団事件により交渉を中断することを余儀なくされている。呂海寰に対するドイツ人の見方は、醇親王の訪独に「洋員参賛」として加わったリヒテルがドイツ外務省の「大司員」の言を引いて「去年（一九〇〇年）変乱の際（義和団事件当時）に、辦ずる所の各事、実に軽易に非ず。（されど）呂欽差の辦理は方有り、人をして欽佩せしむ。出使（中国の公使）中に多得する可からざる員と謂う可きなり」と評価していたが、首相ビューロー（Bulow, B. H. M. K. von）や外相リヒトホーフェンなどの政府首脳がどのように見なしていたかについては、筆者もまだドイツ側の史料に当たって確認する作業を行っていない。今後の課題の一つとしておきたい。

(162)呂海寰『庚子海外紀事』自序。

第六章　日露戦争と中国駐露公使胡惟徳

はじめに

一九〇四年二月七日に日露戦争が始まると、中国の清朝政府（以下、中国政府と表記）は同年二月一四日に「局外中立」を宣言した。中国政府が日露戦争に対する「局外中立」の方針をいつ、どのような議論を経て決定していたかについては、史料が乏しくてそのいずれをも明らかにすることはできない。しかし、一九〇三年一二月二二日（光緒二九年一一月四日）と同年一二月二七日（光緒二九年一一月九日）に直隷総督袁世凱が、日露戦争が実際に起こった場合には中国は「局外」にあるべきであると主張した電報を外務部に送っていた事実[1]が明らかなことより、中国政府による「中立」決定の時期は、一九〇三年一二月下旬以降のことであったと見るのが妥当と思われる。

二〇〇四年と二〇〇五年に我が国で開催された日露戦争百周年のシンポジウムでも、中国の「中立」の問題は中国近代外交史の新進気鋭の研究者川島真氏によって取り上げられた。川島氏は日露戦争における中国の「中立」を新たな視点よりとらえ直し、その特異な問題点と複雑な側面に光をあてた。氏は中国政府による「中立」決定の時期についても検討を加え、通説よりも少しその時期をくりあげた一九〇三年一二月中旬説を提示している[2]。

日露戦争に当時の中国政府がいかに対応していたかという問題に対しては、これまで我が国の研究者はもとより、中国・台湾の研究者までもが、ほとんどその重要性を認めて来なかった。(3) 筆者は、こうした研究状況に反発して川島氏が日露戦争中の中国外交と中国政府の「中立」政策に正面から取り組んだことを、高く評価している。しかし、シンポジウムでの氏の報告には中国政府による「中立」決定の時期についての見方など、疑問と思われる部分も含まれている。本章ではそれらの問題点を具体的に指摘して氏のご批判とご教示を仰ぐこととしたい。

一　胡惟徳の「日俄戦局遅速必出於和、中国宜亟籌応付摺」の執筆時期をめぐる問題

すでに述べたように、川島氏は中国政府による「局外中立」の決定は、一九〇三年一二月中旬までになされていた、という見解を提示した。その際に氏がその根拠として示した史料は、当時の中国駐露公使胡惟徳の「日俄戦局遅速必出於和、中国宜亟籌応付摺」という上奏文のみである。それ故、氏の見解の当否を判定するには、とりあえず胡惟徳の上奏文が氏の主張するように一九〇三年一二月中旬に確かに執筆・送付されていたことを確認することが不可欠となる。この作業は『清季外交史料』巻一七八所収の胡惟徳の上奏文に「光緒二九年一〇月二三日」(一九〇三年一二月一一日)と記されていることより、一見たやすく行えるように思われる。しかし、この胡惟徳の上奏文は『清季外交史料』にのみ収録されているわけではなく、清末外交史研究の別の重要史料集『清光緒朝中日交渉史料』巻六八にも、「日俄戦局必出於和、亟宜熟籌応付摺」という少し異なったタイトルと日露戦争中の遼陽会戦(一九〇四年八月二四日〜九月四日)前夜に相当する「光緒三〇年七月初一日」(一九〇四年八月一一日)という年月日を付されて収録されているので、胡惟徳の上奏文の執筆時期は、これと関連する史料を綿密に調査することなしには確定することがで

きなくなる。川島氏は『清季外交史料』所収の上奏文の冒頭に「我、戦時に於いては局外を守らざる能わずと雖も」という一節があることのみに依拠して、胡惟徳が日露開戦の約二カ月前に、この上奏文において清廷に中国の「中立」を提起していたと判断し、さらにそのことを根拠として日露戦争における中国政府の「局外中立」政策決定の時期を一九〇三年一二月中旬とする見解を提示したのであるが、史料批判を欠落させているため、氏の見方は遺憾ながら説得力を欠くと言わざるを得ない。

ではこの胡惟徳の上奏文にも言及した関連史料が実際に残されているのであろうか。それは間違いなくある。中国社会科学院近代史研究所刊行の学術誌『近代史資料』三七号所収の「駐俄公使胡惟徳往来電報」と同九二号所収の「駐俄公使胡惟徳往来電文録」、同九五号所収の「駐俄公使胡惟徳函稿」とに収められた、胡惟徳の多数の電報・電文と書簡文（函稿）がそれである。(4) 筆者はそれらの電報・電文と函稿が日露戦争と中国との関わりを研究する上で極めて重要な史料であると考えて、以前からそれらを読み解く作業を行ってきた。その結果、胡惟徳のこの上奏文に関係することについても、以下の二点を確認している。

その一つは、胡惟徳が日露戦争の前夜には、外務部はもとより当時の中国政府のいかなる要人に対しても、両国の開戦後に中国が取るべき道について全く自己の見解を提示していなかったということである。当時の中国はロシアと連合して日本と戦うか、逆に日本と結んでロシアと戦うか、それとも日露両国のいずれとも戦わずに「局外中立」の道を取るかの三者択一を迫られていたが、胡惟徳はそれらのいずれを選ぶべきかについて、自分の見解を積極的に表明しようとはしていなかった。開戦前夜の胡惟徳は、日露の対立が険悪となるのを憂慮しつつも、前年から暗礁に乗り上げたままとなっていたロシア軍の東三省（以下「満州」もしくは「東省」とも表示）からの撤兵を要求するロシア政府との交渉をいかに継続するかということに腐心していた。このような胡惟徳には、日露戦争が実際に起こった際に中国が「局外中立」政策を採用するように自国の政府要人に積極的に提言することはできるはずはなかった。このことは、胡惟徳が日本軍の旅順攻撃によって日露両国間に戦争が始まったことを盛宣懐に報告した一九〇四年二月九日の電報において、盛に対して「旅順已に戦いを開く。我（中国）自ら処するに何の策を采（採）る。示を盼（ま）つ」とひたすら指示を仰ぐのみであったという事実からも立証することができる。中国政府が「中立」政策の採用を決定したことを盛宣懐と外務部からの電報によって知らされた直後の胡惟徳の反応は「中立にもかなり大きな問題があるが、当面はそうせざるを得ないだろう」というものであり、中国政府の決定に全面的に賛成してそれを積極的に支持しようとするものではなかった、と言うことができる。

第二は、胡惟徳が、日露戦争中の遼陽会戦前夜に、本章で問題としている上奏文とその中で提起していたことについて説明した書簡を、外務部に送付していたということである。このことは本章で取り上げた胡惟徳の上奏文執筆の年月日が『清季外交史料』に付記されたものではなく、『清光緒朝中日交渉史料』に記されたものであることを明確にすると思われるので、節を改めて詳しく検討することとする。

二　光緒三〇年七月一日付の胡惟徳の外務部宛書簡

日露戦争中の光緒三〇年（一九〇四年二月～一九〇五年二月）に胡惟徳が外務部に送付した書簡は全部で一八通ある。それらの中で筆者が本章において論じてきた上奏文に言及しているものは、光緒三〇年七月一日（一九〇四年八月一一日）付の書簡である。(5) これは胡惟徳の上奏文が清廷に何を提起するものであったかを確定する上で極めて重要であるので、その主要な部分を書き下し文にして提示しておこう。

日来、戦争、愈（いよいよ）緊なり。（ロシア）、他国の調停を明許せずと雖も、情を揆（推しはか）り勢を度れば、（調停の許容）、當に亦遠からざるべし。財の匱（窮迫）已に露われ、（軍の）士気も振るい難し。勉めて揩（さ）えんとするも、亦豈（いずくんぞ）久しくすること能わんや。彼（ロシア）戦を苟も罷れば、我（中国）自ら和事（和平の交渉）に預聞（関与）せざること能わざらん。列国、頗る見問する者有るも、固り確答すること能わず。然れども（これより）亦（中国が）和議に預聞するの決して分外の事に非ざるを見る可き矣。（思うに）事、列国の公預するに関われば、恐らく維也納（ウィーン）、柏林（ベルリン）等の大会（講和会議）の如くなるを免れざらん。此等の会議大挙（開催）さるれば、語語、公法（国際法）に合うを胥（ま）つ。竊かに謂えらく、未雨綢繆（重大な事態が起こることに備えて事前に周到な対策を立てること）、今は正に其の時なりと。（故にここに）管見を上陳するの一摺を有らしめたり。敬みて代逓を乞う。抄稿（奏摺の控え）を附呈せり。并せ省覧を祈（ねがう）れば感を為す（感謝申し上げる）。摺中に公法家（国際法の学者）を聘致するの一層に叙べ及ぶも、此は外人（外国人）を引き用いるを嫌うを以て之を疑わしきとなす可きに非ざる也。近今、民間と洋人（欧米人）との詞訟（訴訟）も、尚専家の律師（弁護士）を聘致し以て理を伸（申しひら）くを期（ま）たざる能わず。各大国の政を執る者、大率（おおむね）皆公法に通ぜり。而れども各大国の外部（外相）、尚公法の名家を聘致し、以て顧問に資せざるは莫（な）し。此は原（もとより）推敲に備え咨考（意見の聴取）に備え、以て当局者の集思広益（衆人の意見を集めて大きな成果を挙げること）を為すに過ぎざるのみ。然らずんば、豈英（イギリス）、法（フランス）等国の外部にして尚決を公法家に詢（問）うを待つ有らん乎。中国、如し外国人を聘請すること有らば、則ち英人は俄（ロシア）の忌む所と為らん。徳（ドイツ人）、法人（フランス人）も、又自ら私図に便ずるを免れざるを慮る。（招聘する公法家の）国派（国家や学派）に偏倚する所無きを求むれば、向に公道を持する美人（アメリカ人）を除くの外は、其れ維（ただ）国の小にして我（中国）と尚密接な関係の無き瑞士（スイス）と瑞典（スウェーデン）の人とならん乎。尊處（貴部）、以て何如（いかん）となす。奏中に言う所なるに因り、故に并せ鈞聽（お耳）を塵せり。彼の邦（ロシア）の内政を主（つかさど）る大臣、尚未だ人を定めず。頗る其の事を難とするならん。

報告や提言の内容が国家の機密に関わる重要な書簡であることが一読すればすぐにわかる。そのため胡惟徳は暗号電報でもロシアの当局者に解読されることを警戒して、日時を要することを熟知しつつも敢えてこのような書簡に記して北京の外務部に送付していたのである。この書簡で彼が提起していたことと報告していたことを吟味する前に、書簡中の重要な用語に若干の補足説明を加えておこう。

冒頭の「戦争、愈（いよいよ）緊」とは日露両軍の間に緊迫した空気が張りつめていた遼陽会戦前夜の状況をいう。「他国の調停」の「他国」とは、日露戦争により同盟国ロシアの軍隊の主力が東アジアに移るのを自国にとって不利と見なして早くから和平の為の調停に積極的であったとされているフランスをいうものと思われる。(6)「維也納、柏林大会」とは、ナポレオン戦争後のウィーン会議（一八一四〜一八一五年）と露土戦争後のベルリン会議（一八七八年）のことである。「管見を上陳するの一摺」と書簡の結びに近い部分の「奏中」の「奏」は、いずれも筆者が本章において検討している胡惟徳の上奏文を指す。「摺中の公法家を聘致するの一層」とは、胡惟徳の上奏文の末尾にある「更に外務部より美国或いは瑞士、瑞典等国の公法専家を聘致し、該部の王大臣（総理外務部事務慶親王）より之と日夕討論せしめ云々」の一節を指している。「集思広益」とは国家が内政や外交で大きな問題に直面した際に、広く官民から意見を聴取して最善の対応策を定め、成果を挙げることをいう。胡惟徳は上奏文でも清廷が「内外臣工」（国内外の群臣百官。国外の臣とは欧米諸国などに駐在する公使をいう）の意見を積極的に聴取して日露戦争の局面の推移に見合った適切な対応策をとるように提言している。「彼の邦の内政を主（主宰）する大臣、尚人を定めず。頗る其の事を難とするなり」とは、ウイッテ（Witte, S. Y.）の政敵でベゾブラーゾフ（Bezobrazov, Petr A.）らの対日強硬派を支持してロシアを日本との戦争に導いた内相プレーヴェ（Pleve, V. K. von）が一九〇四年七月末にエスエル党員に暗殺されたのち、皇帝ニコライ二世が後任の人選に苦慮して決定が遅れていたことをいう。因みに皇帝はそののち後任の内相に譲歩政策の必要性を主張する改革派のスビャトポルク‐ミルスキー（Svyatopolk-Mirskii, Petr D.）を起用して「自由主義者の春」を現出させたことはよく知られている。

以上の補足説明により、胡惟徳の光緒三〇年七月一日（一九〇四年八月一一日）付の書簡の内容はほぼ完全に理解できるようになった。この書簡に記された胡惟徳の解説と説明より『清季外交史料』巻一七八と『清光緒朝中日交渉史料』巻六八とに収録されている胡惟徳の上奏文の互いに異なった日付は『清光緒朝中日交渉史料』所収の上奏文に付されたものが正しく、『清季外交史料』所収のそれに付されたものが誤りであることが明白となった。またこの胡惟徳の書簡から、彼が上奏文に於いて力説していたことが、これから起ころうとしている日露間の戦争に於いて中国が「局外中立」の立場を取るべきだということではなく、すでに日本と戦っているロシアが列国の調停に応じる可能性が大きくなってきているとの判断の下に、中国が列国の参加する講和会議の開催に備えて早急に対応策を立てるべきだということであることも明らかとなった。この他にもこの胡惟徳の書簡は、上奏文には記されていない貴重な事実を明らかにしている。その主要なことを列記すると、(a)「日俄戦局必出於和、亟宜熟籌応付摺」という胡惟徳の上奏文が、彼の書簡の形式を取って外務部に送付され、清廷への提出も外務部に委託する方式（代遞）をとっていたこと、(b)胡惟徳がその上奏文を収めた彼の外務部宛の書簡に上奏文の「抄稿」をも同封して、外務部首脳の閲覧に供していたこと、(c)中国も和議に備えて早急に対応策の検討を行うべきだとする彼の提言は、彼が独自に収集した当時のロシアの政治情勢や戦争遂行能力、各国の調停の動きなどについての情報から導き出したものであったこと、などである。以上の作業によって判明した諸事実を更に手短に要約すれば、胡惟徳の上奏文は日露戦争における中国政府の「局外中立」政策の決定過程に位置づけられるべきではなく、日露戦争における中国政府の講和会議への関与政策と戦後処理政策の形成過程に位置づけられるべきである、ということができよう。

三　胡惟徳の「万全の策」「持久の計」

前節での作業により、胡惟徳が日露戦争に対する中国の対応について清廷に具体的な提言を行うのは、開戦後のことである、ということが明らかとなった。本節ではこれを受けて、(1)日露戦争の勃発後に、胡惟徳が、中国政府はこの戦争にいかに対処し、いかなる対応策をとるべきである、と主張していたかを明らかにするとともに、(2)光緒三〇年七月一日（一九〇四年八月一一日）付の上奏文において行った胡惟徳の提言が、中国政府の対応策に関する戦争中の胡惟徳の全体としての主張や提言にいかなる位置を占めるものであったかを考察することとする。最初に(1)について見ていこう。

胡惟徳が提起していた中国政府の取るべき対応策は、戦局の推移に伴って微妙に変化しているが、その基本的な枠組みは戦争を通じてほぼ一貫して維持されていた。それらの大枠は、開戦から戦争初期の数カ月間に構築されたものと思われる。このことを示す重要な史料は、A胡惟徳が開戦一カ月後の光緒三〇年二月六日（一九〇四年三月二二日）に駐英公使張徳彝、駐法（フランス）公使孫宝琦、駐比（ベルギー）公使楊兆鋆と連名で清廷に提出していた電奏（電報による上奏文）(7)と、B彼が開戦四カ月後の光緒三〇年五月一日（一九〇四年六月一四日）に外務部に送付していた書簡(8)である。以下、この二つの史料の重要な部分を書き下し文にして示して検討しよう。

A　東方の戦事、中国の安危に関係すれば、西人、注目するに此を以てす。欧亜の争雄と黄白種の強弱に及びては、関鍵、自ずから日本の崛起にあり。咸（みな）謂う、中国、（日本と）同種なり、性情・智慧、相若（し）く。而も魄力（精神力）尤も大なれば、一旦振作すれば白種の寒心と為らん、と。数年前、徳主（ドイツ皇帝ヴィルヘルム二世）遂に黄険の説（黄禍論）を倡えて各国を慫動せしむ。（其の）意は我の進歩を杜（た）つに在り。況や我唯に欧州異種の憂う可きあるのみならず、即ち亜洲の同種、亦恃む可からざれば、初め局外中立に非ざれば、遂に慮る無かる可けんや。東鄰（日本）言を執る、（局外中立、我に）便にして高枕に堪える也、と。竊かに俄の土爾其（トルコ）、波斯（ペルシア）、阿富汗（アフガニスタン）に於いて毎（つね）に其の更新（改革・革新）を阻み、日（日本）の朝鮮に於いて方（まさに）其の更新を逼るを見る。阻まるれば固り永く困弱に沈み、逼らるれば亦永く主権を失う。又況や東三省未だ収回せず、他患方に将て継踵せんとするにおいておや。瓊（海南島）、桂（広西）、滇（雲南）、蜀（四川）、新疆、蒙古、西蔵等の処、岌岌として安んじ難し。旅大、威海、膠湾、広湾の事、豈宜しく再見せしむべけんや。而も各国の機に乗じて進み取らんとする大欲、未だ饜きざれば、（我の）存亡と安危、此の一息を争う。俄の兵部（陸軍大臣クロパトキン Kuropatkin, A. N.）の称するに據るに、此の戦い、一二年に非ざれば決さざるを恐る。（我）、亟かに宜しく此の俄日用兵、各国待時の際に乗じて、一面にて局外を恪守し、一面にて痛自更新すべし。若し復（また）因循すれば、異日、自強を欲すると雖も、勢已に及ばざるを恐る。

B　彼（ドイツ）方（まさ）に黄険（黄禍）相防ぐべしという。而れども白険（白禍）已に東に於いて大いに肆（ほしいまま）なり。日本、独力にて東方の全局を支持（支え維持）せんとするも、国小にして財艱なれば、殊に易易に非ず。但し鷸蚌（しぎとどぶ貝）相争うに際し、我が中国、亟かに宜しく奮発有為（発憤し意気込み）、力（つとめ）

て自振（自力振興）を図るべくんば、後患を無形に消すを冀うべし。固り但に其の局外の例を乱して禍をして立ちどころに至らしむる可からざるのみならず、即（たとえ）局外を厳守するといえども、絶えて陰雨桑土の謀無ければ、亦終（つい）に万全の策、持久の計に非ざるなり。廟謨（朝廷の大計）周密なれば、自ずから已に籌画して遺す靡（な）からん。惟徳、外情を黙察し陰諱（言うのをさけて隠す）に安んじ難く、輒ち狂瞽（的はずれの妄言）を抒（の）べ、主臣（公使としての職責）に任じる無し。尚祈る、鑒諒（ご了承）されんことを。

A・Bのいずれにもこの戦争中に中国の取るべき方策が二つずつ提示されているが、双方に共通するものは「局外中立」を厳守するということのみである。この他に、Aでは、日露両国が戦いに明け暮れる間に、中国が抜本的な国制改革（＝痛自更新）を断行して国力を強化し欧亜両洲（黄白両人種）間の勢力の隔絶状況を一変させることが(9)、またBでは、両国間の戦争中に中国が「陰雨桑土の謀」を「周密」に「籌画」して和議に備えておくことが、それぞれ「局外中立」政策を厳守することと並行してなさなければならないこととして提言されている。これより、胡惟徳は、日露戦争の開戦一カ月後には、中国政府はこの戦争への対応策として、一面では「局外中立」政策を厳守して中国全土が戦争に巻き込まれることを防止しつつ、一面で抜本的な国制改革（＝痛自更新）を断行して国力を飛躍的に強化することを提言し、ついで開戦四カ月後には、戦争の終結と講和会議開催とに向けて準備をととのえることをも新たに提起していたことが判明する。胡惟徳は、中国が日露戦争において「局外中立」を宣言しておきながらそれを厳守しないことは真に危険な自殺行為とも見なしていた。彼は、中国が「自ら局外の例を乱す」ならば、「禍、立ちどころに至る可し」とも警告して、「局外」に立つことを声明した中国が「中立」国に要求される国際法の規定や慣例を厳守することの重要性を力説・強調していた。しかし、その反面で、中国が「局外中立」にのみ依存することも危険であると力説していた。その後、胡惟徳は光緒三〇年五月一日（一九〇四年六月一四日）に至って当初の主張を補強する必要を認め、程なく最終的な中国の「万全の策」「持久の計」を提起する。それは、中国が一面で「局外中立」を「恪守」しつつ、一面で立憲制の導入を中心とした国制改革に取り組み、一面で講和会議の開催に備えて周到な対応策を構築するという三大政策の同時推進プランであった。

胡惟徳の「万全の策」・「持久の計」には、孫宝琦、楊兆鋆、張徳彝、劉式訓、陸徴祥など、欧州諸国駐在の中国の外交官が賛同していた。胡惟徳の母校上海広方言館やその兄弟校京師同文館出身の外交官であった彼らは、平素から胡惟徳と親交が深かったこともあって、胡の呼びかけに呼応し、彼の提言を清廷に受け入れさせようと協力していた。彼らは、中国が自力で大胆な改革と周到・堅実な外交に忍耐強く取り組むことによって国力の強化と東三省の主権確保、鉄道（東清鉄道）利権の回収などに成功すれば、「白禍」に苦しむ「全球」の有色人種もそれに鼓舞されて自国の革新に取り組み、白人優位の世界の現状を打破するようになる、と夢想していた。胡惟徳らがこのような意義を有すると見なしていた構想の実現を企図して日露戦争中に取り組んでいた行動のすべてを紹介することは、ここではできない。それ故、本章では、その一端とも言うべき未解明の問題、すなわち胡惟徳が日露戦争中に戦争の早期終結を予期して初めて清廷に提出した上奏文が、具体的に清廷にいかなる画期的な提言を行うものであったかを、検討することとしよう。

四　胡惟徳の光緒三〇年七月一日付上奏文の全体像

光緒三〇年七月一日（一九〇四年八月一一日）付の胡惟徳の上奏文が清末外交史研究に不可欠な二つの史料集に収録されていること、またそれらの中でこの上奏文に正しい日付が付されているのが『清光緒朝中日交渉史料』所収のものであることについては、すでに述べた。よって、本節では『清光緒朝中日交渉史料』所収の上奏文に基づいて胡惟徳の最初の「預籌和議」「預籌東省善後」論について考察することとする。この問題に対する胡惟徳の主張と提言の全体像を正しくとらえるために、まずこの上奏文の全文を書き下し文に改めて提示しておこう。

二品銜三品卿銜出使俄国大臣分省補用道胡惟徳、跪きて奏す、日俄戦局、遅かれ速かれ、必ず和に出づれば、中国亟かに宜しく早日に熟籌し、以て応付に備えるべし。謹みて管見を密陳し仰ぎて聖鑒（ご高覧）を祈る為の事。竊かに維うに、日俄両国、我の東三省に関渉する事に因り戦局を醸成すれば、則ち我、戦時に於いては局外を守らざる能わずと雖も、戦後には豈（あに）和局に預聞（関与）せざる能わんや。査するに光緒二十二年（一八九六年）、我、俄と鉄路（東清鉄道）を造ると銀行（露清銀行）を合開するとを允すの二約[10]を訂せしより、光緒二十四年（一八九八年）、俄と、旅大（旅順と大連）を割租せしむると枝路（東清鉄道南部支線）を接造せしむるとの二約[11]を訂せり。銀行の害を為すこと尚軽きを除くの外、其の餘の三約、最も各国の訾議（非難）する所と為る。而も我の主権を失うも、亦惟（ただ）此の三約のみ、尤も甚しきを為す。（これ）皆各国と密商（周密に協議）せず、俄交（ロシアとの交渉）こそ信ず可しと誤認して軽（軽々し）く訂約に与らしめし故に由るなり。今は往きし事、咎を追う勿る可し。但し、庚辛（一九〇一年）の間に前任使臣（前駐露公使）楊儒が東三省を収回する条約[12]を辦理せしと、夫の去ぎし年（一九〇二年）に外務部が東三省事宜を続議する[13]は、均しく能く一国（ロシア）の私談のみを聴かずして列国の忠告と疆臣（各省の総督や巡撫）の集思広益を得しが如くすること能うれば、即ち前の覆轍を踏むに至らざらん。今日において尚口舌の争いを為し稍（やや）主権を収復するを冀（原文は異）うを得るは、実に此より前に未だ尽くは其の要求を允さざるに頼る耳。転瞬（瞬く間に）戦事漸く定むれば、俄、必ず故智を出して我を誑（たぶらか）さんとするに、中俄（中国とロシア）の交好、最も密にして最も久し、凡そ事は皆宜しく両国にて逕商（直接交渉）するべし、第三国をして預聞せしむるは宜しからず、以て中国の（主）権を全うせしむべし、等の語を以てせん。我若し信じて以て真と為せば、必ずや復す可き権と乗ずる可き機、是に坐して失い去らしむに至らん。夫れ両国逕商して第三国を預聞せしめざるは、原（もとより）亦常に有る所なり。但し、必ず両国の勢力相敵（拮抗）し、商する所の権利相當るを須ち、約（条約）成るも他国が藉口する所無くして、方（はじめて）弊無しと為す。否ならば、則ち彼、勢力を以て我の権利を迫脅せん。侵されて助けを求めんと欲するも、由る莫からん。更に效尤（他国が侵略した国の悪事をまねること）の慮る可きあり。是れ豈我の主権を全うせん哉。直（ただ）我の主権を攘（かきみだ）すのみならん。臣の職、使事（公使の任務）に膺（あた）る。又前使臣（前公使）薛福成と楊儒に随いて事を辦じ稍（やや）閲歴を得たれば、敢えて俄情を窺い悉（し）る中に未雨綢繆の計を為し、以て仰ぎて聖聴（陛下のお耳）を塵せざるとせず。自来（本来）、戦後の議和、均しく勝負の分数（程度）を以て利害の分数を判（わか）つ。勝者が利を索するは必ず奢なり。敗者は害を受くること、軽きに務める。我が中国、戦いに預からざると雖も、利害は必ず交戦国と之を共にするは、誠に創例（前例のないこと）に属せり。正に惟（おもう）に此の創例に當たりては、尤も事に先んじて熟籌せざる可からず。俄にして戦勝すれば、則ち日本の利益、且（しばし）削減を被るのみならず、我が中国、更に餘望無からん。凡そ一切の俄に向かいて商（協議）を懇わんとする件は、皆虚語に属さん。日本にして勝つれば、則ち日本の索する所の利益、俄、固り未だ忍受するに甘んぜざるも、我に在りては、亦必ず夫（そもそも）彼（日本）の索する所と我の（日本より）受くる所（の害）、果たして俄に受くる害より差（いささか）強きや否やを細察し、如し俄の害に較べて軽ければ、自ら妥商（十分に協議して）辦理する可し。倘（もし）俄の害に較べて重きを為さば、仍（なおも）當に全力をもって争持するべし。総じて之をいえば、旅大一隅（旅順・大連一帯）、我の割租して俄に与えしより、権は俄に属せり。倘（もし）日本（之を）奪い去れば、則ち権は日（日本）に移る。而れども中俄両国決して互いに談じて旅大を撤（すて）て日本に去らしむる理は無く、亦断じて俄の口気（口調）を探り再び牽制せらるる理も無し。東省の幹枝両路（東清鉄道の本線とハルビン以南の南支線）、即使（たとえ）日本が大勝するも、俄に在りては、亦未だ必ずしも甘んじて路権を尽く棄つるべしとはせず。故に南枝路、（我）必ず當に別に辦法を籌し、俄国をして私擅すること勿らしむべし。而して幹路の辦法、且（しばし）議する時の情形を俟（ま）ちて稍（やや）通融を与えるを妨げず。その餘の、俄人の東省における駐兵、設官、榷税（徴税）の各事、皆當に内国と外国の各情形を斟酌して以て応付を為し、以て挽救を図るべし。言、一端の尽くす可き所の事には非ず、又萬変して窮きるに會すること無ければ、公法（国際法）、学問に熟（熟悉）し列強の情偽を洞（見通）する（者）に非れば、未だ率爾（軽率に）立論するに易からず。臣、愚にしておもえらく、〝宜しく戦事未だ定まらざる前に及びて、先に内外臣工より各（おのおの）己の見（見解）を抒べ、更に外務部より美国（アメリカ）、或いは瑞士（スイス）、瑞典（スウェーデン）等国の公法専家を聘請し、該部の王大臣より之とともに日夕討論させ、再（さら）に臣等駐外各使より随時各国の公論と戦国（交戦国）の私論を電聞させ、以て参考に備えさす。此の数月の工夫（作業）に乗じて聚精会神（神経と精神を集中）させ、以て此の事（和議での利権回収問題への対応策）を考求せしめ、此の前の如く倉卒に事に従うこと勿らしめ、此の前の如く（臣下に）隠して（見解を）宣べざらしむること勿らしめて臣下の有識者をして咸（みな）其の所見を抒ぶるを得しめ、功、固り全国にて之に任じ、咎、亦全国にて之を負い、利、固り全国にて之を享け、害、亦全国にて之に當らしむれば、稍（やや）既往の辦事の失を挽（挽回）し、兼ねて将来の辦事の的（まと）を樹つる可きに庶（ちかか）らん。惟（ただ）目前の預自籌画、自ずから応に意を慎密に加え、外人をして聞知せしむること勿らしむべし。更に宜しく戦国をして覚察させざるべし〞と。倘（もし）聖明（陛下の賢明など裁断)、(臣の言を) 採納せらるるとすれば、擬して請う、内外臣工に密飭して事に先んじて維(これ)を図り、長きに従いて議を計らしめんことを。外国の著名な公法家に至りては、臣、更に當に博訪周諮(広く探しあまねく問う)し、姓氏、学術、籍貫、派別を臚列し、以て朝廷に延聘の選を請うべし。臣、昔(以前)曾て美(アメリカ)に駐し、又荷蘭(オランダ)の保和会(一八九九年開催のハーグ平和会議)に預れり。故に識る所の各国公法名家、尚人に乏しからず。惟(おもうに)甄別(優劣を明確に分けて去取を定める)は必ず格外に慎重になすも、従違(賛否)は仍(なおも)権を部臣(ここでは外務部首脳をいう)に在らしめ、以て利有るも害無きを期す。有する所(の者)、(臣に)戦後の和議を預籌するを籲請すれ(呼びかけ請え)ば、管見の縁由を密陳せり。伏して皇太后と皇上の聖鑒(ご高覧)と訓示を乞う。謹みて奏す。

この胡惟徳の上奏文の目指すものは明白であった。それは、日露戦争の終結がさほど先のことではないとの判断の下に、中国政府が戦争の終結時に交戦両国や列国との外交交渉の場でいかなる姿勢、いかなる方法で立ち向かい、何を要求し何を守るべきかを清廷に提起するとともに、それを実現するために中国政府が目下、何に急いで着手しなければならないかを具体的に提起すること(「預籌戦後和議」)であった。日露戦争の開戦直後、この戦争が列強による連鎖的な中国分割の動きを表面化させた一八九八年の形勢を再現させると見て、駐仏公使孫宝琦らと清廷に戦争中の列強による勢力拡大の動きに警戒するよう上奏していた胡惟徳も、この上奏文では、中国が引き続き列強による瓜分と亡国の危機にさらされていると見なしつつも、反面でこの戦争を中国が列国によって奪われた利権と制約された主権を回復・回収する好機でもあると見るようになっていた。彼はここでも中国が全く弱体な国家であるとの認識を変えてはいなかったが、「弱国に外交なし」との絶望的な見方はしていなかった。逆に弱国なるが故に、中国にとって外交はその存亡に関わる死活的な重要性を有すると見ていた。彼はこの上奏文において、日清戦争後の中国の対ロシア外交を検討し、弱国中国の行った強国ロシアとの困難な外交交渉においても、成果を挙げ得た実例のあることを具体的に指摘していた。日清戦争前夜に駐英公使薛福成に従って外交官への道を歩み始め、駐露公使楊儒の参賛（二等書記官）となっていた時期にロシアにおいて中国外交の悲惨な失敗と数少ない成功のいずれの場面をも目撃していた胡惟徳は、そこから中国外交の失敗と成功の各々の要因を抽出していた。また彼は楊儒に従って第一回ハーグ平和会議に中国代表団の一員として参加し、国際紛争の平和的処理方法についての最新の知識と情報をも得ていた。胡惟徳は、これらの体験から得た知識や情報を駆使してこの上奏文を書き上げていた。それ故、清廷や中国の外交担当者が自分の提言を積極的に活用して事前に周到な対応策を立てておけば、日露戦争終結後の交戦国や列国との東三省をめぐる外交交渉において、中国は決して苦境に陥らず、逆にそれを再生への起点とすることができると確信していた。自国の合理的な要求は国際社会の広範な支持と同情を得て強国にもそれを受け入れざるを得ないようにさせる、とかなり楽観的に考えていたように思われる。

以上は、この上奏文で胡惟徳が行っていた主要な主張と提言ならびにその歴史的な背景についての筆者なりの要約である。この他にも彼の上奏文には注目すべき点がいくつかある。

その一つは、胡惟徳が、中国の「根本重地たる東省」が日露戦争の主戦場となるという重大な事態は、一八九六年と一八九八年の中国政府による対ロシア外交の失敗に起因する、という見解を、公然と提起していたことである。これは彼が露清密約締結から義和団事件に至る時期の中国政府の親露外交を厳しく批判したこととなる。

第二は、彼が講和会議への参加国は、両交戦国とイギリス、フランス、ドイツ、アメリカなどの列国ならびに中国となるか、両交戦国と中国の三国となるか、或いは両交戦国のみになるかについて、まだはっきりとした見通しを示していなかったことである。胡惟徳がここで強調していたのは、この戦争は中国の東三省に「関渉」することが原因となって起こったのであるから、講和会議に中国が参加するのは当然である、ということと、東三省問題で中国が交戦国と交渉する際には、第三国を関与させるか、極秘のうちに第三国に打診するなどの方法をとることが、中国が相手国を牽制しつつ交渉を有利にすすめる上で有効である、ということであった。彼がこの上奏文の中段で示した中国にとっての二国間直接交渉の利点と弊害についての説明は、自らの体験を踏まえたものであるだけに、極めて説得力があるように思われる。

第三は講和会議もしくは交戦各国と中国との各々の二国間交渉において、中国が留意すべき事項や許容できる限界について独自の見解を示していることである。上奏文の中段にある「日本にして勝つれば、則ち日本の索する所の利益、俄、固り未だ忍受に甘んぜざるも、我に在りては、亦必ず彼の索する所と我の受くる所、果たして俄に受くる害よりいささか強きや否かを細察し、如し俄の害に較べて軽ければ、自ずから妥商辦理する可し。倘（もし）俄の害に較べて重きを為せば、仍（なおも）當（まさに）全力をもって争持するべし」という文章がその具体例の一つである。ポーツマス条約締結後に北京で行われた東三省のロシア利権継承をめぐる日中両国間の外交交渉で、中国代表は日本がロシアに承認させた東三省の旧ロシア利権（旅順・大連の租借権や長春以南の東清鉄道南支線経営権など）の期限の延長に絶対に応じない姿勢を貫き通したが[14]、これは中国政府がここに引用した胡惟徳の提言を東三省の戦後処理問題への対応策の一つとして積極的に採用していたことを示している。

第四は中国政府が戦争終結時の和議への対応策を検討する際に、問題の重要性と複雑さ、中国の取り得る対応策の多様性などを深く認識して、早くから予想される事態に見合った適切・周到な準備を行うよう提言していたことである。胡惟徳は、中国が戦後の日露両国や列国との外交交渉で各国の利害が絡んだ複雑な東三省問題を自国に有利に解決するには、それまでの中国外交の政策決定過程を思い切って刷新することと、欧米人の真に有能な国際法学者を外務部の顧問に招聘してその専門的知識を十分に活用することが不可欠であると力説していた。これは、ロシア駐在公使として中国外交の第一線に立たされてきたが故に、中国外交失敗の歴史をより深く批判的に学ぶことを余儀なくされていた胡惟徳にして初めてなし得た提言であったといえよう。[15]

むすび

遼陽開戦後、日露両国陸軍の主力は、一九〇四年一〇月四日から一四日にかけて、奉天（瀋陽）東南の沙河流域で激突した。沙河会戦である。この会戦ではヨーロッパからの増援軍を新たに加えたロシア軍が兵力で日本軍を上回っていたが、ロシア軍は日本軍と激闘を続けた後に沙河の北岸に撤退、日本軍も兵力と砲弾の不足により追撃を断念して戦闘を停止した。胡惟徳はこの会戦直前の光緒三〇年八月二三日（一九〇四年一〇月二日）に外務部に長文の密電[16]を送付し、ますます激烈となろうとしている東三省における日露両軍の戦闘が中国に東三省全土の喪失という重大な事態を引き起こすと力説して、中国政府首脳に対しあらたな提言を行った。以下、その全文を書き下し文にして紹介する。

戦局、我（中国）の根本重地（東省すなわち満州の中心地奉天に近い沙河を指す）に在り。若し速やかに決さざれば、転瞬（瞬く間）に厳冬とならん。（されば）開春（初春）を俟（まち）て再び戦い、結束（終結）の期無し。若し（我）終（つい）に一言も無かりせば、恐らく戦時、（東省に）主人無しと目されん。（これを）久しくすれば、（両国）、更に其の所以（ゆえん）を忘れ、互いに兵力の得る所と認めて窮肆（ほしいままに）要挾（強要）せん。何ぞ（華人の）生命財産、禍を被るも一筆により勾銷さるる（不問とされる）を論ぜんや。列国、私（ひそか）に我の中立に服するに泄（もれ）有るを論じ、亦我の（東省の）主権につきて一つの声明をも出さざるを訝る。愚昧の見（私の愚かな見解）、我（中国）亟かに宜しく戦国（交戦国）に行牘（公文を送付）し、略（あらまし）〝東省は是（これ）我の土地なり。我、戦争には絶えて相関らざるに、独り其の禍を承けたり。安（いずくんぞ）此の隠忍を長くすること能わんや。時、愈（いよいよ）八月（を過ぎんとするに）、局を結ぶは尚遙かなり。（戦い）愈（いよいよ）久しければ、則ち中国の禍を被ること愈（いよいよ）深く、即ち戦国の担当（負担）も愈（いよいよ）重からん。応に請う可し、停兵（停戦）、或いは純避（中国領での交戦を完全に避けること）、或いは何法かを論ずる無く、総じて再び我が国を以て戦場と為す勿かれと。（我）、以て上天（天帝）の生を好む心を体し、以て鄰交輯睦（隣国として親しく交際し睦まじくする）の誼を全うすべし、等の語を謂うべき〟となす。詞、極めて和平にして、理も極めて正大なり。中立の例に背くに非ざれば、決して開罪（憎まれる）の虞（おそれ）無し。牘稿（公文の原稿）は宜しく列国に告げ、并せて調停を請うべし。現（いま）、列国、務めて調停せんと欲するも、着手し難きに苦しめば、或いは此に憑りて言を執らん。戦国、務めて兵を罷めんと欲するも、若し藉口し難ければ、或いは此に借りて局を収めるを冀わん。我（私）、断じて近效無きを明知せり。然れども一再（重ねて）声明して三四に至るべし。先に行牘を以てし、継ぐに専使（特使）を以てす。更に継ぐに催詢（催促と問い合わせ）を以てし、百計（あらゆる手段を駆使して）理を争い、宗旨を離れず、毎次必ず（戦国に求めたことを）列国に宣告すれば、全球、屡（しばしば）聞き、公理、益（ますます）顕（あき）らかとならん。戦国と列国、咸（みな）東省に自ら地主（主権の所持者）あるを記得（記憶）すれば、他日（我が）和議に預聞して土地を修復せんとするも、亦更に名正言順（名義は正しく、主張も妥当）とならん。否ならば、則ち喙を置かんと欲するも能わず、東省、此より我に非ざる矣。彼（ロシア）縦（たとえ）此の心無しといえども、事勢、毎（しばしば）時に随いて変易すれば、防がざる可らず。

現在、商らん（協議しょう）とすれども商るべき無く、（東省での戦闘を）阻まんとすれども阻む可きなし。唯（ただ）此の挙のみ和平の近理なり。之を公法（国際法）に揆れば、極めて正辦（正当な処置）たり。惟徳、邇来（近来）、各国の議論を黙して察せり。又屡（しばしば）各使（各国の駐露大使や公使）とも閑談せり。口気（口調や話しぶり）の流露を黒日に思索して此の辦法（方法）を得る。時機、緊縛すれば、勉めて愚慮を竭（つく）して此の一息の主権を争うを冀えり。如し鈞裁（ご裁断）然りと謂えば、速やかに代奏して施行されんことを請う。復（返電）を乞う。

胡惟徳が沙河会戦の直前に外務部首脳に対して送付していた密電の内容は、一面で「局外中立」政策を厳守しつつ、一面で「痛自更新」政策を推し進め、一面で講和に備えて「未雨綢繆の計」を進める、という彼のそれまでの主張を一歩踏み越えたものとなっていた。ここでは胡惟徳は、日露間の戦争に対して「局外中立」を宣言した中国政府が、一方で東三省は自国の領土であると主張しながら、他方でそこをその「局外中立」政策の対象外として日露両国軍の戦場となることを容認してきたことによる問題を正面から受けとめ、それに対応する道を懸命に模索していた。交戦国間の戦闘がますます激烈となってこのまま戦火が東三省全土に拡大していけば、東三省の無数の「華民」の生命と財産がこの戦争によって失われるのみでなく、東三省における中国の主権がいよいよ実体のないものとなり、その帰属自体が両交戦国の軍事力によって決定されるようになっていく、このような事態が既成事実として列国に受け入れられると、それまでかろうじて維持されていた東アジアにおける列強間の勢力均衡は崩れ、それを回復することを名目とした列強によるあらたな中国分割の動きが再現する、それ故、中国はこの戦争で東三省を喪失することがないように急いで手をうたなければならない、今中国が戦場とされている東三省の惨状を放置せず、そこを戦禍から一日も早く免れさせようとするには、中国は東三省があくまでも中国領であることを「全球」に強く印象づけなければならないが、それには中国が両交戦国に何度でも書簡を送り、また繰り返し両国に「専使」（特使）を派遣して執拗に停戦を要求させ、列国にもこの戦争を直ちに終結させるための調停に取り組むよう要請することが必要になる、このようにしても日露両国が停戦と和議に応じない場合には、中国はそれぞれの政府にその軍隊を東三省から自国の領土もしくは属領に撤退させるように要求するべきである、また中国は停戦を要求して交戦国に送付した書簡や電文の原文の複本をすべて列国にも送付して自国の主張と立場をひろく各国にアピールしつづければ、中国が東三省の「地主」であることは「全球」の知るところとなり、戦後に開かれる講和会議に中国が参加して東三省の主権の回収を要求することに対しても異議を唱える国はなくなる、以上が胡惟徳のあらたな提言の骨子であった。日露戦争の決定的ともいえる重大な局面において、胡惟徳は、このように中国が引き続き「局外中立」の立場を厳守しつつ、戦争の早期終結を目指して、国際法の許容する枠内で、そのなし得る限りの平和的な措置を取るよう、中国政府首脳に提言していたのである。胡惟徳は、ペテルブルクで列国の大使・公使から入手した情報や彼がロシア外相ラムズドルフ(Lamzdorf, V. N. von) の発言から察知したロシアの政治、経済、財政、軍事、国民感情などについての状況認識より、ロシアが和平提案に応じる可能性は遼陽開戦前夜よりいっそう大きくなっていると判断し、それによって自説をより説得力のあるものとしていた。胡惟徳がこの密電で中国政府に提起したあらたな提言は、彼が遼陽開戦前夜に清廷への上奏文中で行っていた理性的な提言と比べると、悲壮感と焦燥感にあふれており、東三省の喪失を深く憂慮するものとなっていた。[17] こうした胡惟徳の主張のトーンがその後の戦局の推移に応じていかに変化していくかについても検討することが必要となるが、これについては引き続き次章において行うこととしたい。

註

(1) 光緒二九年一一月初四日「直督袁世凱致外部日俄将決裂聞日艦已往旅順電」、光緒二九年一一月初九日「直督袁世凱致外部日俄開仗我応守局外祈核示電」(いずれも『清季外交史料』巻一七九、所収)。

(2) 川島真「日露戦争と中国の中立」(軍事史学会編『日露戦争(一)国際的文脈』錦正社、二〇〇四年、所収)、同「日露戦争と中国外交」(『東アジア近代史学会主催日露戦争百周年シンポジウム報告要旨』二〇〇五年九月、所収)。

(3) 川島真「『日露戦争と中国』をめぐる議論の変容」(日露戦争研究会編『日露戦争研究の新視点』成文社、二〇〇五年、所収)。

(4) 『近代史資料』三七号(一九七八年第二期)には光緒二八年と同二九年の「往来電報」が、同九二号(一九九七年九月刊)には光緒三〇年と同三一年の「往来電文」が、また同九五号(一九九八年一〇月刊)には光緒二八年と同二九、三〇年の「函稿」が、それぞれ多数収録されている。

(5) 『近代史資料』九五号、四九~五〇頁、「致外務部」甲辰七月初一日。

(6) 植田捷雄『東洋外交史』上、東京大学出版会、一九六九年、二八二頁。

(7) 『近代史資料』九二号、一一七~一一八頁、聯銜電奏、「電外務部」甲辰二月初六日。

(8) 『近代史資料』九五号、四六~四七頁、「致外務部」甲辰五月初一日。

(9) ここでいう「抜本的な国制改革」が義和団事件後の清朝の「新政」の枠組みを乗り越えることを意図したものであることは、連名の電奏の末尾に「廟謨より独断して要政を頒示し、該督等(「新政」の大綱を提示した張之洞ら)の議する所の外に出づれば、尤も以て人心を激励し、国本を植立するに足る」と記されていることや、胡惟徳がこの電奏とともに単独で立憲政体導入の必要性を説く「片奏」(正奏とともに提出する付帯的奏文)を送付していた事実より立証できる。この点については別稿で論じたい。

(10) 「東省中俄合辦鉄路公司合同章程」と「中俄銀行合同」の二条約をいう。

(11) 「中俄訂立旅大租地条約」と「東省鉄路公司続訂合同」の二条約をいう。

(12)　義和団事件が東三省にも拡大すると、一九〇〇年七月、ロシアは大軍を急派して東三省全土を占領した。同年一一月、ロシアが奉天将軍増祺に「奉天暫且章程」の締結を強要して東三省をロシアの属領に変える道を開くと、中国の朝野はこれに激しく反発した。イギリス、アメリカ、日本などの列強もこれに強い不満を表明したため、中国政府もこの章程を批准せず、駐露公使楊儒を全権大臣に任命して「満州還付問題」についての交渉をペテルブルクで行わせた。楊儒は一九〇一年一月からロシアの全権ウイッテ、ラムズドルフらを相手に東三省の確保をめざして交渉を開始した。ロシア全権は中国の主権を侵害する条約案を提示、交渉打ち切りの期限をも示して楊儒に調印を強く迫ったが、楊儒はこれに屈服せず、同年三月には敢えて本国政府の訓令を仰いで条約案への調印を拒否した。胡惟徳はこの時、楊儒の下で「参賛」の任にあった。

(13)　一九〇二年に北京で締結された「中俄交収東三省及交還関外鉄路条約」をいう。

(14)　古屋哲夫『日露戦争』中央公論社、一九六七年、二一八～二一九頁、王鉄軍「一九〇五年日清北京会議について」(『東アジア近代史』第四号、二〇〇一年三月)。

(15)　この上奏文に対して皇帝と皇太后は光緒三〇年九月一七日（一九〇四年一〇月二五日）に「外務部をして査覈、辦理せしめよ」という「批語」を下して胡惟徳の提言の当否を検討するように命じていた（『清光緒朝中日交渉史料』巻六八所収の胡惟徳上奏文）。

(16)　『近代史資料』九二号、一二四～一二五頁、「電外務部」、甲辰八月二三日。

(17)　この胡惟徳の提言は外務部により部分的に実行された。光緒三〇年九月一日（一九〇四年一〇月九日）から九月七日（一九〇四年一〇月一五日）にかけて、中国の駐独公使蔭昌と駐米公使梁誠、駐仏公使孫宝琦、駐英公使張徳彝は、それぞれ外務部の要請を受けて任国の外相に、戦争終結のために調停を行う意志が有るか否かを秘密裏に打診した。しかし、欧米の四大国の外相はいずれも調停は時期尚早であると見て当面それに取り組む意志がないと返答したため、外務部も胡惟徳の提言を受け入れて直ちに和平工作に着手することはしていなかった（『清光緒朝中日交渉史料』巻八〇、史料番号、六四九九、六五一一、六五一二、六五一九、同巻八七、史料番号、七六三二）。

第七章　日露戦争後半期における ロシア駐在中国公使胡惟徳の和平構想

はじめに

筆者はすでに第六章において、日露戦争中の中国のロシア駐在公使（「出使俄国大臣」）胡惟徳が、当時の中国の清朝政府（以下、中国政府と表記）に対し、いかなる対応策を取るよう提言していたかを検討した[1]。そこで筆者が解明することのできた当時の中国政府に対する胡惟徳の提言は、中国政府が日露戦争に際して、一面では「局外中立政策」を厳守して中国が戦争にまきこまれることを防止しつつ、一面で立憲制の導入を軸とした抜本的な国制改革（「痛自更新」）を断行して国力を飛躍的に強化し、さらに一面では戦争の終結と講和会議開催に向けて早くから東三省の善後策（「預籌和議」、「預籌東三省」の「陰雨桑土、未雨綢繆の謀」）を周到に構築しておく、ということであった[2]。彼はこれを「万全の策」「持久の計」と自賛してそれらの政策を中国政府が積極的に推進するよう要求していたが、中国政府首脳の反応は鈍く、和議に向けた事前準備にもほとんど取り組もうとはしていなかった。その間に東三省で行われていた日本とロシアの戦争は日を追って激烈となり、戦火は東三省の中央部にまで拡大していった。胡惟徳はこのような状況を正面から受け止めて、一九〇四年の秋以降、それまでの主張のトーンを大きく変化させていった。沙河会戦直前の一九〇四年一〇月二日に彼が外務部に発した密電は、彼の認識と彼の提唱する中国の取るべき対応策がすでに大きく変っていたことを示していた。胡惟徳はこの密電で、交戦国間の戦闘がますます激烈となってこのまま戦火が東三省全土に拡大していけば、東三省の無数の「華民」の生命と財産が奪われるだけでなく、東三省における中国の主権がいよいよ実体のないものとなり、東三省の帰属自体も両交戦国の軍事力によって決定されるようになっていく、このようなことが既成事実として列国に受け容れられると、これまでかろうじて維持されていた東アジアにおける列強間の勢力均衡は崩れ、それを回復することを名目とした列強による新たな中国分割の動きが再現する、それ故中国はこの戦争で東三省を喪失しないように急いで手をうたなければならない、今中国が戦場とされている東三省の惨状を放置せず、そこを戦火から早く逃れさせようとするには、中国は東三省があくまでも中国領であることを「全球」(世界全体)に強く印象づけなければならないが、それには中国が両交戦国に何度でも書簡を送り、また何度でも両国に「専使」(特使)を派遣してねばり強く停戦を要求させ、列国にもこの戦争を終結させるために直ちに調停に取り組むよう執拗に要請することが不可欠となる、このようにしても両交戦国が依然として和議に応じない場合には、中国はそれぞれの政府にその軍隊を東三省から撤退させるよう断固とした態度で迫るべきである、また中国はこれまで停戦を要求して両交戦国に送付した書簡や電報の複本をすべて列国に送付して自国の主張と立場を各国に強くアピールするべきである、中国がこのような対応策を取り続ければ、中国が東三省の「地主」(主権保有国)であることが「全球」の知るところとなり、戦後に開かれる講和会議に中国が出席して東三省の主権とロシアに奪われている利権を回収しようとすることに対しても、それに異議を唱える国はなくなる、と力説・強調ていた[3]。本章では、こうした胡惟徳の主張がその後の戦局の推移に応じて、いかに変化していったかを考察・解明する。具体的には、旅順陥落直後に胡惟徳が提起していた和平論を取り上げ、それをめぐって中国政府の首脳間でいかなる議論がたたかわされていたかを明らかにする。[4] 本章においても、近年になって初めて利用可能となった日露戦争期の胡惟徳の電報・電文を主要史料として使用することを、あらかじめおことわりしておきたい。

一　旅順ロシア軍降伏直後の胡惟徳の外務部宛密電と南北洋両大臣宛密電

一九〇五年一月一日、水師営南方の日本軍の前線にロシア軍の降伏軍使が訪れ、ロシアの関東州集団司令官ステッセル（Stössel, A.M.）中将の旅順開城に関する書簡を日本側に手交した。翌一月二日には、日露両国の全権委員が旅順開城規約に調印し、旅順における日露両軍の戦闘は終結した。これによりロシアは東三省支配のシンボルともいうべき旅順を完全に失うこととなる。ペテルブルクでこの情報を入手した胡惟徳は、これを機に各国による調停の動き[5]が強まると見て、直ちに行動を起こした。中国政府がこの機をとらえて講和の調停に乗り出すよう要求する秘密の電報を本国の要人に発信していたのである。この時胡惟徳がペテルブルクから密電を送付していた中国の要人とは、慶親王奕劻を中心とした外務部首脳と天津駐在の直隷総督・北洋大臣の袁世凱、南京駐在の両江総督・南洋大臣の周馥などであった。以下、胡惟徳の外務部宛の密電と袁世凱・周馥宛の密電の内容を紹介し、胡惟徳が外務部の首脳や南北洋大臣にいかなる提言を行っていたかを確認する。

胡惟徳が北京の外務部に密電を発信したのは、乃木希典大将がステッセル中将と水師営で会見した日と同日の、一九〇五年一月五日のことであった。次にその密電の全文を書き下し文にして提示しておこう。

旅順、勢窮し力竭く。降款（開城規約）十一条、二十七（光緒三〇年一一月二七日、一九〇五年一月二日）訂定し、二十八（一一月二八日、一月三日）施行せり。是、戦局の絶大の関鍵（キーポイント・奥底に達する要所）なり。俄

（ロシア）、勢、騎虎を成す（引くに引かれない立場に陥る）と雖も、（また）各国未だ（調停に）出場せざると雖も、然かれども各国の私論と俄国（ロシア）の内情を参度すれば、（まさに）此に乗じて着手すべく、機、失する可からず。倘（もし）日（日本）より端を発し、早（つとに）厭兵の意（戦争終結への希望）を示すこと能うれば、（日本とロシアが）不解之仇を結ぶ（和解できない仇敵となる）を免れん。否ならば（我）著（あらわ）れて又声する（和を勧める発言をする）も、国体（国家の体面）を損なうこと無く、其の勢、尚順とならん。如し（和議を）密籌する可くして我（中国）より（両国に）（和睦を）敦勧（実直に勧告）するとなれば、大局に幸甚ならん。再（なお）、戦事は東亜の全局に関わる。（東三省）善後の事、宜しく先に日（日本）に向かいて凱切（適切）に密商すべし。（その際に中国が）併力共済之誠を表し同種同州之義を申すは、亦是（これ）正理なり。唯（ただし）外交中立之例に按じて（照らして）、兼商は宜しく明にし、偏商は宜しく密にするべし。或いは密函（を用い）、或いは密使（を遣わす）。密使は尤も宜しく借題を善み（たくみ）にして俄（ロシア）をして覚えしめざるべし。日人、勢の必ず至る所を要（求め）ん。若し（日人）我（中国）が啓口（発言する）に与（あずか）りて適（往）きて其の要索之謀を遂げしめよと謂はば、窃かに事後の磋磨（交渉）、亦未だ必ずしも我の意の如く遂げざるを恐る。先に誠を以て感じしむれば、或いは誠を以て応えんことを冀（こいねが）うべき也。戦局、大（おおかた）定まれば、善後尤も摻縦（さし出口）し難し。（されば）、安危は此の一息を争う。愚慮の及ぶ所、統べて藎裁酌奪（貴外務部が決断して取捨選択）し（皇帝に）代奏するを乞う。再（追伸）、参賛銭恂、曾て私議有り。九月の間、参賛呉錡、稿を抄して寄呈（献呈）せり。其の中にも、亦採択す可き者有らん。已に鑒及（お目通し）せしや否や。徳（胡惟徳）。三十日（一月五日　中暦光緒三〇年一一月三〇日）[6]。

胡惟徳はこの密電の冒頭で、旅順ロシア軍の降伏を「戦局の絶大なる関鍵（要所）」、「戦争の最大の山場」と強調していた。彼はこの旅順陥落を、それまでの両国軍の軍事的均衡がうち破られて日本軍の優位へと変わる戦局の決定的な転換点と見なし、これによって戦争終結への見通しが初めてつくようになったと主張していた。胡惟徳はこのような認識を彼自身が独自に収集した「各国の私論」と「ロシアの内情」に関する情報と関連づけて、「戦争の終結は遠くない」と判断し、「今なら中国政府も戦争を調停して自国に有利な講和を実現させることができる」とする結論を導き出していた。胡惟徳はこうした情勢認識と戦争終結への展望を踏まえて、中国政府が講和交渉に積極的に関与して東三省における自国の主権と権益を擁護するよう要請していた。胡は、中国政府が日本とロシアの二国間交渉に巧妙に関与して東三省の主権の確保とロシア利権の回収に成功するための狡猾な私案をも、大胆に提示していたのである。(7) この胡惟徳の提言の内容を正しく把握するために、彼がこの密電中で使用していた難解な用語と人名について若干の解説を行っておこう。

「併力共済の誠」と「同種同州の義」とは、日露戦争前夜に日本の政界や軍の有力者によって唱えられていた日中提携論の基本的な理念をさす。これは黄色人種でアジアの国家である日本と中国が、欧米列強の圧力に対抗するために、互いに誠心誠意協力し、互いに力を合わせて助け合うべきであるという主張の核心とされていたものである。日中提携論は、日露戦争前夜に、日本の中国進出を警戒した中国がロシアと連合しようとするのを阻む意図より、日本の要人が中国の有力者に対して提唱していたものである。胡惟徳は、中国政府がロシアと日本との講和交渉に関与するための大義名分としてこれを逆用していた。「兼商」と「偏商」とは筆者もはじめて見る難解な用語である。筆者は前後の文脈より、「兼商」とは中国が調停を行おうとする際に、交戦国ロシアと日本の双方と行う交渉を意味し、「偏商」とは中国が交戦国のいずれか一方とのみ行う交渉をさすと理解した。胡惟徳は、中国が「兼商」と「偏商」とを同時に行うことを前提として、日本とロシア両国間の講和の調停を行うことを提起していたのであり、「偏商」

の相手国としては日本を想定していた。「密函」とは秘密の書簡、「密使」とは講和の調停のために極秘で派遣する使節をいう。いずれも中国が和議を調停しようとして日本との「偏商」を行う際に不可欠となるものである。「借題」とは、中国が日本に「密使」を派遣する際に、ロシアに警戒されるのを回避するために、使節に対し講和の下交渉とは全く別の名目上の任務を与えることをいう。胡惟徳は、中国の要人が日本の陸海軍や学校教育制度、司法制度の視察等に名を借りて訪日し、実際には日本とロシアとの講和条約に盛り込む東三省の善後措置について日本政府の要人と秘密に交渉することが必要である、と見ていたと思われる。「代奏」とは、通常、中国の歴代王朝で上奏権のない低位の官僚が上奏権をもつ高位の官僚に上奏を依頼することをいうが、ここで使用されている「代奏」は、それとは異なって公使の上奏を一部代行するという意味をもつ。「二等欽差大臣」として海外諸国に駐在していた中国の公使は、本来、上奏権を有していた。しかし、一九世紀の八〇年代以降、中国の政治体制において電報が情報伝達手段として広く使用されるようになると、漢字をモールス信号に変換する必要などもあって、中国の公使が海外から発信する電報による情報は、すべて総理衙門（一九〇一年に外務部に改組される）を経て上奏されることとなった。これより、総理衙門や外務部が海外諸国駐在の中国公使から受理する電報による情報を皇帝に取り次ぐことをも、「代奏」と言うようになった。[8] 総理衙門や外務部は海外から公使が発信した電報をそのまま「代奏」することはせず、それらを取捨選択して重要と見なしたものや重要と見なした部分のみを「代奏」していたので、「代奏」の定着は清朝の最末期における総理衙門や外務部の地位の強化を誘発する一因となる。胡惟徳の外務部宛密電には、彼が「代奏を乞う」と記していたにもかかわらず外務部の判断で「代奏」されなかったものも確実にあった。[9]「参賛」とは公使に従って各国の中国公使館で勤務する書記官をいう。末尾に見える銭恂と呉錡はいずれも胡惟徳の配下にあった書記官である。両名のうち銭恂は胡惟徳にとって特に重要な人物であったので、やや詳しく解説しておこう。

銭恂は一八五三年に浙江省の呉興県に生まれた。伝統的な学問と西学の双方に通じ、一八八四年、薛福成が寧紹台道の任に在った時に、その門人となった。当時薛福成の門下には寧波洋務局の委員に起用されていた李圭（『環游地球新録』の著者）や『光緒通商表』の最初の編者楊楷、前章と本章で考察・検討している浙江省湖州府出身の胡惟徳などがおり、銭恂はこれらの人物と中国の直面する対外問題への対応策を議論するなかで後に外交官として活動するのに不可欠な専門的知識や教養を身につけていった。一八九〇年に薛福成が駐英・法（フランス）・意（イタリア）・比（ベルギー）四国公使となると、銭恂は薛の「随員」に起用されて渡欧した。一八九一年、許景澄が駐徳（ドイツ）・奥（オーストリア）・荷（オランダ）・俄（ロシア）四国公使に任ぜられると、銭恂は許の「参賛」に転じてベルリンとペテルブルクに駐在、一八九三年にロシアへの強い危機感を抱いて帰国した。一八九四年、駐英・法・意・比四国公使龔照瑗の「参賛」として再度渡欧したが日清戦争直後の一八九五年八月に湖広総督張之洞の強い要請に従って帰国、張が推進していた「自強新政」のブレーンの一人となった。銭恂が張之洞の軍隊の「洋操提調」に起用されドイツ式の「自強新軍」の建設に尽力したのはこの時期のことである。一八九七年末に、日本陸軍の参謀次長川上操六の命を受けた陸軍大佐神尾光臣らが張之洞を訪問して「日清英提携論」を説くと、銭恂はこれに共鳴、翌一八九八年には弟の銭幼棱を神尾光臣に託して日本に留学させる。一九〇〇年、銭恂は湖北省留学生の監督に任ぜられ、同省留学生を引率して訪日した。彼は東京に居を構えると、まもなく妻単士厘と二人の子供を東京に呼び寄せて近代化の進む日本での生活を体験させる。その間、彼は日本の軍と政界の要人と接触し、彼らとの交流を深めた。一九〇三年にはかつて自分とともに薛福成の薫陶を受けたロシア駐在公使胡惟徳に要請されてウラジオストクからシベリア経由でペテルブルクに赴き、同地の中国公使館の「参賛」に就任する。彼は自分よりも一〇も年下の胡惟徳のもとで「参賛」として勤務することとなったのである。(10) 胡惟徳の密電に見える銭恂の「私議」とは、このような彼の経歴と行動より、彼が信奉していた「日清英提携論」に立つ和平構想を提起したものであったと推測することができるが、そのいかなる点がこの胡惟徳の外務部宛の密電に取り入れられていたかは確認できない。

以上、胡惟徳が旅順陥落直後に戦争の局面をいかに受け止め、その後の戦局がいかに展開すると見通して、外務部の首脳に対し、いかなる提言を行っていたかを考察した。胡惟徳はこの時、直隷総督・北洋大臣の袁世凱と両江総督・南洋大臣の周馥にも密電を送っていたので、次に両名宛の密電を検討することにする。

胡惟徳が袁世凱と周馥に密電を発信したのは、一九〇五年一月六日であった。胡惟徳は袁世凱と周馥に対しては外務部より一日遅れて発信していたのである。以下、その全文を書き下し文にして示しておこう。

旅順約降（旅順開城規約調印）、是、（戦局の）絶大なる関鍵なり。戦局、愈（いよいよ）延びれば、我（中国）の禍を受けること、愈（いよいよ）深し。俄（ロシア）更に階を下り難くなり（引くに引きにくくなり）、（また）各国仍然（依然として）袖手（傍観）すると雖も、然かれども（ロシアの）内情を黙して揣（おしはか）り、旁（かたわら）に衆論を捜せば、（戦争の）結束（終結）、或いは亦遠からざらん。公（貴殿）、全局を統籌せり。善後（東三省の善後）の碩画（ご計画）、幸（ねがわく）は指教を賜れんことを。徳（胡惟徳）。東（一月六日　中暦一二月一日）[11]。

旅順陥落を戦局の重大な転機と見なすことと、戦争の終結がもはや「遠くない」ととらえることは、外務部宛の密電と同一である。しかし、袁世凱と周馥に送った密電には、胡惟徳が外務部に送った密電とは異なる点が一つあった。それは、胡惟徳がここでは、戦後に中国が東三省の主権を確保しその権益を回収することができるようにするための措置について提言することをせず、逆に相手にそれについての対策や計画、構想を示すように求めていたことである。これは、東三省の善後策を見定めてそれが実現できるように中国政府が講和交渉に巧妙に関与することを提言していた彼の外務部宛の密電とは、大きく相違していた。こうした胡惟徳の密電を受け取った外務部の首脳と袁世凱ならびに周馥が、それぞれいかなる返電を胡惟徳に送っていたかを、節を改めて検討することとしよう。

二　袁世凱、周馥と外務部首脳の返電

外務部首脳と袁世凱、周馥のうち最初に胡惟徳に返電を発信したのは袁世凱であった。彼は一九〇五年一月七日に次のような密電を胡惟徳に発している。

東電（西暦一月六日発信の貴電）悉る（拝承しました）。戦事久しく延びれば、我（中国）の虧（損害）更に巨とならん。（されば）（その）早結（早期の終結）を極めて盼（待ち望）めり。但し必ず両国（ロシアと日本）均しく厭戦の意を有するを須（ま）ちて、各国、方（はじめて）排解（調停）する可し。俄廷（ロシアの宮廷）、究（つまるところ）、戦いを厭うや否や、随時探りて示されんことを祈る。凱。冬（一月七日　中暦一二月二日）[12]。

袁世凱は、胡惟徳が密電で示した旅順ロシア軍の降伏は「戦局の絶大な関鍵」という認識と「戦争の終結は遠くない」とする見解のいずれにも、賛同していなかった。袁世凱は、自分も戦争の早期終結を切望しているが、実際にこの戦争が終結するには、両交戦国がそれを強く望むようになることが不可欠で、そうなれば各国も講和の調停に積極的に取り組んで戦争の終結に尽力するようになる、戦争の終結は遠くないとの貴殿の見解は、（失礼ながら近辺の人物から得た不確かな情報を根拠としたもののように思われるので、）自分には賛成できない、ロシア駐在公使である貴殿は、今後ロシアの（国政の実権を握っているペテルブルクの）宮廷が本当にこの戦争の終結を望むようになっているかを探って私に知らせて欲しいと応えていた。これは、袁世凱が、旅順陥落に「戦争のヤマ」を見て秘かに講和の調停に乗り出していたアメリカ・ドイツ・フランスなどの動き[13]にほとんど注意していなかったことを示している。彼は東三省の

善後策についての貴殿のご計画を御教示いただきたい、という胡惟徳の要請に対しても、全く応答していなかった。これに関しては、袁世凱が当時まだ東三省の善後策についての構想をほとんど固めていなかったためであるというよりも、彼がまだ胡惟徳を信頼できる人物とは見ていなかったためであったと思われる。旅順陥落という事態についての受け止め方や戦争終結時期についての見方で一致できない相手に、講和交渉において重大な問題となることが確実な東三省の善後策についての私見などどうして示すことができようかと袁世凱は考えて、胡惟徳の要請を黙殺していたものと筆者は考えている。

胡惟徳から密電を送られた中国の要人のなかで袁世凱の次に返電を発したのは、両江総督・南洋大臣の周馥であった。彼は李鴻章の腹心として日清戦争前には盛宣懐や袁世凱よりもはるかに重要な任務を背負わされていた人物である。李鴻章の没後には直隷総督・北洋大臣を短期間ながら代行して淮系政治家集団の長老的存在となり、この戦争に際しては、山東巡撫として華北の要衝の防備強化に取り組んだ後に両江総督・南洋大臣に起用されていた(14)。周馥がこの戦争の途中で両江総督・南洋大臣に抜擢されたのは、彼が袁世凱と同じ淮系集団出身で袁との関係も良好であることが一因となっていたと思われる。北京の宮廷は、ロシアと日本両国間の戦争や講和交渉に対処するには南北洋両大臣の一致した支持が必要であると認めて、周馥を両江総督・南洋大臣に任じていたのである。周馥は一九〇五年一月八日、胡惟徳に次のような返電を送っていた。

東電（一月六日発信の貴電）、仰ぎ佩せり（心にとどむ）。弟（小生）、早（つとに）重臣を簡（選）び各国と聯りて和を議するを（皇帝に）請わんとせり。各国観望するに因り、未だ発現せず。弟、仍（なおも）此の議を持すれば、已に袁（袁世凱）、張（張之洞）両帥（両総督）に密電して酌籌せんとせり。公（貴殿）、俄意（ロシアの意向）を密探し、併せて辦法（和議実現のための方法と手順）を擬して見示されんことを望む。馥。江（一月八日　中暦十二月三日)。[15]

この返電において周馥は、旅順陥落が戦局の重大な転機となるとする胡惟徳の状況認識についても、また戦争の終結が遠いものではなくなったとする胡惟徳の見通しについても、全く言及していなかった。しかし、周馥は中国政府がただちに和議に取り組むべきだという胡惟徳の提言の核心部分を極めて積極的に受け止めていた。彼は胡惟徳への返電において、自分はこの戦争の早い時期から、中国は各国に重臣を特派し、各国と連合して和議にとりくむべきであると主張してきた、[16]この考えは今も変えていない、だから、貴殿の密電を見て、ただちに、袁世凱と張之洞に密電を発し、両名が和議実現のために協力するよう要請した、貴殿は引き続きロシア(政府)の意向をひそかに探るとともに、和議実現のための方法を考案して提示して欲しい、と胡惟徳に応えていたのである。ここで周馥が胡惟徳に告げていたことのうち筆者が特に注目するのは次の事実である。それは、周馥が当時の中国の政界で特別に大きな影響力を有していた袁・張の両総督[17]と連名で、中国政府が戦争終結のために積極的に取り組むことを要請する上奏文を皇帝に提出しようとしていた、ということであった。

では周馥より「勧和を請う」上奏文の共同提出者となることを要請された直隷総督袁世凱と湖広総督張之洞は、この時周馥にいかに応答していたのであろうか。袁世凱の返電は遺憾ながら確認することはできないが、幸いなことに張之洞が一九〇五年一月一〇日に周馥と袁世凱の両名に発していた電報が『張文襄公全集』巻二六〇、電牘九一に収録されているので、次にその全文を引用して検討することとしよう。

寧江電(南京より発せられた貴電)悉(し)る(拝承しました)。具(つぶさ)に大局に関心せる盛意を仰げり。惟(ただし)管見、別に一種の看法(見方)を是(正しい)となせり。日(日本)、(すでに)旅順を拠(よりどころ)となせば、俄艦(ロシア艦隊、バルト海より東航中のロシア第二太平洋艦隊と第三太平洋艦隊)、必ず折回(途中でバルト海の母港に向かってUターン）せん。来るとするも、亦必ず（日本艦隊に）敗れん。此の時、日本、勢張り気鋭なれば、豈和を議するを肯んぜんや。必ず再（さらに）大戦数場の後、鉄路（東三省を縦断するロシアの東清鉄道南支線、旅順・大連とハルビン間の鉄道）を扼し、海参崴（ウラジオストク）を制し、以て兵費（戦費）の巨款を要挾す可きを俟（ま）ちて、方（はじめて）和を肯んずる耳。俄兵（ロシア軍、東三省に集結しているロシア軍）、固り多し。然れば再（さらに）相持すること半年、俄（ロシア）仍（なおも）兵を徴し餉（軍の兵糧）を運びて已まざれば、必ず内乱有らん。（されば）（ロシア）豈久しく日本と相持すること能わん哉。俄人（ロシア人）の約（条約、一九〇二年四月に中国と締結していた満州還付条約）に違えて地（東三省）を占め、陵寝（奉天近郊にある清朝の始祖ヌルハチと第二代皇帝ホンタイジなどの陵墓）を震驚し、華民に荼毒（害毒を流）すること、神人共に憤る。若し日本の攻戦（攻勢）日に利にして地を得ること日に多ければ、将来局を結ぶ定約の如何を論ずる無く、総じて中国に益有らん。（それにより中国が得る利は）俄人より（それまでロシアから得ていた利益より）勝ること十倍とならん。今中国若し出でて和を勧むれば、論ずる無く日本必ず允さざれば、我（中国）に在りても、亦詞を措くに難（くるし）まん。駐俄胡使（ロシア駐在公使胡惟徳）之電、乃ち俄人（ロシア人）の愚する所たる耳。鄙意、総じて始終中立を守るを以て是（正しい）と為す。玉帥（両江総督周馥）[18]の勧和を奏請するの説、鄙人の意見と不同なれば、未だ敢えて列名せず。尚鑒諒（ご諒解下さること）を祈り、併せて両帥（直隷総督と両江総督）の教えを賜り幸を為すを望む。歌（一月一〇日　中暦十二月五日）[19]。

ここには旅順陥落後の戦局についての張之洞の見解[20]が集中的に示されていた。張之洞がここで行っていた以後の戦局の推移についての予測は、旅順陥落を機として戦局が急速に日本に有利に展開し、間もなく戦争は日本の勝利で終結するとした胡惟徳のそれとは、かなり大きく食い違っていた。ここで張之洞が予測していたことには、もとより外れたことも含まれていた。日本はハルビンとウラジオストクを攻略し巨額の戦費の支払いをロシアに認めさせるまでは講和に応じないとしたことが、その最たるものである。しかし、戦争はまだ半年は続き、両国の軍隊の主力が激突する大規模な戦闘がなお数回は起こるとしていたことと、最終的にロシアが講和に応ずるのは、内乱が拡大して戦争の続行を困難とさせるまでになってからだとすることは、ほぼ適中していた。張之洞は戦争の前途についてのこうした独自の見方に立って、胡惟徳の見解をロシアに愚弄された謬説と退け、また、中国が列国と共に和議に取り組むよう連名で皇帝に奏請しようとする周馥の計画にもはっきりと反対する態度を表明していたのであった。この時、袁世凱が周馥の呼びかけにどう応答していたかは史料が不十分なために確実なことは言えないが、胡惟徳の密電に対し袁が冷ややかに応答していた事実と、張之洞が袁に対しても周馥の「勧和の説」への同調を強く拒否した電報を送付していた事実より、彼が和平の早期実現をめざした周馥の提言に同調することはなかったと推測することができる。

旅順陥落直後に胡惟徳から密電を送られた中国の要人のなかで最後に返電を送っていたのは、外務部の首脳であった。彼らが胡惟徳への返電を発信したのは、胡の密電受信後六日目となる一九〇五年一月一一日であった。次に外務部の名で発せられていた胡惟徳宛の彼らの返電を書き下し文にして引用しておこう。

> 電（貴電）已に（御覧に）進呈せり。東省（東三省）、我（中国）、地主（主権保持国）を為す。戦局一（ひとたび）定むれば、善後更に難とならん。（されば）極めて宜しく機を相（み）て着手し、事に先んじて維（維持）を図り、亟（すみやか）に転圜の地歩を為すべし。[21] 本部（本外務部）、日として籌慮此に及ばざる無し。旅順降る後、即（ただち）に法（方法）を設けて探索するを経るも、両戦国（両交戦国）均しく口気（口調）甚だ緊にして商量（中国との協議や交渉）を受けず、各国も亦調停尚其の時に非ざれば頗る為力（尽力）し難し、と言えり。（されば）仍（なお）執事（貴殿）、彼の国（ロシア）の内情を確探、随時密達して、以て因応（臨機応変に対処する）に資するを

希（こいねが）う。銭恂の条議、已に留めて参考に備えり。外務部。初六日（一月一一日　中暦一二月六日）。

外務部の首脳はこの返電において、胡惟徳に二つの重要な事実を告げていた。その一つは、外務部が先に受理していた胡惟徳の密電を、胡の要請通り、皇帝に「代奏」していたということである。これは袁世凱と張之洞の両巨頭の冷ややかな反応に落胆していた胡にとって誠に喜ばしい知らせとなったと思われる。他の一つは、外務部が胡惟徳の密電に触発されて両交戦国と列国に接触し、これらの諸国が本当に戦争を終結させる意向を固めているかを探ってみたがどの国からもそれをはっきりと肯定する返答は得られなかった、ということである。[22][23]この通告には外務部首脳の胡惟徳に対する不信感と違和感もこめられていた。各国の和平への意向がまださほど強くないことを自ら確認した彼らは、旅順陥落を戦局の重大な転機と受け止めて戦争の終結が近いと見る胡惟徳の情勢判断を重く受け止めることを拒否するとともに、中国が講和会議で自国の要求を押し通すには、戦争の大勢が決する前に両交戦国と東三省の善後策について秘かに交渉しておくことが不可欠であるとする胡惟徳の主張にも、疑念を抱くようになっていた。彼らは胡惟徳への返電では表面的には胡惟徳の和平構想を支持してはいた。しかし、彼らは胡惟徳の「不正確」の情報や見解に振り回される自分たちの苦悩の深刻さを強調して、胡惟徳が提起しているような交渉にはこの戦争に関与するいかなる国家も応じないことを胡に認めさせようとしていた。胡惟徳が密電で提起していた日本との事前の秘密交渉案に彼らが返電において全く言及せず、それを完全に無視する態度をとっていたことが、こうした筆者の解釈の有力な根拠となる。この返電で外務部の首脳が胡惟徳に求めていたことは、「彼の国の内情を確探して随時密達する」[24]というロシア駐在の中国公使にしか果たし得ない任務を確実に行うということでしかなかった。

むすび

以上、本章では、日露戦争中のロシア駐在中国公使胡惟徳が、旅順ロシア軍の降伏直後に、中国政府の要人に送っていた密電の内容とそれを受理した彼らの返電について考察・検討した。ここで記した中国政府の要人とは、慶親王を筆頭とする外務部の首脳と直隷総督・北洋大臣の袁世凱、両江総督・南洋大臣の周馥を指している。本章は第一節と第二節との二つの節からなるが、第一節では胡惟徳の密電の全文を検討し、第二節では胡惟徳の密電に対する外務部首脳、袁世凱、周馥の各々の返電と、周馥よりその和平要請の上奏計画への賛同を求められた湖広総督張之洞の周馥宛の返電を分析・検討した。ここではそれぞれの節の要旨を重ねて記すことを割愛し、旅順陥落直後の胡惟徳の提言が、日露戦争中に提唱されていた中国政府の他の高官による和平論と比較した際に、いかなる独創性と卓越性、ならびに特徴的な論点を有しているかを指摘してむすびにかえたい。この点についての筆者の見解は、要約すると以下の二点に整理できる。その一つは、胡惟徳が旅順ロシア軍の降伏をこの戦争の重大な転換点、「戦局の絶大なる関鍵」ととらえていたことである。筆者はここに、慶親王奕劻、張之洞、袁世凱、盛宣懐らの同時期の和平構想には見られない胡惟徳の和平論の顕著な独創性と卓越性を認めた。他の一つは、胡惟徳の和平論が日中協商論的な観点に立って構築されていたということである。これは同時期の張之洞の見解とも共通するものではあるが、胡と張の両者の見解にははっきりとした相違点もあった。筆者は、胡惟徳の和平論には、袁世凱・慶親王・伍廷芳・駐米公使梁誠らの講和構想(25)とも、盛宣懐・岑春煊らの和平論(26)ともそれぞれ大きく相違する部分があったことを確認している。これらを相互に比較して日露戦争への中国政府要人の対応を総合的、統一的にとらえることが「日露戦争への中国の対応[27]」を本格的に論じる際には不可欠となると思われるが、本章ではそこまで研究を深めることはできなかった。今後の課題としたい。

註

（1）これは拙稿「日露戦争と中国駐露公使胡惟徳」（『歴史研究』五二号、愛知教育大学歴史学会、二〇〇六年）を一部手直ししたものである。

（2）（3）註（1）に同じ。

（4）金士整理「駐俄公使胡惟徳往来電文録」（『近代史資料』九二号、一九九七年、中国社会科学出版社、所収）。

（5）旅順陥落がほぼ確実となった一九〇四年一二月より、フランスなどによる講和調停への動きはすでに始まっていた。一九〇五年一月一日に旅順が陥落すると、アメリカ大統領ローズヴェルト（Roosevelt, T.）は直ちにフランス外相デルカッセ（Delcasse, T.P.）を通じてロシア政府に講和を勧告した。これを機として講和調停への各国の動きは一挙に強まり、全世界で講和問題が公然と議論されるようになった。以上については植田捷雄『東洋外交史』上、東京大学出版会、一九六九年、古屋哲夫『日露戦争』中央公論社、一九七六年、大江志乃夫『世界史としての日露戦争』立風書房、二〇〇一年、平川幸子「ポーツマス講和会議・幻の清国使節団――日露戦争下の米清関係――」（軍事史学会編『日露戦争（一）――国際的文脈――』錦正社、二〇〇四年、所収）などを参照。

（6）『近代史資料』九五号、一二八～一二九頁、「電外務部」光緒三〇年一一月三〇日。

（7）胡惟徳はここで紹介した私案をポーツマス講和会議開催時にも中国政府案として採用するように外務部に提議していた。ポーツマス会議に向けた胡惟徳の活動についてはアメリカ駐在中国公使梁誠の活動と対比して別稿で論じたい。

（8）千葉正史「清末における電奏・電寄諭旨制度の成立――清朝政治体制への電気通信導入をめぐって――」（『東洋史研究』六四―四、二〇〇六年、並びに同『近代交通体系と清帝国の変貌』日本経済評論社、二〇〇六年、第二章）を参照。

(9) 胡惟徳の光緒三〇年八月二三日の電奏（「電外務部」）はその一例である。

(10) 銭恂については朱寿朋編『光緒朝東華録』四、中華書局、一九五八年、一〇五頁、一七七～一七九頁、鍾叔河「唯一的女子国外遊記」（同『走向世界――近代中国知識分子考察西方的歴史――』中華書局、一九八五年、所収）、銭単士厘『癸卯旅行記』（鍾叔河編『走向世界叢書』岳麓書社、所収）、前掲「駐俄公使胡惟徳往来電文録」他を参照。一九〇三年以後の彼の活動については別の機会に論じたい。

(11)『近代史資料』九五号、一二九頁、「電袁慰帥、周玉帥」。

(12) 同、九五号、一四二頁、「袁慰帥電」。

(13) 註(5)引用の著書・論文を参照。

(14) 馬昌華編『淮系人物列伝――文職・北洋海軍・洋員――』黄山書社、一九九五年、欧陽躍峰「入幕最早、相随最久的周馥」（同著『人才薈萃――李鴻章幕府――』岳麓書社、二〇〇一年、所収）、他を参照。

(15)『近代史資料』九二号、一四二頁、「周玉帥電」。

(16) 周馥が中国政府による講和調停の構想を抱くようになったのは、一九〇四年八月七日（光緒三〇年六月二六日）に盛宣懐より以下の電報を送付されてからのことであった。

日軍已薄旅順、俄将退守北遼。遅早必由諸強勧和。我雖轂不上、亦須捱在会中。前疏請先派使聯合各強早商保全満州、以均勢立説、以公開作辦法、未可専与戦勝者言。尤慮蔵（チベット）為英占、桂（広西）為法（フランス）侵、則事休矣。公意如何。（「盛宣懐致周馥電」『清季外交因応函電資料』四八一頁、民国八一年、中央研究院近代史研究所・香港中文大学中国文化研究所刊）。

電文中の「前疏」とは一九〇四年三月上旬に盛宣懐が両江総督魏光燾、両広総督岑春煊、署理湖広総督端方、商約大臣呂海寰と連名で清廷に提出した「密陳大計摺」をいう。この上奏文では、盛らは日露戦争が東アジア情勢を激変させることを深く憂慮して中国政府が早急に列国に呼びかけて講和の調停に乗り出すことを要請していた。周馥は胡惟徳より密電を送られたのを機に、盛らの上奏を想起し、あらたに袁世凱・張之洞との連名の上奏を行って中国が積極的に講和の調停に取り組む道を開こうとしたのである。周馥と胡惟徳とは、その後も、電報を通して交流を深めていった。

(17) 当時、袁世凱と張之洞の両総督は、義和団事件後に西太后が推進させた新政の重要機構政務処（一九〇一年設立）の大臣をも兼務し、光緒新政期の内政と外交に強い発言権を有するようになっていたことを言う。

(18) 周馥は字が玉山であったことから「周玉帥」（帥は総督・巡撫に対する敬称）と尊称された。

(19) 『張文襄公全集』奏議六四、電牘九一「致天津袁宮保、江寧周制台」光緒三〇年一二月五日酉刻発。

(20) 張之洞は、一九〇四年一〇月二四日（光緒三〇年九月一六日）の上奏文「籌画東三省事宜摺」においても、これと基本的に同一の見方を示していた。

(21) 「東省我為地主。戦局一定、善後更難、極宜相機着手、先事図維、亟為転圜地歩。」という文言は盛宣懐らの「密陳大計摺」や胡惟徳の一九〇四年一〇月二日（光緒三〇年八月二三日）の電奏（「電外務部」）にも見える。

(22) この時に外務部の慶親王らが講和調停を行いたいと日本政府に申し出たという事実はない。平川幸子氏の前掲論文によれば、「ロシアが講和を求めているという風説」と「清国による講和斡旋説」が現れていることを知った日本の外相小村寿太郎が、北京駐在の臨時代理公使松井慶四郎に指示して慶親王と会見させ、中国政府が軽々しく調停を試みないように申し入れさせたという事実があった。外務部の胡惟徳宛返電の一節はこうしたことを背景にして記されたものと思われる。

(23) この部分の記述の根拠となったのは、一九〇四年一〇月の沙河会戦前夜に、胡惟徳の密電に突き動かされて、外務部がアメリカ・イギリス・ドイツ・フランスの四国に駐在する中国公使に各国による調停の動きを探らせていたという事実である。次に当時の欧米四大国駐在中国公使宛外務部の密電とそれに対する各国駐在中国公使の返電を提示しておく。史料は『清光緒朝中日交渉史料』巻八〇と巻八七より引用、（ ）は筆者が付記した。

a 外務部発駐美梁、駐英張、駐法孫、駐徳蔭各大臣電　光緒三〇年八月二七日

頃駐俄胡使電擬、行文日俄両国、請其停兵、並請各国調停、如無近効、継以専使、更継以催詢、争主権明公理。此為和平辧法等語。東省戦事相持未已、中国受禍日深、亦擬全球大局。此挙発端極有関係。究竟各国公論如何、有無調停之意、必須博訪周諮辧理、方有把握。希向外部（外相）詳切討論務須得其意。指密電備酌、仍望作為間談勿露本部（本外

務部）電意為要。外務部。

b　収駐美梁大臣致外務部電　光緒三〇年九月初一日

晤海外部（国務長官ヘイ Hay, J. M.）、柔克義（ロックヒル Rockhill, W. W.）均言、各国尚無意調停。日俄亦屡称不聴調處。此時事機未至、恐難収效。容続探電聞。誠（梁誠）。

c　収駐徳蔭大臣致外務部電　光緒三〇年九月初五日

二十七電敬悉。日俄之戦有関全球勝負与黄白両種之東方局勢。故欧美各国、均甚留意此戦。探聞西国政府有願調停者。惟事情重大、太難辦理、均甚躊躇。容再密探随時稟聞。昌（蔭昌）。

d　収駐法孫大臣致外務部電　光緒三〇年九月初五日

辰電悉遵。晤外部（外相デルカッセ）問、謂戦国（交戦国）照此意難相強、将来和局、各国能否干与、亦難逆料、云法俄聯盟未能助戦、焉（いずくんぞ）能驟行勧和。各国調停、今亦非其時。琦（孫宝琦）。支（四日）。

e　収駐英張大臣致外務部電　光緒三〇年九月初七日

二十七日電悉。瀾（外相ランズダウン Lansdowne, H. P. F.）意、両国既無請人調停之意、出為調停、亦属無益。日前聞、保和会（国際常設裁判所）亦以調停之説進瀾公所答同。総之英人非不厭兵。但欲出為日俄調停、須該両国露有願人調停之意、然後方可設法。各大国所論、亦如是。彝（張徳彝）。初六日。

(24)『近代史資料』九二号、一四二〜一四三頁、「外務部電」。

(25) 外務部は旅順陥落より約五〇日経過した一九〇五年二月下旬に至って、アメリカに講和の調停を要請する意向を初めて固めた。同年二月二三日（光緒三一年一月二〇日）、外務部はアメリカ駐在中国公使梁誠に以後講和の調停をアメリカに依頼すると伝えた密電を発信した。同月二五日、梁誠は外務部の指示に応えた長文の返電をワシントンより発信する。その三日後には北洋大臣袁世凱は梁誠の提言に基本的に同意するとの意向を外務部に発信していた。筆者はこの時に外務部と梁誠、外務部と袁世凱とがやりとりした三通の密電がその後の中国政府による講和外交の基本的方向を決定したと考えているので、参考までにここにそれらの電文を提示しておく。史料は『清光緒朝中日交渉史料』巻八三と巻八八より引用した。

a　発駐美梁大臣電　光緒三一年正月二〇日
聞日俄漸有厭戦意。各国多欲調停。美尤実心望和。希即密商美廷（アメリカ政府）託其確探各国意向討論妥善辦法、以資参考。速電復。外務部。

b　収駐美梁大臣致外務部　光緒三一年正月二三日
俄決挨一勝、方肯言和。各国雖欲調停、莫先発。由我（中国）邀請、俄日固不允、且利少害多。不如聴其相持両憊、我受実益。徳謂和款（講和条約案）応由俄自定、美微露附和之意。近中立国復美、均允戦後不侵我地（中国の領土）、可冀相安。日俄宣戦、原為還我東三省、大開門戸、均霑利益。今仍此意亦美所願。然替租旅大（旅順と大連）、保護高麗、彼（日本）所必争、宜保彊土国権糸毫不讓。並電楊使（駐日中国公使楊枢）相機諷示日廷知我意、當否乞鈞裁（外務部の裁定）並転北洋（北洋大臣袁世凱）。誠（梁誠）。二十二日。

c　北洋大臣致外務部電　光緒三一年正月二六日
承転梁使漾（二二日）電悉。所論多合機宜。各中立国果肯戦後不侵我地、大局幸甚。但日本替租旅大保護高麗、恐難禁阻。此外疆土国権、必須堅持。仍祈鈞裁。凱（袁世凱）宥（二六日）。

(26)　日露戦争中の盛宣懐の和平構想は一九〇四年三月に魏光燾・岑春煊らと連名で提出した「密陳大計摺」と一九〇五年六月に「論旨」に答えて奏上した「東事阽危密陳辦法摺」に体系的に表明されている。これら二つの上奏文のうち後者はポーツマス講和会議の開催に向けて中国政府がいかなる対応策をとるべきかを詳細に論じたものである。彼の和平構想には周馥をも含めて政府内部に多くの賛同者がいたが、慶親王・伍廷芳を中心とする外務部首脳と直隷総督袁世凱がアメリカ駐在公使梁誠の現実的な講和構想を強く支持するようになると、急速に影響力を失っていった。

(27)　我が国ではこのテーマに対する関心は、日露戦争百周年に当たる二〇〇四年と二〇〇五年に大いに高まった。以下、近年日露戦争百周年を記念するシンポジウムなどで発表された、このテーマに直接関係する研究成果を列記する。
a　川島真「日露戦争と中国の中立」（軍事史学会編『日露戦争（一）国際的文脈』錦正社、二〇〇四年、所収）。
b　平川幸子、前掲論文。

c　川島真「『日露戦争と中国』をめぐる議論の変容」(日露戦争研究会編『日露戦争研究の新視点』成文社、二〇〇五年、所収)。

d　川島真「日露戦争と中国外交」(『東アジア近代史学会主催日露戦争百周年シンポジウム報告要旨』二〇〇五年、所収)。

e　吉澤誠一郎「日露戦争と中国――その知的刻印を考える――」(『東アジア近代史学会主催日露戦争百周年シンポジウム報告要旨』所収)。

f　斎藤道彦「中国から見た日露戦争」(『季刊中国』七八号、二〇〇四年)。

初出一覧

第一章　『人間文化』（愛知学院大学人間文化研究所紀要）第一一号、平成八年
第二章　『人間文化』第一二号〜第一五号、平成九年〜平成一二年
第三章　『人間文化』第一六号〜第一七号、平成一三年〜平成一四年
第四章　『愛知学院大学文学部紀要』第二五号、平成八年
第五章前半　『人間文化』第一八号〜第一九号、平成一五年〜平成一六年
　同　後半　書き下ろし
第六章　『歴史研究』（愛知教育大学歴史学会）五二号、平成一八年
第七章　『東アジア近代史』第一〇号、平成一九年三月

人名索引

あ行

アブ・バカル　203
郁五　31, 32
イグナチエフ（Ignatieff, N. P.）　156
井上勝之助　260, 264
蔭昌　187, 195, 198, 202, 205, 211, 213, 217, 218, 222, 229, 230, 236, 237, 239, 240, 241, 243, 244, 245, 246, 247, 256, 259, 261, 289, 309
ヴァルデシ（Valdez, J. M. T.）　193, 194
ヴィクトリア女王（Queen Victoria）　207
ウイッテ（Witte, S. Y.）　273, 289
ヴィルヘルム一世（Wilhelm I）　245, 247
ヴィルヘルム二世（Wilhelm II）　187, 236, 275
ウエード（Wade, T. F.）　152
栄禄　230
エドワード七世（Edward VII）　207
袁樹勛　188, 191, 192, 193, 194, 195
袁世凱　257, 267, 288, 293, 298, 299, 300, 301, 303, 304, 305, 307, 308, 309, 310
オイレンブルク（Eulenburg, P. zu.）　258
王韜　10, 20, 154
王文韶　230
小田切萬寿之助　194–195, 255–257
オールコック（Alcock, R.）　6, 20

か行

郭嵩燾　103, 110, 178
カートライト（Cartwright, W.）　16
神尾光臣　297
カリーツェ（Calice, H. F. von）　11, 12
川上操六　297
川島浪速　188, 189, 256
魏源　109
魏光燾　307, 310
祁祖彝　38, 41, 50, 60, 61, 66, 67, 78, 79
祁兆熙　24–89, 91–98, 100–105, 106, 108, 109–114, 116–119, 121–125, 127–132, 135, 136, 138–140, 142–150, 152–157
祁兆熊　29, 31, 33, 34, 38, 39, 41, 48, 53, 61, 62, 67, 68, 70, 72, 73, 85, 86, 100
許応驥　197
許景澄　297
龔照瑗　297
恭親王奕訢　7, 110, 116, 119, 156
恭親王溥偉　188
区諤良　24
瞿鴻禨　230
瞿紹衣　82
クナッペ（Knappe, W.）　193

クノーベル（Knobel, F. M.） 188
クレイヤー（Kreyer, C. T.） 236, 237, 251
クロパトキン（Kuropatkin, A. N.） 275
景月 197
慶親王奕劻 187, 214, 216, 217, 221, 229, 241, 243, 255, 256, 259, 260, 272, 293, 305, 308, 310
啓約 197
ケテレル（Ketteler, K. A. von） 185, 249, 250, 252
厳信厚 192, 193
胡惟徳 175, 268, 269, 270, 272, 273, 274, 276, 277, 278, 281, 282, 283, 284, 286, 287, 288, 289, 291–308
胡燏芬 188
胡光墉 15, 21
呉嘉善 91
呉錡 294, 296
呉重熹 197
呉世奇 201, 202
伍廷芳 241, 305, 310
賡音泰 215, 217–227, 230, 236, 237, 251, 260, 261
鄺永豊 51, 53, 55
鄺其照 24, 28,–38, 40, 43–46, 48–55, 59, 60, 62, 65, 68, 72, 73, 75, 82–85, 92–96, 100
鄺景揚 51
鄺賢儔 51
黄開甲 71, 74, 75, 104
黄曉初 50
黄勝 24, 92, 93
康庚齢 66
康有為 178
康熙帝 39
光緒帝 187, 192, 193, 207, 233, 262, 265
小村寿太郎 188, 308

さ行

左宗棠 15, 145, 146, 155
蔡鈞 188, 191–195
載洵 189, 256
載濤 189, 256
薩鎮冰 195
志剛 50, 98, 99
施則敬 192
ジームセン（Siemssen, G.） 196
品川忠道 163, 178, 179
渋沢栄一 9, 20
謝栄光 204
シュヴァルスホフ（Schwarzhoff） 247
シュワード（Seward, G. F.） 28, 52
朱錫綬 72
朱宝奎 38, 78, 79
周昭亭 30, 164
周馥 293, 298–303, 305, 307, 308, 310
周万鵬 72
周蓮 197
粛親王善耆 189
醇親王奕譞 244
醇親王載灃 185, 186, 188, 191, 197, 213–217, 219, 225, 227–233, 235–248, 251–266
徐之愃 72

徐寿朋　188, 227
徐潤　91, 92, 94
松秀　197
沈桂芬　145
沈秉成　28
沈葆楨　155
岑春煊　305, 307, 310
スウェッテナム（Swettenham, F. A.）　204
ステッセル（Stössel, A. M.）　293
スビャトポルク－ミルスキー（Svyatopolk-Mirskii, Petr D.）　273
盛宣懐　175, 188, 190–195, 214, 240, 242, 246, 255, 256, 258, 260, 262, 264, 270, 300, 305, 307, 308, 310
西太后　187, 262, 308
石錦堂　70, 74, 75, 103
薛福成　175, 183, 279, 282, 297
ゼッケンドルフ（Seckendorff, E. von）　243, 244, 251, 252
銭恂　175, 183, 294, 296, 297, 304, 307
銭幼棱　297
増祺　289
曾恒忠　24, 68, 70, 71, 72, 74–82, 85–88, 101, 102, 103
曾国藩　7, 24, 103, 152
曾子安　81
曹天福　75
曹茂祥　38, 72
曾禰荒助　255, 257, 260, 264
孫雲江　29, 31, 33, 34, 37, 38, 39, 41, 44, 46, 48, 59, 62, 68, 70, 72, 73, 100
孫家穀　50, 98
孫広明　38, 66
孫文　203
孫宝琦　274, 277, 281, 289, 309

た行

戴補愚　32, 35
高木三郎　172, 181
伊達宗城　156
譚乾初　198, 199
単士厘　297, 307
端方　307
張蔭桓　94, 95, 255
張熙堂　34, 35, 97
張謇　155
張之洞　94, 95, 153, 155, 214, 241, 243, 259, 288, 297, 300–305, 307, 308
張樹声　155
張振勛　204
張徳彝　274, 277, 289, 309
張翼　187, 190, 195, 198, 202, 204, 205, 213, 217, 218, 229, 236, 237, 243–247, 254, 255, 256, 259
張蓮芬　189
陳貽範　217
陳淦　192
陳熾垣　163, 165, 167, 173
陳樹棠　182
陳福勲　34
陳蘭彬　23, 24, 26, 28, 55, 56, 73, 93, 94, 100, 103, 156

鄭観応 94, 192
デトリング（Detring, G. von）
16, 159, 160, 177, 189, 190
デルカッセ（Delcasse, T. P.） 306, 309
ドイアル（Doyere, C.） 197
唐廷枢 94
唐廉 192
陶模 198
徳寿 198
徳林 212
ドルー（Drew, E. B.） 16, 177

な行

ナイト（Knight, F. P.） 163, 168, 171, 173
那桐 188, 257
ナポレオン一世（Napoleon I） 242
新島襄 91
ニコライ二世（Nikolai II） 263, 273
ヌルハチ 302
乃木希典 293

は行

パークス（Parkes, H. S.） 6
ハート（Hart, R.） 13-19, 22, 27, 118, 153, 177, 188
ハート（Hart, J. H.） 177
バーリンゲーム（Burlingame, A.） 50, 98, 99
ハインリヒ親王（Heinrich, Prinz von Preußen） 201, 232, 233, 235, 246, 257, 262
バウン（Bourne, F. S. A.） 193
馬建忠 22, 157
麦信堅 188, 191, 195, 202, 204, 211, 217
麦鎮南 164
橋口直右衛門 188
ハモンド（Hamond, J. L.） 177
ハンネン（Hannen, C.） 16
ビューロー（Bulow, B. H. M. K. von） 266
馮桂芬 105
溥侗 189, 190
ブース（Booth, N.） 52
フーバー（Huber, A.） 177
フォルケ（Forcke, A.） 193
フォン・デル・ゴルツ（der Goltz, von） 258
福島安正 195
フランツ・ヨーゼフ（Franz Joseph） 11
フリードリヒ・ヴィルヘルム四世
（Friedrich Wilhelm IV） 247
フリードリヒ（Friedrich） 242, 243
ブレイク（Blake, H. A.） 198, 199
プレーヴェ（Pleve, V. K. von） 273
ブレドン（Bredon, R. E.） 177, 195
ヘイ（Hay, J. M.） 309
ベゾブラーゾフ（Bezobrazov, Petr A.） 273
ベロネー（Bellonnet, C. M.） 6
ベンデマン（Bendemann, F. von） 195
方明才 50, 52
ボウラ（Bowra, E. C.） 14, 15, 16
ホブソン（Hobson, H. E.） 160
ホンタイジ 302

ま行

松井慶四郎 308

ミュールベルク（Mühlberg, Otto von）221, 258, 263
ムーア（Moore, E. A.）79
ムンム（Mumm von Schwarzenstein, P. A.）187, 188, 213, 219, 227, 234, 255, 259, 260
メイルス（Mayers, S. F.）193
モアヘット（Morehead, R. B.）199
毛応蕃 192
森有礼 102, 103
モリソン（Morrison, G. E.）199, 253, 257

や行

山口素臣 195
容渭泉 68
容閎 23, 24, 28, 29, 68, 69, 70, 71, 72, 73, 75, 82–88, 90–94, 101, 102, 104, 105, 111, 152, 153
容尚謙 151
容増祥 24, 68, 69, 70, 73, 74, 75, 88, 156
楊楷 175, 183, 297
楊儒 278, 279, 282, 289
楊枢 198, 257, 310
楊曾勗 183
楊兆鋆 274, 277
楊兆南 51
葉源濬 23, 24, 68, 69, 70, 88
雍正帝 39

ら行

羅忠堯 201
羅豊禄 217, 241, 263
ラムズドルフ（Lamzdorf, V. N. von）287, 289
ランズダウン（Lansdowne, H. P. F.）309
李瀚章 95
李圭 22, 99, 100, 152, 159–179, 181–183, 297
李鴻章 7, 18, 22, 28, 43, 56, 76, 77, 82, 89, 91, 94, 102, 103, 105, 108, 110, 136, 138, 139, 146, 152, 153, 156, 175, 187, 214, 217, 221, 229, 234, 236, 241, 243, 254, 255, 256, 260, 262, 263, 264, 300, 307
李根 53
李時錦 34, 35, 36
李秀成 26
李清渕 202
李盛鐸 241
李宗羲 28
李沾泉 52, 54
李徳順 215, 216, 217
李鳳苞 255
陸徴祥 277
リチャード（Richard, T.）193, 195
リヒテル（Richter, M.）187, 198, 217, 218, 220, 223, 226, 227, 228, 229, 232, 245, 247, 255, 266
リヒトホーフェン（Richthofen, O. F. von）239, 240, 241, 243, 247, 250, 251, 252, 258, 261, 266
劉翰清 24, 26, 28, 29, 30, 32, 53, 69, 84, 85, 89, 93, 94, 138, 156
劉坤一 188, 191, 214, 221, 241, 243, 259
劉式訓 277

呂海寰　206, 207, 212–222, 229–236, 238–243, 246, 248, 252, 253, 255, 258–264, 266, 307
梁鑒川　30, 164
梁錦霖　165, 166
梁縉堂　33, 34, 35, 96
梁誠　188, 191, 195, 198, 204, 217, 229, 237, 255, 289, 305, 306, 309, 310
廖芝山　198
廖竹濱　51, 54
リヨン（Lyons, F. W.）　196
林英齊　56
林則徐　144, 180
レイ（Lay, W. G.）　192
レセップス（Lesseps, F. M. de）　211
レッグ（Legg, J.）　10
聯芳　227
ロウ（Low, F. F.）　54, 55, 56, 154, 171, 181
ローズヴェルト（Roosevelt, T.）　306
鹿伝霖　230
ロックヒル（Rockhill, W. W.）　309

わ行

ワルテルゼー（Waldersee, A. H. K. L. von）　187, 227, 247, 255

鈴木 智夫（すずき ともお）

1937年　東京に生まれる。
1955年　長野県立野沢北高等学校卒業。
1960年　東京教育大学文学部史学科（東洋史専攻）卒業。東京都立北野高校教諭、東京都立九段高校教諭、東京都立日比谷高校教諭、岐阜薬科大学教授などを経て、1993年、愛知学院大学文学部教授となり、2005年退職。
1992年　博士（文学）の学位を取得。

主な著書・論文
『近代中国の地主制――租覈の研究・訳注――』（汲古書院　1977年）、『洋務運動の研究――　一九世紀後半の中国における工業化と外交の革新についての考察――』（汲古書院　1992年）、『高校世界史』（三省堂　1980年）、『高校世界史教師用指導書』（三省堂　1980年）、「清末江浙の茶館について」（『歴史における民衆と文化――酒井忠夫先生古希記念論集』国書刊行会　1982年　所収）、「明清時代江浙農民の杭州進香について」（『史境』13号　1986年）他。

汲古叢書73

近代中国と西洋国際社会

二〇〇七年七月　発行

著　者　鈴　木　智　夫
発行者　石　坂　叡　志
組　版　（株）あ　る　む
整版印刷　富士リプロ（株）

発行所　汲　古　書　院
〒102-0072 東京都千代田区飯田橋二-五-四
電　話　〇三（三二六五）九七六四
F A X　〇三（三二二二）一八四五

ISBN978-4-7629-2572-6　C3322

39	唐末五代変革期の政治と経済	堀　敏一著	12000円
40	唐史論攷－氏族制と均田制－	池田　温著	近　刊
41	清末日中関係史の研究	菅野　正著	8000円
42	宋代中国の法制と社会	高橋　芳郎著	8000円
43	中華民国期農村土地行政史の研究	笹川　裕史著	8000円
44	五四運動在日本	小野　信爾著	8000円
45	清代徽州地域社会史研究	熊　遠報著	8500円
46	明治前期日中学術交流の研究	陳　捷著	16000円
47	明代軍政史研究	奥山　憲夫著	8000円
48	隋唐王言の研究	中村　裕一著	10000円
49	建国大学の研究	山根　幸夫著	8000円
50	魏晋南北朝官僚制研究	窪添　慶文著	14000円
51	「対支文化事業」の研究	阿部　洋著	22000円
52	華中農村経済と近代化	弁納　才一著	9000円
53	元代知識人と地域社会	森田　憲司著	9000円
54	王権の確立と授受	大原　良通著	8500円
55	北京遷都の研究	新宮　学著	12000円
56	唐令逸文の研究	中村　裕一著	17000円
57	近代中国の地方自治と明治日本	黄　東蘭著	11000円
58	徽州商人の研究	臼井佐知子著	10000円
59	清代中日学術交流の研究	王　宝平著	11000円
60	漢代儒教の史的研究	福井　重雅著	12000円
61	大業雑記の研究	中村　裕一著	14000円
62	中国古代国家と郡県社会	藤田　勝久著	12000円
63	近代中国の農村経済と地主制	小島　淑男著	7000円
64	東アジア世界の形成－中国と周辺国家	堀　敏一著	7000円
65	蒙地奉上－「満州国」の土地政策－	広川　佐保著	8000円
66	西域出土文物の基礎的研究	張　娜麗著	10000円
67	宋代官僚社会史研究	衣川　強著	11000円
68	六朝江南地域史研究	中村　圭爾著	15000円
69	中国古代国家形成史論	太田　幸男著	11000円
70	宋代開封の研究	久保田和男著	10000円
71	四川省と近代中国	今井　駿著	15000円
72	近代中国の革命と秘密結社	孫　江著	15000円
73	近代中国と西洋国際社会	鈴木　智夫著	7000円

（表示価格は2007年７月現在の本体価格）

汲古叢書

1	秦漢財政収入の研究	山田　勝芳著	本体 16505円
2	宋代税政史研究	島居　一康著	12621円
3	中国近代製糸業史の研究	曾田　三郎著	12621円
4	明清華北定期市の研究	山根　幸夫著	7282円
5	明清史論集	中山　八郎著	12621円
6	明朝専制支配の史的構造	檀上　寛著	13592円
7	唐代両税法研究	船越　泰次著	12621円
8	中国小説史研究－水滸伝を中心として－	中鉢　雅量著	8252円
9	唐宋変革期農業社会史研究	大澤　正昭著	8500円
10	中国古代の家と集落	堀　敏一著	14000円
11	元代江南政治社会史研究	植松　正著	13000円
12	明代建文朝史の研究	川越　泰博著	13000円
13	司馬遷の研究	佐藤　武敏著	12000円
14	唐の北方問題と国際秩序	石見　清裕著	14000円
15	宋代兵制史の研究	小岩井弘光著	10000円
16	魏晋南北朝時代の民族問題	川本　芳昭著	14000円
17	秦漢税役体系の研究	重近　啓樹著	8000円
18	清代農業商業化の研究	田尻　利著	9000円
19	明代異国情報の研究	川越　泰博著	5000円
20	明清江南市鎮社会史研究	川勝　守著	15000円
21	漢魏晋史の研究	多田　狷介著	9000円
22	春秋戦国秦漢時代出土文字資料の研究	江村　治樹著	22000円
23	明王朝中央統治機構の研究	阪倉　篤秀著	7000円
24	漢帝国の成立と劉邦集団	李　開元著	9000円
25	宋元仏教文化史研究	竺沙　雅章著	15000円
26	アヘン貿易論争－イギリスと中国－	新村　容子著	8500円
27	明末の流賊反乱と地域社会	吉尾　寛著	10000円
28	宋代の皇帝権力と士大夫政治	王　瑞来著	12000円
29	明代北辺防衛体制の研究	松本　隆晴著	6500円
30	中国工業合作運動史の研究	菊池　一隆著	15000円
31	漢代都市機構の研究	佐原　康夫著	13000円
32	中国近代江南の地主制研究	夏井　春喜著	20000円
33	中国古代の聚落と地方行政	池田　雄一著	15000円
34	周代国制の研究	松井　嘉徳著	9000円
35	清代財政史研究	山本　進著	7000円
36	明代郷村の紛争と秩序	中島　楽章著	10000円
37	明清時代華南地域史研究	松田　吉郎著	15000円
38	明清官僚制の研究	和田　正広著	22000円